음식으로 읽는 중국사

중국을 만든 음식, 중국을 바꾼 음식

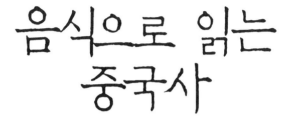

음식으로 읽는 중국사

윤덕노 지음

ÎN 더난출판

모든 식탁은 역사로 통한다

우리에게 중국은 비교적 익숙한 나라다. 중국을 직접 경험하거나 중국 역사를 공부하지 않았다 하더라도 어릴 때부터 중국과 관련된 다양한 고사성어와 역사책을 통해, 『삼국지』나 『수호지』를 비롯한 중국 고전 소설과 문학작품, 그리고 영화와 드라마를 접하면서 알게 모르게 중국 문화에 익숙해졌다.

그런데 우리가 안다고 생각하는 중국이 과연 진짜 중국일까?

겉모습만 보고 중국 혹은 중국인은 이렇다고 생각하지만 화장하지 않은 중국의 민낯은 실제 모습과는 많이 다를 수 있다. 사실 중국에 대한 상식을 한 꺼풀 벗겨 보면 예상을 벗어나는 사실이 한둘이 아니다.

예컨대 중국인은 돼지고기를 많이 먹고 또 좋아한다. 그러니 옛날부터 돼지고기를 좋아했을 것 같지만, 명나라 이전까지 웬만한 중국인은 돼지고기를 거들떠보지도 않았다. 돼지고기는 서민의 고기, 천민의 고기였다. 이랬던 돼지고기가 어떻게 오늘날 중국의 국민 고기가 됐을까? 중국인이 돼지고기를 즐겨 먹게 된 과정을 보면 북방 유목민과 남방 농경민 간 대립의 역사를 비롯해 다양한 뜻밖의 사실을 알 수 있다.

중국은 현재 14억 명에 육박하는 인구 대국이다. 옛날부터 그랬을까? 그렇지 않다. 중국의 인구가 급속도로 늘어난 지는 불과 200~300여 년밖에 되지 않았다. 중국의 빠른 인구 증가 배경에는 정치적·경제적·사회적 요인이 복합적으로 작용했지만 음식, 즉 식량 사정도 빼놓을 수 없는 요인이었다. 그렇다면 결정적으로 어떤 음식이 어떻게 인구 증가에 기여했을까?

중국의 모습 하나하나를 자세히 들여다보면 일반 상식과는 다른 부분이 적지 않다. 우리가 아는 중국은 어쩌면 진짜 모습이 아닌 고정 관념으로 보는 허상, 중국이 됐건 혹은 우리 스스로가 됐건 실체가 아닌 관념 속에서 빚어낸 가짜 모습일 수 있지 않을까. 이렇듯 중국을 실상이 아닌 허상으로 보게 된 배경은 중국인이 쓴 역사 속 사실 왜곡, 내지는 소위 중화사상이라는 중국 중심주의를 액면 그대로 믿었기 때문일 수도 있다.

한 예로 우리는 서역의 흉노족을 오랑캐, 중원의 한족에 비해 문명이 뒤떨어진 야만적인 유목민으로 생각하는 경향이 있다. 역사에서 그렇게 배웠기 때문인데, 『사기』를 비롯해 『후한서』 「서역전」만 읽어도 이야기가 달라진다. 흉노족이 살았던 서역은 자원이 풍부한 땅이었고, 한 무제 때 개척한 실크로드는 중원의 앞선 문물이 서역으로 흘러간 경로가 아니라 서역의 풍부한 자원과 문화가 중국으로 흘러들어온 통로였다. 실제로 중국 역사서에 나오는 밀, 호떡, 향신료 등의 식품을 교류한 역사를 보면 서역 문물이 중국을 어떻게 살찌웠는지를 알 수 있다.

중국을 실제 모습이 아닌 왜곡된 모습으로 보게 된 또 다른 배경은 중국 소설이나 역사 이야기를 포함한 중국 고전에 나오는 내용을 그대로 믿어 왔기 때문일 수도 있다. 대표적인 것이 한국, 중국, 일본이 공통으로 즐겨 읽는『삼국지』다.

예를 들어 현대 중국인은 차를 많이 마신다. 차가 중국에서 발달한 것은 분명한 사실이다. 소설『삼국지』만 해도 유비가 황건적에게 차를 빼앗기는 것에서부터 시작한다. 그런 만큼 3세기 삼국 시대에도 중국에서는 차가 일상 음료였을 것으로 생각하는데, 전혀 아니다. 중국에서 차는 당나라 때 퍼졌다. 차가 퍼지게 된 배경을 알면 유목민과 한족의 대결, 무인 통치에서 문인 통치로의 이전 과정, 차 재배에 따른 경제발전과 조세 제도 등 다양한 측면을 이해할 수 있다.

몇 가지 사례를 들었지만, 요약하자면 이 책을 통해 궁극적으로 말하고 싶은 것은 중국의 실체를 똑바로 보자는 것이다. 중국은 우리 바로 옆에 붙어 있는 거대한 땅덩어리의 나라다. 군사적으로 강대국이고 경제적으로 최대 교역국이다. 그래서 절대 소홀히 할 수 없는 나라이고, 불행인지 다행인지 모르겠지만 우리가 계속해서 숙명적으로 살을 맞대며 살아야 하는 나라다.

이런 중국이 점점 거대해지면서 위협적인 모습으로 다가오고 있기에 싫든 좋든 중국을 똑바로 보고, 어떤 면에서는 시시콜콜 세세

한 부분까지 알아둘 필요가 있다. 알아야 극복을 하고 간섭에 제대로 대처할 수 있으며, 대립할 때 대립하고 가깝게 지내야 할 때 가깝게 지낼 수 있기 때문이다.

이제는 익숙한 고정 관념에서 벗어나 중국의 역사와 문화를 새로운 시각으로 바라보자는 뜻에서 이 책을 쓰게 됐다. 거칠게 보면 음식 이야기지만 음식은 소재일 뿐 실상은 음식이 만든 중국 이야기다.

중국의 역사와 문화를 보는 데 왜 하필 음식을 소재로 삼았나 싶겠지만, 사람이 먹고사는 데 제일 중요한 게 음식인 만큼 음식의 역사는 정치, 사회, 문화 전반에 영향을 주는 생활사의 중심이 될 수 있다. 게다가 근대까지만 해도 음식은 한 나라의 경제에서 절대적 비중을 차지하는 핵심 산업이었다. 그 때문에 음식을 통해서 경제사, 정치사, 사회사, 문화사를 보면 정치를 중심으로 역사를 볼 때 미처 보지 못했던 부분을 볼 수 있다.

물론 음식을 통해 역사를 본다는 게 나무만 보고 숲을 판단하려는 일일 수 있고, 그래서 자칫 지엽말단적인 부분에 집착해 전체를 제대로 못 보는 어리석음을 범할 수도 있다. 그런데도 역사를 새롭게 볼 수 있는 시도라는 점에서는 나름대로 의미가 있지 않을까 생각한다.

끝으로 이 책이 나오기까지 도움을 준 모든 분에게 감사의 말씀을 전한다.

윤덕노

차
례

1장

중국을 만든 음식

고대 중국에서는
요리사가 재상

『도덕경』에 이런 구절이 나온다. "큰 나라를 다스리는 것은 작은 생선을 요리하는 것과 같다." 후세에 주석을 달기를, 생선을 요리할 때 자주 뒤집으면 살이 부서지듯이 나라를 다스릴 때 번거롭게 굴면 백성이 흩어지니, 생선 요리는 나라를 다스리는 것과 같다고 했다.

고대 중국에서는 나라를 다스리는 일을 생선 요리에 비유하곤 했다. 그런 이유에서인지 고대 중국의 재상 중에는 요리사 출신이 많다. 요리를 잘해야 재상이 될 수 있었는데, 따지고 보면 '재상宰相'이라는 한자의 어원 자체가 요리사라는 뜻이다.

아무리 요리 천국이고 다리 넷 달린 것 중에서 식탁을 제외하고는 모두 음식으로 만든다는 중국이지만, 요리사가 재상이라는 말은 얼핏 들으면 황당하기 짝이 없다. 하지만 이는 고대 중국사와 깊이 관련돼 있으며, 나아가 이를 통해 중국 정치 철학을 엿볼 수 있다.

고대 중국의 재상은 요리사였다

중국 고대사는 삼황오제의 전설 시대를 지나 하夏, 은殷, 주周로 이어진다. 그리고 주나라 말기의 춘추전국 시대를 거쳐 탄생한 것이 최초의 통일 왕조인 진시황(기원전 259~기원전 210)의 진秦나라다.

여기서 잠깐 중국 고대 왕조의 계보를 살펴보자. 중국 신화에 따르면 당초 하늘과 땅은 달걀 모양을 닮은 혼돈 상태였다. 여기서 천지개벽의 신인 반고가 태어나 그의 두 눈이 하늘과 달이 됐고, 팔다리는 세상을 받치는 다섯 개의 산이 됐으며, 피와 눈물이 바다와 강이 되면서 세상이 생겨났다.

반고 이후 세 명의 임금인 삼황이 나타났다. 그중 복희씨는 사람 머리에 뱀의 몸을 하고 있으며 인간에게 불의 사용과 사냥하는 법을 가르쳤다. 신농씨는 사람 몸에 소머리를 한 형상으로 농사짓는 법과 약초의 사용법을 알려줬다. 여와는 사람 머리에 뱀의 몸을 하고 있는데 복희씨와는 남매이자 부부다. 신화에서는 여와가 사람을 만들었다 하고 혼인 제도를 만들어 후손을 퍼뜨렸다고도 한다. 참고로 중국 상고사에서 씨氏는 성씨를 나타내는 것이 아니라 종족의 호칭이니 일종의 씨족 개념이다.

삼황 시대가 지나고 다섯 임금인 오제의 시대가 왔다. 첫째가 중국인의 시조인 '황제黃帝(헌원씨)'다.『사기』「오제본기」에 따르면, 황제가 살았던 시대는 각 부락이 서로 얽혀 혼전을 이루던 시기였다. 신농씨가 쇠퇴했기 때문에 제후들이 서로 다투며 폭정을 펼쳤고, 이에 황제가 군사를 훈련시켜 다른 부족들을 점령했다. 이때 동쪽 세력인 치우가 난리를 일으켰는데, 황제가 치우를 제압한 후 신농씨를 대신해 천자가 됐다. 따르지 않으면 군사를 일으켜 정벌했지만, 천하를 다스릴 때는 토지를 공평하게 나누고 도로를 만들며 애를 쓰니 부락들이 다투어 황제를 섬겼다고 한다.

그리고 이어지는 임금이 황제의 후손인 전욱과 고신이며, 그 뒤를 이은 것이 이른바 태평성대의 대명사 '요순시대'를 연 요임금과 순임금이다. 요순시대까지 남아 있는 기록은 전설이나 신화에 가깝고 역사적 자료로 보기는 어렵기 때문에 전설 시대로 본다. 반면 약 기원전 17세기 무렵에 세워진 상商나라(마지막 수도의 이름을 따서 은殷나라로도 불린다)는 1899년 당시 쓰였던 글자인 갑골문의 발견과 1928년 은의 유적지인 은허殷墟의 발굴로 그 존재가 입증되면서 이때부터를 역사 시대로 본다. 최근에는 기원전 20세기 무렵의 부족 연맹인 하나라 역시 실존했던 역사로 보기도 한다.

고대 중국에서 재상이 요리사였다는 말은 삼황오제의 전설 시대에나 있었던 일 같지만 사실은 역사 시대인 상나라와 주나라 때의 이야기다.

음식 대접이 내치, 연회가 곧 외교

재상이 요리사였다는 것은 단어의 뜻을 풀이해보면 분명해진다. '재宰'는 '집 면宀' 자 아래에 '매울 신辛' 자로 이뤄져 있는데, 높은 벼슬이라는 의미 이전에 다른 뜻으로 쓰였다. '신'은 주로 맵다는 의미로 쓰이지만 '허물, 죄'라는 뜻도 있다. 한나라 때의 사전인 『설문해자』에서는 죄인이 고통스러워 울고 있는 모습을 형상화한 글자라고 한다. 그러니까 '재'는 집안에서 일하는 죄인이라는 뜻으로, 고대 귀족 가문에서 집안일을 총괄하는 사람 혹은 주방을 도맡아서 관리하는 사람이라는 의미에서 비롯된 글자다. '상相' 또한 '서로'라는 뜻 이외에 보좌하고 시중든다는 의미가 있다.

글자 하나하나의 뜻은 이렇지만 재상이라는 단어 자체는 '천관총재'라는 벼슬에서 비롯됐다. 천관총재는 기원전 11세기 무렵에 세워진 주나라 때 국정을 총괄하고 궁중 사무를 전반적으로 관장하는 벼슬이었다. 재상의 역할이지만 최초의 업무는 지금의 국정 운영과는 다소 차이가 있었다.

천관天官은 하늘에 제사 지내는 일, 총재冢宰는 제사 지낼 때 쓰는 음식을 장만하는 역할을 맡았다. 제사가 끝난 후에는 참석자들에게 음복할 음식을 골고루 나누어주는 것도 총재의 업무였다. 오늘날에는 나라를 통치하는 재상의 역할이 음식 장만이었다는 사실을 납득하기 어렵지만, 씨족사회였던 고대 국가를 생각하면 재상이 요리사였던 이유를 쉽게 이해할 수 있다.

씨족사회에서는 족장의 집이 나라였고 집안일이 바로 나랏일이었다. 군주가 집안을 다스리는 가장 혹은 가문을 이끄는 씨족장인 동시에 마을을 이끄는 부족장이었다. 씨족사회의 나랏일 중에서 가장 큰 행사는 조상님께 지내는 제사였다. 음식을 장만해 원로를 모셔놓고 대접하는 것이 내분을 없애는 내치였고, 연회를 열어 다른 씨족과 협상하고 타협하는 것이 외교였다. 이때 분배를 제대로 하지 못하면 큰 문제가 생겼다. '먹을 것이 하늘以食爲天'이었던 시대에 신분과 역할에 따라 공평하게 나누지 못하면 내분이 일어났고, 이는 전쟁으로 발전했다.

이렇듯 집안일을 도맡아 음식을 준비하고 제사를 관장하며 제사가 끝난 후에 음식을 공평하게 나누어주는 역할은 매우 중요했다. 그렇기에 가장 믿을 만한 사람에게 요리사 역할을 맡겼던 것이 천관총재라는 벼슬이었고, 씨족사회와 부족사회에서 벗어나 국가의 틀을 갖추게 되면서 재상이 됐다. 이것이 바로 고대 중국에서 요리사가 재상이 됐던 배경이고 국정을 요리한다는 표현이 생긴 까닭이다.

요리사 출신 재상 열전

국정을 생선 요리에 비유한 것은 그만큼 정성을 다해 조심하라는 뜻일 것이다. 그 때문인지 고대 중국의 유명한 재상 중에는 실제로 요리사 출신이 적지 않았다.

대표적 인물이 기원전 17세기 상나라 때의 재상 이윤이다. 그는 탕왕의 신하로 폭정을 펼친 하나라 걸왕을 몰아내고 상나라를 세운 일등공신이다. 그뿐만 아니라 건국 후에는 관리를 통솔하고 민심을 살피며 경제를 발전시켜 나라의 기틀을 다졌다.

하나라를 물리치는 과정에서 이윤은 탕왕에게 하나라에 보내던 조공을 중지할 것을 건의했다. 걸왕의 움직임을 보고 실력을 가늠하려는 의도였다. 분노한 걸왕이 군사를 일으켜 탕왕을 정벌하려 하자 이윤은 아직 걸왕이 병력을 움직일 능력이 있으니 시기가 무르익지 않았다며 다시 조공을 시작했다. 때를 지켜보던 이윤은 얼마 후 다시 조공을 중단하게 했고, 이번에는 걸왕이 군사를 동원할 수 없었다. 그러자 탕왕이 이윤의 의견을 받아들여 군사를 일으키니 하 왕조는 무너졌고 제후들이 탕왕을 천자로 세웠다.

생선을 요리하듯이 주의를 기울여 정세를 살펴가며 전략을 펼쳤던 것인데, 탕왕을 도와 천하를 바로잡았고 명재상으로 이름을 떨쳤으니 이윤은 훌륭한 정치가이고 행정가였던 것이 분명하다. 하지만 주특기는 따로 있었으니, 그게 바로 요리였다. 역사서에 따라서 이윤이 원래 요리사였다는 말부터 탕왕을 만나기 위해 요리사를 가장했다는 설까지 해석이 분분하지만, 어쨌든 요리를 잘했던 것은 틀림없다.

그중 『사기』 「은본기」에 따르면 이윤은 원래 어느 귀족 집안의 하인으로 요리를 담당했는데, 귀족의 딸이 탕왕에게 시집갈 때 가마솥과 도마를 메고 따라갔다고 한다. 식사 시중을 들면서 맛있는 음식을 예로 들어가며 탕왕에게 왕도를 설명했고 그 재능을 인정받아 상나라 국정에 참여해 중책을 맡았다고 전해진다.

물론 요리사 출신 재상이라고 해서 모두가 음식 솜씨만큼 국정을 잘 살폈던 것은 아니다. 기원전 7세기 춘추전국 시대에 제나라 환공은 관중과 포숙을 중용해 개혁을 추진함으로써 진나라 문공, 초나라 장공, 오나라 부차, 월나라 구천 중에서 첫 번째로 중원의 패자霸者가 됐다. 하지만 말년이 비참했는데, 유능한 정치가였던 관중이 죽고 난 후 요리사 출신 역아를 재상으로 등용하면서 내란에 시달렸던 까닭이다.

관중이 병에 걸리자, 환공은 여러 신하 가운데 누가 재상이 될 만한지를 물었다. 관중이 임금보다 신하를 더 잘 아는 사람은 없다며 대답을 피하자, 환공이 역아는 어떠한지 물었다. 이에 관중은 "자식을 죽여 임금의 뜻에 맞추려 했으니 인정에 어긋나는 인물이라 불가하다"고 대답했다.

역아는 제나라 사람으로 맹자가 "천하가 모두 역아의 맛을 따른다"고 했을 정도로 당대 최고의 요리 솜씨를 지녔던 인물이다. 그는 뛰어난 음식 솜씨로 환공의 총애를 받았는데, 환공이 천하의 진미를 다 맛보았지만 사람만은 맛보지 못했다고 하자 제 아들을 죽여 요리해 진상했다고 전해진다. 이게 바로 관중이 환공에게 역아를 멀리하라고 했던 이유지만, 관중이 죽고 난 후 환공은 역아를 중용해 재상으로 삼았다. 이후 후계자 자리를 놓고 왕자끼리 내분이 일어난 가운데 역아가 권력을 휘두르면서 환공은 내란 중에 굶어 죽었다고 한다.

재상과 요리사의 관계는 기원전 2세기 한나라 때까지 이어진다. 『한서열전』「진평전」에 이와 관련된 이야기가 나온다. 진평은 유방을 도와서 한나라를 건국한 개국공신이다. 어렸을 때부터 진평을 지켜본 사람들은 인물이 똑똑해서 나중에 큰일을 할 사람이라고 여겼다. 그래서 고향 사람들은 그를 추천해 제사를 주관하도록 했다. 진평은 제사가 끝난 후에 남은 고기를 갈라서 제사에 참석한 사람들에게 골고루 나눠줬는데 참석한 사람 모두 불만이 없었다. 고기를 가르면서 진평은 "내가 천하를 다스리는 일을 맡게 된다면 고기를 다루는 것처럼 잘할 수 있을 것이다"라고 말했다. 실제로 진평은 훗날 유방을 도와 한나라를 세운 뒤 좌승상이 되어 나라의 기틀을 다지는 데 큰 기여를 한다.

천하를 다스리는 것을 고기를 가르고 요리하는 일에 비유했으니 이때도 옛날 재상들이 음식을 나누고 분배하는 주방장이었다는 흔적을 엿볼 수 있다.

따지고 보면 모든 사람이 불만이 없도록 먹을 것을 골고루 나눠서 나라를 안정시키는 것이 요리사의 역할이며 재상의 임무다. 20세기 정치학계의 석학인 데이비드 이스턴David Easton 시카고대학 교수는 정치를 '가치의 권위적 배분authoritative allocation of values'이라고 했다. 그런 면에서 고대 중국의 '재상＝요리사'라는 등식은 현대 정치학의 해석과 일맥상통하는 부분이 있다.

중국인의 조상은
물고기?

　한국, 중국, 일본 중에서 어느 나라 사람들이 물고기를 가장 좋아할까? 일본은 섬나라인 데다 생선회인 사시미 문화를 만들어냈다고 자처하는 나라이니, 아무래도 일본 사람이 생선을 가장 좋아할 것 같다. 반면 중국인의 식탁은 고기 위주다. 바다가 가까운 광둥 지방이라면 모를까, 그 외 지역의 일상적인 식사에서는 생선을 그다지 많이 먹는 편이 아니다. 한국은 일본과 중국의 중간 정도로 여겨진다. 결국 생선을 좋아하는 순서를 따지면 일본, 한국, 중국이 아닐까 싶은데, 실상은 조금 다르다. 일본인이 생선회는 좋아할지 몰라도 진정으로 물고기를 사랑하는 건 중국인이다. 중국 역사가 시작됐다는 하, 은, 주에 앞서 전설 시대인 삼황오제 시절부터 물고기와의 인연이 특별했으니, 중국 역사는 물고기와 함께 시작됐다고 해도 과언이 아니다.

새해에 먹는 아주 특별한 생선들

중국인이 생선을 얼마나 특별하게 생각하는지는 설날인 춘절 음식에서 엿볼 수 있다. 중국인은 섣달그믐인 제야에 가족이 식탁에 둘러앉아 묵은해를 보내고 새해를 맞는다는 의미에서 '퇀위안판^{團圓飯}'이라는 식사를 한다. 이때 먹는 음식이 베이징을 비롯한 북방은 교자만두, 상하이 등의 남방은 '녠가오^{年糕}'라는 쌀떡이다. 그리고 또 하나, 남북을 통틀어 빠지면 섭섭한 요리가 바로 생선이다.

춘절에 생선을 먹는 데는 이유가 있다. 중국 사람들은 새해를 맞아 복 많이 받으라는 뜻에서 '신녠콰이러^{新年快樂}', 돈 많이 벌라며 '궁시파차이^{恭喜發財}', 1년 내내 풍요롭고 여유 있으라며 '녠녠요위^{年年有餘}'라고 인사한다. 새해에 먹는 생선은 바로 이 풍요와 여유를 비는 말과 관련이 있다. 중국어로 여유롭다고 할 때의 '여^餘'와 '물고기 어^魚'는 발음이 같다. 그렇기 때문에 새해 식탁에 차린 생선 요리는 곧 1년 내내 만사 여유롭고 금전적으로 풍요로운 한 해^{年年有魚=年年有餘}가 되라는 의미다. 그렇다고 아무 생선이나 먹으며 풍요롭기를 비는 것은 아니다. 지방에 따라 차이는 있지만 특별히 먹는 생선은 따로 있다.

상하이나 항저우 같은 화동 지방에서는 주로 조기를 먹는다. 그중 가장 인기 있는 요리가 조기 탕수육인데, 고소하고 새콤한 맛이 별미지만 단순히 맛있기 때문에 먹는 것은 아니다. 탕수육 소스는 1년이 달콤하라는 의미를 담고 있고, 조기에도 특별한 뜻이 있다.

조기는 비늘이 황금처럼 누런빛이다. 그래서 중국어로 '황화위黃花魚'라 불린다. 조기를 먹으며 한 해 동안 황금이 입속으로 들어오기를 소원하는 것이다. 우리와 달리 중국인은 참조기보다 짝퉁 조기인 부세를 더 좋아하는데, 참조기와 부세를 구분하지 않을 뿐만 아니라 부세가 참조기보다 크기도 크고 빛깔도 더 누런빛을 띠니, 이왕이면 크고 순도 높은 황금이 더 좋은 것과 같은 이치다. 설날 무렵 한국에 온 중국 관광객이 큼지막한 부세 한 마리를 80만 원에 샀다는 뉴스가 나오는 이유다.

베이징을 비롯한 화베이 지방은 바닷가에서 멀리 떨어진 탓에 예전부터 바닷물고기보다는 민물고기를 더 많이 먹는데, 그중에서도 으뜸으로 치는 것이 잉어다. 잉어는 한자로 '이어鯉魚'라 쓰는데 중국어 발음이 이익利益과 비슷하다. 그렇기 때문에 새해에 먹는 잉어 요리에는 사업에서도 많은 이익을 내고 집안에도 이롭고 유익한 일이 넘치게 해달라는 소원이 담겨 있다. 또한 메기도 춘절 인기 메뉴 중 하나다. 메기는 한자로 '점어鮎魚'라 쓰고 중국어 발음으로 '녠위'라고 읽는데 1년 동안 여유 있으라는 말年餘과 발음이 같다. 그 외에도 붕어는 중국어 발음이 '길吉' 자와 같아 1년 동안 크게 길한 일이 생기라는 의미이고, 연어는 해를 연이어 여유가 있으라는 뜻連年有餘이며, 병어는 가문이나 집안이 번성한다는 뜻의 창성昌盛과 발음이 같아 인기가 있다.

심지어 어떤 가정에서는 퇀위안판을 먹을 때 제야에 생선의 반을 먹고 새해 아침에 나머지 반을 먹는데, 상반기에도 여유 있고 하반기에도 풍요롭기를 소원하기 때문이라고 한다. 중국인의 새해 소망이 재미를 넘어 처절할 정도다.

이렇게 비슷하거나 같은 발음을 가진 한자를 찾아 새로운 의미를 부여하는 것을 '해음'이라고 한다. 그렇다고 중국 사람이 춘절에 생선을 먹는 이유가 단순히 해음 현상을 활용한 말장난 때문이라고 치부하기엔 무리가 있다. 좀 더 들여다보면 여기엔 오래된 역사적·문화적 배경이 깔려 있다.

물고기는 하늘의 뜻을 전하는 전령사

고대부터 물고기는 특별한 의미가 있었다. 무엇보다 물고기는 하늘의 뜻을 전하는 전령사였다. 하늘이 황제인 천자를 정할 때도 물고기를 통해 그 뜻을 알렸고, 재앙이 닥치기 전에 사람들에게 그 조짐을 미리 암시해준 것도 물고기였다. 물고기를 통해 길흉화복을 점치고 하늘의 뜻을 짐작했으니 중국에서 생선은 그만큼 특별한 존재였다.

하늘이 물고기를 전령사 삼아 천자의 탄생을 알린 것이 바로 주나라 무왕이다. 주나라 무왕은 기원전 1000년 무렵, 주지육림의 고사를 만들어냈을 정도로 포악하고 방탕했던 상나라 주왕을 물리치고 나라를 바로잡은 인물이다. 어느 날, 무왕이 배를 타고 강을 건너는데 강 중간쯤에 이르자 하얀 물고기가 무왕이 탄 배로 뛰어들었다. 무왕이 이 물고기를 잡아 하늘에 제사를 올렸는데, 강을 다 건너자 하늘에서 불덩이가 떨어지더니 무왕의 집에 이르러 새로 변했다. 그 색이 붉었고 울음소리에 혼이 담겼다. 이때 날짜를 기약하지 않았음에도 800명의 제후가 주왕을 토벌하자며 무왕의 곁으로 모였다. 이는 『사기』 「주본기」에 나오는 내용으로, 무왕이 탄 배로 뛰어오른 하얀 물고기나 무왕의 집에 떨어져 새로 변한 불덩이가 모두 무왕을 천자로 정한 하늘의 암시라고 풀이한다.

물고기가 하늘의 뜻을 알려주었다는 이야기는 중국 역사책에서 숱하게 보인다. 특히 '물고기 어魚'와 '불길할 얼孽' 자를 쓰는 '어얼'은 고대에 재난이 닥쳤음을 알려주는 대표적 현상이었다. 물속에 있어야 할 생선이 땅 위로 올라오는 이상 현상을 재난의 조짐으로 해석하면서 하늘의 뜻으로 받아들였던 것이다.

『한서』 「오행지」에도 이런 이야기가 있다. 진시황이 통치하던 시절, 황허강이 넘쳐 물고기가 육지로 밀려왔다. 유향이 이를 보고 재난이 가까워졌음을 알았다. 물고기는 백성을 상징하는데 물속에 있어야 할 생선들이 강물을 거슬러 육지로 올라왔으니 이는 백성이 임금의 영을 거스른다는 뜻이며 곧 반란의 조짐이라고 본 것이다. 이 무렵 진시황의 동생 장안군이 반란을 일으켰다가 죽는 일이 일어났다. 장병은 모두 참수당했으며 백성 역시 삶의 터전을 빼앗기고 강제 이주를 당했다.

위진 시대 진나라의 역사를 담은 『진서晉書』에도 물고기가 닥쳐올 재난을 미리 알려주었다는 기록이 있다. "위나라 제왕 4년, 물고기 두 마리가 무기 창고 지붕 위에 올라왔으니 곧 어얼이다." 이어서 물고기는 물속에서 살아야지 땅으로 올라오면 몸이 마르고 본래 살 장소를 잃어버리는 것이므로, 변방의 장수가 위태로워 그 갑옷을 버리는 변이 있을 것이라고 풀이했다. 실제로 조조 사후 32년 뒤 위가 오를 정벌하려고 15만 대군을 동원했는데, 4만의 오나라 군대에 패해 전멸하는 동관의 패배가 있었다.

『사기』 『한서』 『진서』에서 보는 것처럼 중국에서 물고기는 좋은 소식이건 재앙의 조짐이건 하늘의 뜻을 백성에게 전하는 전령사였으니, 중국인에게 물고기는 신비한 영물일 수밖에 없었다.

잉어 배 속에 넣어 보낸 편지

옛날 중국에서는 일상생활의 소식도 물고기를 통해 전달받기를 원했다. 이를 잘 보여주는 것이 '어전척소魚傳尺素'라는 말인데, 한나라 때 멀리 변방으로 떠난 남편이 비단에 쓴 편지를 생선 배 속에 넣어 아내에게 보냈다는 민요 가사에서 비롯됐다.

"멀리서 온 나그네 잉어 두 마리를 전해주었네. 일하는 아이 불러 잉어를 잡아보니 배 속에 한 자 길이 비단에 쓴 편지가 들었네. 무릎 꿇고 읽어보니 이게 무슨 말일까. 전반부는 밥 잘 먹고 잘 있으라는 말이고 후반부는 보고 싶다는 소리.”

예전에는 편지를 전달할 때 배를 타거나 말 또는 마차를 타고 장시간에 걸쳐 전해야 했기에 자칫 편지가 훼손될 우려가 있었다. 그래서 나무 상자에 넣어 운반했는데 이때 상자의 형태가 주로 물고기 모양이었다. 생김새도 예쁠 뿐만 아니라 휴대도 편리했기 때문이다. 편지는 하얀 비단에 썼는데 길이가 보통 한 자尺였기에 어전척소라는 말이 생겼다.

그런데 왜 하필 물고기였으며, 그중에서도 잉어 배 속에 편지를 넣어 전달했을까? 중국에서 물고기는 하늘의 뜻을 전하는 전령사인 동시에 풍요의 상징이기도 했다. 우리가 돼지꿈을 꾸면 부자가 된다고 믿는 것처럼 중국인은 먼 옛날부터 꿈에 생선을 보면 풍년이 든다고 믿었다. 기원전 7세기 이전의 노래를 수록한 『시경』「소아」에 이를 잘 보여주는 「무양無羊」이라는 시가 있다. “목동이 꿈에 보니 많고 많은 물고기요, 여러 가지 깃발이네. 점쟁이가 말하기를 물고기는 풍년 들 조짐이고 깃발은 집안 잘된다는 뜻이라네.”

특히 그중에서도 가장 상서로운 생선은 잉어였는데, 예나 지금이나 중국 역사와 문화 곳곳에서 잉어의 위상을 확인할 수 있다. 예를 들어 중국은 물론 동양에서 최고로 존경받는 성현인 공자 가문은 잉어와 밀접한 관련이 있다. 공자가 20세 때 첫아들을 얻었는데 노나라 제후인 소공昭公이 득남 축하 선물로 물고기를 보냈다. 공자 또

한 첫아들을 낳으니 기쁘고 경사스럽다는 뜻에서 아들 이름을 '리鯉', 자를 '백어伯魚'라고 지었다. 이름인 '리'는 잉어라는 뜻이고 자인 '백어'는 물고기 중에서 으뜸이라는 뜻이니 굳이 의미를 부여하자면 으뜸가는 물고기가 잉어라는 말이 된다. 그 이름만으로도 공자가 살았던 춘추전국 시대에 물고기, 그리고 잉어가 갖는 상징성을 확인할 수 있다.

황허강과 등용문, 그리고 물고기 토템

그렇다면 중국인은 물고기에 대해 왜 이렇게까지 환상을 품게 됐을까? 문화 인류학자들은 가장 큰 이유로 중국의 물고기 토템 신앙을 꼽는다. 우리가 단군 신화에서 곰을 한민족의 기원으로 보는 것처럼 중국에서는 물고기를 자신들의 뿌리로 여긴다.

중국인들은 황허강黃河을 '어머니의 강母河'이라고 부른다. 황허강에 사는 수많은 물고기는 어머니가 품고 있는 자식들이다. 때문에 물고기를 중국인의 기원으로 삼고 자신과 동일시했다는 것인데, 이런 토템 신앙이 기반이 돼서 물고기 선호 의식과 숭배 사상을 포함한 중국의 문화가 형성된 것으로 풀이된다.

물론 중국인은 스스로를 용의 자손이라고 말하지, 물고기의 조상이라고 표현하지 않는다. 용의 자손이라는 말은 중국 한족의 선조인 '염제'와 '황제'가 용의 계승자라는 전설에서 비롯됐는데, 이런 전설의 뿌리는 옛날 중원에 살았던 화하족의 용 토템 신앙에서 온 것이다. 그런데 용 토템 신앙을 자세히 들여다보면 물고기 토템 신앙과 깊이 관련되어 있음을 알 수 있다.

용은 전설 속의 동물이다. 때문에 실제로 존재하는 동물 중에는 뱀 또는 물고기가 변해서 용이 된 것으로 본다. 고대인의 이런 상상이 반영되어 생긴 말 중 하나가 '등용문'이다. 어려운 관문을 통과해 크게 출세한다는 뜻으로 쓰이는 등용문은 잉어가 황허강 상류를 거슬러 올라 용이 되어 하늘로 승천했다는 전설에서 비롯된 말로,『후한서』「이응열전」에 나온다.

황허강 상류에 급류가 흐르는 용문이라는 곳이 있다. 잉어들이 황허강을 거슬러 올라와 용문을 뛰어넘어 통과하려고 하지만 물살이 너무 거센 데다 높아 거슬러 오르다 떠밀리고 또 떠밀리기를 반복할 뿐 용문을 통과하는 잉어는 거의 없다. 그런데 집요한 노력 끝에 거친 물살을 헤치고 용문에 오르는 잉어가 있다. 잉어가 용문을 통과하는 순간, 하늘에서 벼락이 내리쳐 잉어 꼬리를 태우고 잉어는 용으로 변신해 하늘로 승천한다는 것이다.

잉어가 용이 된다는 전설에서 용 숭배 신앙이 물고기 숭배 신앙의 또 다른 변형이라는 사실을 짐작할 수 있다. 이에 학자들은 물고기 토템이 용 토템으로 바뀐 것을 사회 구조의 변화와 관련지어 해석하기도 한다. 물고기는 어머니, 곧 여성을 상징하는 반면, 용은 아버지, 곧 남성을 상징한다. 즉 물고기가 용으로 탈바꿈하는 것은 고대 모계 중심 사회에서 부계 중심 사회로 옮겨가는 과정이 반영된 현상이라는 것이다.

최고의 음식은 생선 요리

이러한 중국의 물고기 숭배 신화는 현대에까지 고스란히 이어지면서 중국 문화와 풍속 곳곳에서 그 흔적을 남겼다.

중국에서는 결혼할 때 빨간 종이를 오려 만든 문양을 결혼식장이나 신혼방에 붙여놓는다. 보통 '기쁠 희囍' 자 두 개를 겹쳐 쓴 '쌍 희囍'를 붙이거나 잉어 두 마리가 태극 문양처럼 서로 꼬리를 물고 돌아가는 모습의 그림을 붙인다. 이런 결혼 축하 그림에 등장하는 물고기를 '쌍어도雙魚圖' 또는 '음양어陰陽魚'라고 하는데 여러 상징적 의미가 있다. 물고기는 우선 부부를 상징한다. 물과 생선은 서로 떨어져서 살 수 없기에 부부가 함께 백년해로하라는 축복의 뜻이 담겨 있다. 또한 다자다손多子多孫의 의미도 있다. 물고기가 수만 개의 알을 품고 있는 것처럼 자식을 많이 낳으라는 덕담이다.

식사 때도 생선은 각별한 대우를 받는다. 중국의 손님 접대용 음식이나 잔칫상을 보면 차려진 요리 종류에 따라 연회의 품격을 어느 정도 짐작할 수 있다. 산해진미를 두루 갖춘 요리상이야 돈만 있으면 얼마든지 차릴 수 있지만, 어떤 역사와 유래가 있는 요리를 준비했는지에 따라 주최 측의 품위와 격조가 달라진다. 다만 우리가 볼 때는 어떤 요리상이 잘 차린 식탁인지를 판단하기가 쉽지 않은

데, 이럴 때 어렵지 않게 구분하는 방법은 일단 생선 요리가 있는지를 보는 것이다. 생선 요리가 나오면 잘 차린 식탁이라고 해도 큰 오해는 없다. 해산물이 보이면 신경을 썼다고 여겨도 좋다.

물론 아무 생선이나 식탁에 올라와 있다고 무조건 좋아할 일은 아니고, 베이징의 잉어 요리나 상하이의 조기 요리처럼 지역과 계절에 따라 특별한 날에 먹는 특별한 생선이 준비되어야 한다. 해산물 중에도 '옌바오츠'가 포함돼 있다면 최고의 대접이다. 옌燕은 제비집, 바오鮑는 말린 전복, 츠翅는 상어지느러미 요리다. 조금 더 확장된 요리는 '썬옌바오츠두蔘燕鮑翅肚'라고 하는데, 썬蔘은 해삼이고 두肚는 고대 산해진미인 생선 부레다.

중국 요리에서 생선과 해산물이 특별한 이유는 단순히 맛있거나 값이 비싸기 때문이 아니다. 앞서 이야기한 것처럼 물고기를 특별히 여겨온 역사와 문화가 그 속에 담겨 있는 까닭이다. 그렇기에 먼 옛날부터 생선은 늘 최고 요리 대접을 받았던 것이다.

중국 고전 곳곳에는 생선과 관련된 이야기가 보인다. 단편적으로 읽어보면 황당한 전설이거나 옛 인물이 특별히 생선을 좋아했다는 이야기 같지만, 여러 문헌을 종합해보면 이렇듯 다양한 의미를 찾을 수 있다.

굴 한 상자면
떼부자

현대 중국인, 특히 홍콩이나 광저우 및 항저우 등지의 남방 사람들은 새해 춘절이나 중추절 명절에 귤과 유자를 먹는다. 또 유자 껍질을 우려낸 물로 세수를 하고 귤과 유자 분재를 선물하기도 한다. 황금을 닮은 귤이나 유자처럼 부자가 되고 상서로운 기운으로 복 많이 받으라는 의미다. 귤도 귤이지만 유자를 먹는 이유는 유자의 유柚가 하늘이 돕는다는 천우신조의 우佑, 있을 유有와 발음이 같기 때문이다.

얼핏 해음諧音이라는 중국 특유의 말장난에 미신을 더한 것 같지만, 여기엔 새해에 생선을 먹는 것과 같은 의미가 담겨 있다. 춘추 시대 이전 상고 시대부터 내려온 역사와 문화가 그 배경이다.

귤이라는 이름에 담긴 뜻

모든 이름에는 나름의 의미가 있다. 그렇다면 '귤'이라는 과일 이름에는 어떤 뜻이 담겨 있을까? 우리는 귤을 보고 감귤이라고도 하는데, 귤과 감귤에는 어떤 차이가 있을까?

귤과 감귤은 같은 말 같지만 전혀 다르다. 감귤은 감㮀이라는 과일과 귤橘이라는 과일을 합쳐 부르는 말이다. 지금은 감과 귤을 특별히 따로 구분 짓지 않지만 이때의 감과 귤은 엄연히 다른 종류의 과일이다.

약 900년 전인 12세기 송나라 때, 밀감의 명산지인 중국 저장성 온주 군수를 지낸 한언직은 감귤 전문 서적인 『귤록橘錄』을 썼다. 여기에서 그는 감과 귤을 구분해놓았는데 감귤류에는 모두 27종이 있으며 그중 감이 8종, 귤이 14종 있다고 했다. 나머지는 오렌지橙나 유자柚다. 예컨대 우리가 밀감蜜柑이라고 부르는 귤은 엄밀하게 말하면 귤이 아닌 감으로 꿀처럼 단 품종이다.

『귤록』에도 감과 귤이 어떻게 다른지 명확하게 구분해놓지는 않았지만, 특징을 토대로 구별하자면 감은 껍질이 얇고 맛이 단 것에 비해 귤은 껍질이 조금 두텁고 더 새콤하다. 세월이 흐른 지금은 감과 귤 두 품종 사이에서 수없이 많은 상호 교배가 이뤄졌기 때문에 이런 미세한 차이를 구분하는 것 자체가 어려워졌다.

감귤이라는 이름도 그 뜻을 풀이해보면 의미가 깊다. 우선 감은 '나무 목木'과 '달 감甘' 자로 이뤄진 글자다. 한자 그대로 풀이하면

달콤한 열매가 열리는 나무라는 의미지만 원뜻에는 '기막힌 맛眞美' 이라는 감탄이 포함돼 있다. 귤은 '나무 목木'에 '율矞' 자가 합쳐진 글자다. '율'은 상서로운 꽃구름이다. 한자가 만들어질 당시 사람들 이 멀리서 열매가 주렁주렁 달린 귤나무를 보고 상서로운 기운을 느꼈던 모양이다.

강남 귤과 강북 탱자 이야기

지금은 흔하지만 예전에 귤은 엄청나게 귀한 과일이었다. 우리나 라만 해도 1960~1970년대에는 문병 갈 때 가져가는 선물이었고 그 이전에는 중산층 가정에서도 1년에 한 번 정도 어쩌다 맛보는 값진 과일이었다. 조선 시대에는 더욱 귀해서 귤이 제주에서 한양에 도착 한 것을 기념해 과거시험까지 열었을 정도다.

귤이 귀하기는 일본도 마찬가지였다. 한반도보다 날씨가 온화해 보다 쉽게 귤을 재배하긴 했지만, 일본 역시 귤에 대한 생각이 남달 랐다. 8세기 무렵에는 일왕이 총애하는 궁녀 집안에 성씨로 하사했 을 정도다. 바로 일본 4대 성씨 중 하나인 다치바나橘氏라는 성씨가 생긴 배경이다.

동북아에 귤을 퍼뜨린 본고장 중국에서도 귤은 아무나 먹을 수 있는 과일이 아니었다. 7세기 수양제 때 생선회에 곁들여 먹는 최고 의 양념장으로 금제金虀라는 게 있었다. 대단한 음식일 것 같지만 귤껍질을 잘게 다져 겨자와 함께 무쳐놓은 것이다. 황제가 귤껍질에 감탄할 만큼 귤은 소중했고, 또한 『본초강목』에는 귤껍질이 기침과 가래를 없애는 약이라고 수록돼 있다.

예나 지금이나 변하지 않는 진리 중 하나는 '만물은 드물면 귀하다物以稀爲貴'는 것이다. 귤이 왜 귀하고 드물었는지는 '강남 귤이 강북 가면 탱자 된다'는 고사에서 알 수 있다. 강남 귤과 강북 탱자는 춘추 시대에 초나라 영왕이 사신으로 온 제나라 재상 안영을 모욕하는 과정에서 나온 말이다. 영왕이 안영을 만날 때 마침 포승에 묶인 죄인이 지나갔다. 죄목을 묻자 제나라 출신인데 도적질로 잡혔다고 했다. 영왕이 보란 듯 "제나라 사람은 모두 도둑질을 잘하냐?"고 물으니 안영은 "강남 귤을 강북으로 옮기면 탱자가 되는데 그건 토질과 물이 다르기 때문이다"라며 "제나라에서는 도둑질을 몰랐는데 초나라에서 도둑이 된 것을 보면 초나라 풍토가 나쁜 것 같습니다"라고 대답했다. 안영의 정치적 기지가 번뜩이는 고사로 후세에 널리 인용되지만, 한편으로는 당시 사람들이 과학적으로 무지했음을 엿볼 수 있는 대목이다.

귤이 탱자로 바뀐다는 강남과 강북의 기준은 화이허강淮河이다. 황허강과 양쯔강 중간을 흐르는 중국에서 세 번째로 큰 강으로, 화베이와 화둥의 경계가 된다. 화이허강을 기준으로 중국 남북의 지리와 기후가 달라지는데 북쪽은 밀 중심의 밭농사, 남쪽은 쌀 중심의 논농사 지역이다. 그런 만큼 문화, 기질, 풍토까지 다 다르다. 아무리 그렇더라도 강남의 귤이 강 건너 강북으로 간다고 해서 어떻게 탱자로 바뀔까 싶은데 여기에는 이유가 있다.

귤과 탱자는 얼핏 비슷한 종류의 과일처럼 보인다. 감귤 품종이 개량되기 전인 춘추 시대에는 더욱 닮은꼴로 보였을 것이다. 하지만 감귤과 탱자는 종자가 완전히 다르다. 예컨대 감귤과 유자는 물론 오렌지, 레몬, 라임, 자몽 등은 모두 같은 형제지만 탱자만큼은 배다른 형제다. 귤은 식물 분류법상 운향과 감귤속인 데 반해 탱자는 운향과 탱자속의 작물이다.

하지만 옛날 사람들은 비슷한 생김새 때문인지 귤과 탱자를 같은 종류의 과일로 오해했다. 한나라 때의 한자 사전인 『설문해자』에서는 탱자와 귤을 비슷한 나무라고 해석했다. 다만 같은 나무를 심어도 풍토에 따라 강남에서는 귤이 열리고 강북에서는 탱자가 열린다고 생각했다. 중국의 가장 오래된 기술 서적인 『주례』 「동관고공기」에서는 그 이유를 땅의 기운으로 설명했다. 조선 후기의 석학 다산 정약용 역시 귤이 화이허강을 건너면 탱자가 되는 까닭을 '식물의 성질은 땅 기운의 따뜻함과 차가움에 따라 달라지기 때문'이라고 여겼다.

그러고 보면 18세기까지도 정확한 이유를 몰랐던 듯한데, 사실은 당시 귤의 북방 재배 한계선이 화이허강이었기 때문이다. 귤이 자라는 화이허강 이남 강남 땅은 춘추 시대 오와 월, 초나라가 자리 잡았던 곳으로, 중원에서 보면 외딴 오지였다. 중원 사람들 입장에서는 머나먼 남쪽 나라에서 나오는 귀한 과일이었으니 껍질 한 조각에도 열광하고 상서로운 구름이 달린 것 같다는 등 기막힌 진미의 열매라는 둥 이름 붙였던 것이다.

세상에서 가장 귀한, 천상의 과일

그런 만큼 춘추 시대 이전에는 귤이 세상에서 제일 좋은 과일이 었다. 에덴동산에 선악과인 사과가 있었다면 중국에서 이에 버금가는 과일은 귤이었다.

전국 시대 초나라의 정치가 굴원이 귤의 노래를 지으면서 "천지 간의 아름다운 귤나무여, 하늘의 뜻을 받아 남국 초나라에서만 자라는구나"라며 자신의 곧은 뜻을 다른 곳으로 옮기면 살지 못하는 귤의 특성에 비유하기도 했는데, 이렇게 드물고 귀했던 과일인 만큼 진작부터 귤은 천자에게 바치는 공물이었다.

『서경』 「우공」 편은 상나라 이전의 하 왕조를 세운 전설상의 영웅 우왕이 홍수를 다스리고 천하를 통일하는 과정을 지리적 관점에서 서술한 것이다. 여기에 화이허강과 바다 사이에 있는 양주 사람들이 보따리에 귤과 유자를 싸서 우왕에게 공물로 바쳤다는 구절이 나온다.

하나라를 건국한 우왕은 지금으로부터 4000년 전 사람이다. 그리고 우왕이 살았던 하나라의 도읍지를 중국 고고학계에서는 언사현 이리두라는 곳으로 보고 있는데, 지금의 허난성 뤄양 부근이다. 「우공」에 나오는 양주는 화이허강 이남과 바닷가 사이 땅이니 장쑤성

남부쯤으로 볼 수 있는데, 여기서 뤄양까지는 결코 만만한 거리가 아니다. 4000년 전에 머나먼 거리를 실어 날라 천자에게 공물로 바쳤을 정도니 귤과 유자가 춘추 시대에 얼마나 귀한 대접을 받았을지 어렵지 않게 짐작할 수 있다.

『사기』「소진열전」에도 비슷한 대목이 나온다. 소진은 진나라에 대항하기 위해 여섯 나라가 힘을 합쳐야 한다며 합종책을 주장하는데, 이때 조나라를 설득하고자 자기 말을 들으면 제나라에서는 물고기와 소금이 나는 바다를 얻을 수 있고 초나라에서는 귤과 유자가 나는 땅을 얻을 수 있다고 강조한다.

그만큼 중국 고사에는 귤과 관련해 널리 알려진 이야기가 많다. 『삼국지』에 나오는 '회귤고사'도 그중 하나다. 원술이 6세였던 육적에게 귤을 주었더니 먹지 않고 품에 간직하고 나오다 땅에 떨어뜨렸다. 왜 먹지 않고 품에 간직하고 있냐고 묻자 아이는 어머니에게 드리려고 했다고 대답했다. 지극한 효성을 강조하는 고사로 인용되곤 하지만, 뒤집어 생각해보면 철모르는 꼬마도 알고 있을 정도로 당시 귤이 아무나 함부로 맛볼 수 없는 귀한 과일이었음을 상징적으로 보여준다.

'감귤천수'라는 고사성어도 있다. 『사기』「화식열전」에 나오는 이야기로, 후손을 위해 1000그루의 귤나무를 심었다는 뜻이다. 삼국시대에 오나라 단양태수 이형이 자손들에게 재산을 물려주는 대신 귤나무 묘목 1000그루를 심어 남겼다. 전란이 잦았던 시기였던 만큼 부자들은 재물을 빼앗기고 목숨까지 잃었지만 이형의 후손들은 재물과 현금이 없었기에 불상사를 겪지 않고 무사히 전쟁을 넘겼다. 그리고 귤이 열매를 맺기 시작하면서 자자손손 부자로 살았다는 이야기인데, 고대 중국에서의 귤의 위상을 생각해 보면 삼국 시대에 귤나무 1000그루는 오늘날 거의 재벌 수준의 자산 가치라고 볼 수 있을 것이다.

귤과 유자의 역사가 이렇게 대단했기에 춘추 시대 초나라, 오나라, 월나라가 자리 잡았던 상하이와 항저우, 홍콩과 광저우 사람들은 지금도 중추절과 춘절이면 귤과 유자를 먹으며 금옥만당(집안에 재물이 가득 차는 것)을 꿈꾸는 것이 아닌가 싶다. 하나라 우왕 이래로 4000년의 뿌리 깊은 전통이 만든 풍속인 셈이다.

황제는 하루 네 끼,
제후는 하루 세 끼

서양에서 중국을 부르는 이름 '차이나'의 어원은 최초의 통일 왕
조인 진秦나라에서 비롯됐다. 러시아를 비롯한 여러 나라에서는 차
이나 대신 '키타이' 혹은 '캐세이Cathay'라는 명칭으로 부르기도 한다.
키타이와 캐세이는 거란에서 유래된 이름이다. 이렇듯 중국이라는
나라를 부르는 명칭은 계속 변화해왔다.

그렇다면 중국인들 스스로는 어떨까? 나라 이름은 시대에 따라
구분해 부르지만, 민족을 가리킬 때는 언제나 '한족'이라고 한다. 바
로 한나라에서 나온 명칭이다.

중국의 토대가 된 한나라

차이나와 진나라, 키타이 혹은 캐세이와 거란, 한족과 한나라의 관계에는 각각 나름의 대표성과 연결고리가 있다.

먼저 키타이 혹은 캐세이의 어원이 된 거란은 10~12세기 중국 중부 이북의 대부분을 차지했던 요나라를 세운 유목 민족의 이름이다. 거란인은 스스로를 '키탄'이라고 불렀다. 중국에서는 이를 치단, 우리는 거란이라고 했고, 서역의 위구르와 아랍 무슬림은 '키타이'라고 불렀다. 반면 송나라가 위치해 있던 남방 지역은 '망기' 혹은 '망즈'로 불렸고 '친Chin'이라고도 했다. 망기나 망즈는 남만의 만자蠻子에서 나온 말로 북방의 요나라 사람들이 남쪽을 부르던 말이다. 이 무렵 실크로드를 따라 중국을 오가며 무역을 한 아랍 상인과 유럽 상인을 통해 중국이 서양에서는 키타이, 영국에서는 캐세이라는 이름으로 알려지게 되었다.

유럽에서 중국이 차이나로 불리기 시작한 것은 16세기 이후다. 대항해 시대가 시작되면서 포르투갈과 스페인, 네덜란드와 영국 등의 유럽인들이 바닷길을 통해 동남아시아와 중국 남부 연안으로 몰려왔고, 현지 사람들이 중국을 부르는 이름이 유럽에 전해졌다. 남만에서 비롯된 망기나 망즈는 멸시의 뜻이 포함돼 있으니 남방 사람들이 스스로를 그렇게 불렀을 리 없다. 그러다 보니 '친'에서 나온 차이나가 중국을 대표하는 명칭이 된 것이다.

그렇다면 중국 최대 민족의 명칭은 왜 한족이 됐을까?

그 내력은 다소 복잡한데, 중국인은 시대에 따라 진인秦人, 당인唐人 등 다양한 이름으로 자신들을 불렀지만, 남북조 시대에 중원에 살던 중국인을 뜻하는 일반적인 명칭으로 당시의 나라 이름을 떠나서 한인漢人이라는 말이 쓰이기 시작했다. 이후에는 원과 명, 청나라 때 중국인을 가리키는 말로 자리 잡게 됐고, 중화민국 초기에 중국을 한인, 만주, 몽골, 회족, 티베트 장족의 다민족 국가인 '오족공화五族共和'로 규정하면서 한인 대신 한족이라는 명칭이 굳어졌다.

그렇다면 최초로 중국을 통일한 진나라도 있고 가장 국제화된 당나라도 있는데 왜 하필이면 한나라가 중국 최대 민족을 대표하게 된 것일까? 한나라가 처음으로 중국이라는 통일된 국가의 기반을 닦았기 때문이라는 게 일반적인 견해다.

진시황의 진나라는 기원전 221년 최초로 중국을 통일했고 도량형의 표준화, 법치 제도의 도입, 만리장성의 축성 등 다양한 업적을 남겼지만 기원전 206년에 멸망해 불과 15년의 짧은 기간밖에 지속되지 못했다. 그러다 보니 실질적으로 제도를 정비하고 지속 가능한 통일 국가의 면모를 갖춘 것은 한나라였다. 한나라는 400년 동안 유교를 기반으로 사상을 지배하고, 흉노와의 대결을 거쳐 북방의 국경을 안정시켰으며, 국가 재정의 안정과 통치 및 삼강오륜을 정립했다. 심지어는 신분에 따라 하루에 밥 먹는 횟수까지 규범으로 만들어 제시했을 정도다.

제도와 정책을 결정한 회의들

回回回回回回

한나라가 제도를 정비하고 국가 경영 기반을 다져나간 과정도 특별하다. 국가 정책 회의를 소집해 큰 틀에서 토론과 논쟁을 거쳐 통치 철학을 마련하고 주요 정책을 결정하기도 했다. 이 과정에는 당연히 권력 다툼이 따랐다.

한나라 때는 모두 세 번의 국가 정책 회의가 소집됐다. 첫째가 한무제 사후인 기원전 81년에 전한의 제8대 황제인 소제가 개최한 염철 회의, 둘째가 기원후 51년에 전한의 제10대 선제가 소집한 석거각 회의, 셋째가 79년에 후한 장제가 주최한 백호관 회의다.

염철鹽鐵 회의는 소금과 철, 그리고 술의 생산과 판매를 국가가 독점할 것인지 민간에 맡길 것인지를 놓고 벌인 정책 회의다. 이 회의는 일단 제7대 황제인 한 무제가 배경이 됐다. 이전까지 한나라는 경제 발전으로 국가 재정이 넉넉했지만 무제 때 벌인 흉노와의 전쟁과 고구려, 남월 정벌 그리고 만리장성 확장 등으로 재정이 파탄날 지경이었다. 그래서 세금 인상 이외에도 소금과 철, 술의 국가 전매 제도를 실시했는데, 무제가 죽은 후 전매 제도를 계속 시행할지 여부를 놓고 60여 명의 학자를 모아놓고 토론한 회의다.

염철 논쟁은 전매 제도를 폐지하면 재정과 군사력에 문제가 생기니 유지해야 한다는 법가와 민간 시장에 자율적으로 맡겨야 한다는 유가의 대립으로 이어졌다. 결론적으로는 전매 제도가 도입되기 전술과 소금 판매를 통해 부를 축적해왔던 호족 세력의 지원을 받은 유가의 승리로 끝났다. 그 결과 술은 전매 제도에서 제외됐고 이후 한 나라에서는 유교 세력과 지방 호족 세력의 입지가 강화된다.

염철 회의의 주제는 전매 제도였지만 이를 위해서는 정치, 사상, 대외 정책, 사회 문제까지 폭넓게 다룰 수밖에 없었다. 그래서 한나라 때 열린 세 번의 회의는 단순한 정책 회의가 아니라 일종의 정치 세력 판도가 바뀌는 권력 투쟁의 장이 되었다.

석거각 회의는 유교 경전을 연구하는 학자 23명이 참여한 일종의 학술회의로, 한나라의 통치 이념인 유학의 학설이 중구난방으로 난립하자 이를 정리해 유학의 권위와 정치 권위를 일체화해 통치 사상을 강화하려는 의도로 열렸다.

백호관 회의 역시 유학 경전의 해석을 통해 정치 권위와 제도의 안정을 이념적으로 뒷받침하기 위한 것이었다. 예를 들어 '천자天子란 무엇인가'라는 화두를 놓고 토론을 벌인 후, 하늘을 아버지로 땅을 어머니로 삼기 때문에 '하늘의 아들'인 천자라고 정의한다. 그러고는 역대 제왕 중에는 나쁜 황제도 많은데 그래도 모두 천자라고 해야 하는가를 묻는다. 결론은 나쁜 제왕도 천자라는 것인데 천자는 하늘이 내린 것이기 때문이다. 얼핏 철학적 문답 같지만 아무리 무능하고 나쁜 왕이라도 천자를 거스르는 것은 하늘의 뜻을 거스르는 일이라는 결론으로 자연스럽게 이어진다.

사람 사는 사회의 기본이 되는 삼강오륜의 순서도 백호관 회의에서 정해졌다. 삼강은 군위신강君爲臣綱, 부위자강父爲子綱, 부위부강夫爲婦綱으로, 임금과 신하, 어버이와 자식, 남편과 아내 사이에 마땅히

지켜야 할 도리다. 이중에서 임금과 신하의 도리가 제일 우선시되어야 한다는 결론 역시 많은 것을 시사한다. 일반 백성과는 전혀 관련 없는 주제인 듯하면서도 그들의 일상생활에까지 영향을 미친다.

밥 먹는 횟수를 정합시다

백호관 회의에서 논의된 내용 중에는 흥미로운 것도 있다. 하루에 식사를 몇 번 하는 것이 바람직한지에 대한 논의다.

결론부터 말하자면, 왕은 하루에 네 번, 제후는 하루에 세 번, 재상인 경卿과 관리인 대부大夫는 하루에 두 번, 그리고 평민은 필요할 때 먹으면 된다. 이렇게 차이를 두는 건 신분의 높고 낮음, 즉 귀천 때문이다. 내용 자체가 춘추 시대를 포함한 주나라 때의 가르침인 유교 경전에 대한 해석이니 문자 그대로 봉건 계급사회의 의식이 그대로 반영되어 있는데, 한나라 때라고 인식이 크게 바뀌었을 리 없다.

내용을 조금 더 살펴보면 왕은 식사할 때 음악을 연주할 수 있다. 뜬금없이 밥 먹는 것과 음악이 무슨 상관일까 싶은데, 신분에 따른 식사 횟수는 원래 예악을 논의하는 과정에서 나온 이야기였다. 고대 동양에서 정치는 예절과 음악이 기본이다. 예로써 사회 질서를 확립하고 각자가 질서 있는 생활을 할 때 비로소 쾌락을 느낄 수 있는데, 이 즐거움이 소리로 표현되는 것이 음악이기 때문이다.

질서 있게 식사하는 것이 예절이고 즐거움은 음악과 관련돼 있기에, 예악에서 식사는 빼놓을 수 없는 주제가 된다. 따라서 왕이 식사할 때 음악을 연주하는 까닭은 천하가 태평하고 재물이 넘쳐서다. 반대로 왕의 공功이 부족하면 식사를 하지 말아야 하고 덕德이 모자라면 배불리 먹지 말아야 한다고 했다. 세상이 불안하고 백성이 힘든 것은 왕의 공덕이 부족한 탓이니 배불리 먹지 말라는 소리다. 조선의 임금이 흉년이 들거나 비가 오지 않아 가뭄이 들어 백성이 고통받을 때 음식 가짓수를 줄이는 감선減膳을 했던 이유도 마찬가지다.

왕이 하루 네 번 식사를 하는 건 사방의 재물이 왕의 것이고 사계절의 공덕을 쌓았기 때문이다. 이밖에도 갖가지 철학적인 이유를 들어 왕이 네 번 식사하는 이유를 설명했지만, 핵심은 왕은 신분이 고귀한 만큼 네 번 식사할 자격이 있고 반대로 왕으로서 공덕을 쌓지 못하고 편안한 세상을 만들지 못하면 밥 먹을 자격이 없으니 식사 횟수를 줄여야 한다는 것이다.

반면 평민은 식사 횟수에 제한을 두지 않았다. 필요할 때, 그리고 배고플 때 먹으면 됐다. 평민은 밭을 갈고 누에를 치는 노동을 해야 하기 때문에 배고프면 먹어야 하고 배부르면 일을 하니, 먹는 횟수에 제한을 두지 않았다. 이는 배고프다고 아무 때나 먹으라는 말이 아니라 먹고 일하라는 말이다. 성경에도 나오고 레닌도 말한 "일하지 않는 자, 먹지도 말라"는 말과도 통한다. 이것이 바로 유교 철학을 바탕으로 풀이한 식사 횟수의 규범이다.

백호관 회의에서 규범을 정했다고 해서 사람들이 실제로 그 기준에 맞춰 식사를 한 것은 아니었다. 보통 식사 횟수는 왕이 아닌 이상 하루 두 끼가 일반적이었다. 우리 문헌을 보면 대략 18세기까지는 벼슬을 사는 관리의 경우 하루 두 번 식사를 했는데, 중국도 크게 다르지 않았다. 18세기 조선의 실학자 이긍익(1736~1806)은 『연려실기술』에서 조선의 관리들은 관청에서 식사를 하는데 아침저녁으로 밥을 준다고 했고, 정조 때 실학자 이덕무(1741~1793)도 『청장관전서』에서 사람들은 하루에 조석으로 5홉의 곡식을 먹는다고 기록했다.

하루 두 번 식사는 역설적으로 점심이라는 단어에서도 확인할 수 있다. 영조 때의 실학자 이익(1681~1763)은 『성호사설』에서 요즘은 한낮에 먹는 밥을 점심이라고 하지만 이는 원래 새벽 일찍 일어났을 때 먹는 간단한 음식에서 비롯된 말이라고 기록했다. 덧붙여 점심點心은 마음에 점을 찍는다는 뜻으로 허기져 출출한 것을 조절한다는 의미라고 풀이했다. 『성호사설』의 풀이는 당나라 때 정참이라는 관리가 아침 식사 전 공복을 채우는 음식을 보고 점심이라고 한 것에서 비롯됐는데, 이렇듯 당나라에서도 식사는 하루 두 번이 보통이었다. 하루 두 끼 식사는 유럽도 마찬가지여서 '런치'도 원래는 간단하게 먹는 치즈나 빵을 의미했다. 17세기 중반 이후에야 식사와 식사 사이에 가볍게 먹는 음식이라는 뜻으로 쓰이기 시작했으니 점심을 먹은 역사는 동서양이 시기적으로 비슷했던 것 같다.

백호관 회의의 상징적 의미는 적지 않다. 백호관 회의 내용을 기록한 『백호통의』는 모두 43권의 방대한 분량이며, 식사 횟수의 규범까지 정할 정도였다. 그만큼 한나라 때 전반적인 제도의 정비가 이뤄졌으니, 중국인들이 스스로 한족이라고 부르며 한나라에서 민족의 정체성을 찾는 것도 이런 이유가 아닐까 싶다.

조개가 돈으로 쓰인
내력

중국 음식 중 최고급으로 꼽히는 요리는 주로 해산물 요리다. 그 중에서도 값비싼 것은 전복과 해삼, 제비집과 샥스핀을 재료로 한 것들이다. 널리 알려진 제비집과 샥스핀은 청나라 이후 유명해졌지만 전복은 고대로부터 현대에 이르기까지 명품 요리의 반열에서 한 번도 밀려난 적이 없다.

그런 만큼 바다의 맛 중에서는 전복이 으뜸이라는 소리를 들어왔고 명성에 걸맞게 가격도 만만치 않다. 홍콩의 유명한 전복 요리 전문점에서는 전복 요리 가격이 1인당 1000달러를 넘고, 15년쯤 전 베이징에서는 손바닥 크기의 전복 스테이크 가격이 약 500달러였으니 당시 중국의 소득 수준을 감안하면 그 가격이 어마어마하다고 할 수 있다.

중국인들이 왜 이렇게 전복을 좋아할까 싶은데 기본적으로는 맛있는 데다 전복이 귀하기 때문이다. 그러나 더 깊이 들어가보면 중국인에게 전복은 양생의 음식이고 힐링 푸드라는 것을 알 수 있다.

부귀영화와 권력의 잣대가 된 전복

전복을 먹으며 근심 걱정을 치유했던 첫 번째 인물이 1세기 때 유방이 세운 한나라를 무너뜨리고 신新나라를 세운 왕망이다. 나라를 세워 스스로 황제를 칭했지만 주변에서 황제로서의 권위를 인정해주지 않았기에 곳곳에서 민란이 일어났다. 황제랍시고 궁궐은 차지했지만 조만간 그 자리에서 쫓겨날 처지였으니, 근심 걱정으로 하루하루를 보낼 수밖에 없었다. 『한서』「왕망열전」에는 그가 얼마나 마음을 졸이면서 지냈는지, 술이 없으면 잠을 이루지 못했고 음식은 아예 삼키지도 못했다는 기록이 있다. 한마디로 식음을 전폐하다시피 했다는 것인데, 당시에 왕망이 유일하게 먹을 수 있었던 음식이 전복이었다. 그래서 사람들은 전복을 근심 걱정에 빠져 식욕을 잃어버린 사람조차 입맛이 돌아오게 만드는 양생의 보약쯤으로 여기게 됐다.

중국에서 전복을 얼마나 귀하게 여겼는지는 삼국 시대 때 조조와 관련된 일화에서도 엿볼 수 있다. 조조는 셋째 아들인 조식을 사랑했다. 조조가 죽자 당대 명문장가로 이름을 떨쳤던 조식이 아버지를 추모하는 글을 지어 바쳤는데, 조식은 조조가 전복을 무척 좋아했다는 사실을 떠올리며 자신이 서주자사로 있을 때 전복 200개를 구해 바쳤더니 조조가 무척 기뻐했던 일을 회상한다.

조식은 막강한 권력자의 아들이다. 게다가 당시 그가 자사로 있던 서주는 장쑤성의 중심 도시였을 뿐만 아니라 바다로부터 그다지 먼 곳이 아니었다. 그럼에도 전복 200개를 구해 바쳤다는 사실을 자랑한 것을 보면 전복이 얼마나 귀했는지 어렴풋이 짐작할 수 있는데, 부친을 추도하는 글에서까지 호들갑스럽게 언급한 것을 보면 아마 당시 전복 값이 상상을 초월할 정도였던 모양이다.

조식뿐만 아니라 조조의 뒤를 이어 위나라를 물려받아 황제가 된 조비 역시 전복으로 황제의 위엄과 호탕함을 과시했다. 219년 오나라 손권이 형주를 공격해 관우를 처형한 사건이 있었다. 221년 촉한이 관우의 원수를 갚는다며 오나라를 공격하자, 오왕 손권이 조자를 위나라에 사신으로 보내 구원을 요청한다. 황제를 자칭한 위 문제 조비가 오나라를 내려다보는 말투로 조자의 속내를 떠봤지만, 조자는 당당하게 대답하며 오나라와 주군인 손권의 체면을 세웠다. 조비는 이에 탄복했고, 군주의 이름을 욕되게 하지 않는 훌륭한 인물이라며 조자에게 전복 1000개를 하사했다고 한다. 『태평어람』에 실려 있는 이야기인데 3세기 무렵 전복 1000개는 어느 정도의 가치가 있었을까?

그로부터 약 200년이 흐른 5세기 무렵의 역사책에 전복의 가치를 짐작할 수 있는 일화가 실려 있다. 남조 시대의 역사를 기록한 『남사』 「청백리열전」에 실린 송나라 장군 저언회(435~482)의 일화에 따르면, 저언회는 관직이 표기장군이면서 황제의 사위였지만 청렴결백해 가난을 면치 못했다. 어느 날 지인이 전복 30개를 선물했다. 이를 본 부하가 장군의 가난한 살림이 안타까워 한마디 거들었다. 전복 30개를 팔면 10만 냥의 거금을 마련할 수 있으니 먹지 말고 팔아서 살림에 보태라고 했다. 그러자 저언회는 전복을 음식으로 여겨받았을 뿐이지 전복을 돈으로 바꿀 수 있다는 사실을 알았다면 선물로 받지도 않았거니와, 비록 가난하더라도 어찌 선물을 팔아 돈을 마련하겠냐며 거절했다. 그러고는 친지와 부하를 불러 전복 30개를 모두 나누어 먹었다. 전복 수십 개만 있어도 팔자를 고칠 정도였다고하니, 200년 전 조식이 아버지 조조에게 바친 전복 200개와 조비가오나라 사신에게 준 전복 1000개의 가치를 미루어 짐작할 수 있다.

송나라 이후 또 1500년이 흐른 17세기 명나라 무렵, 세월이 흘러도 한참 흘렀으니 전복 구하기가 옛날처럼 어렵지도 않았을 텐데, 이때도 전복은 여전히 쉽게 먹지 못하는 음식이었다. 『오잡조』라는명나라 때 문헌을 보면, 전설 속에 등장하는 산해진미는 헤아릴 수없이 많지만 실제로 요즘 세상에서 부자들이 주로 먹는 음식은 남방의 굴, 북방의 곰 발바닥과 서역의 말젖, 동방의 전복이라는 대목이 나온다.

지금도 중국 연회에서는 전복 요리가 자주 차려진다. 중국인들은특별한 날에 전복을 먹으며 부귀영화를 소원하는데, 전복이 옛날 중국 은화인 원보元寶를 닮았을 뿐만 아니라 중국어로 전복을 뜻하는 '바오위鮑魚'가 풍요롭다는 뜻의 '바오위包餘'와 발음이 같기 때문이라고 한다. 발음을 가지고 풀이하는 해음이고 말장난같지만, 그 배경에는 2000년 넘게 이어져 내려온 전복에 대한 환상이 자리하고 있다.

고금을 통해 그토록 소중하게 여겨온 전복이니 어떻게 먹는 것이 가장 좋을까 싶은데, 중국인들은 말린 전복을 그대로 쪄서 먹는 '청정바오위淸蒸鮑魚'를 좋아한다. 귀한 음식일수록 본연의 맛을 살리는 것이 최고다.

돈을 상징하는 조개

그러고 보면 중국은 전복뿐만 아니라 조개 자체를 특별하게 여겨왔다. 중국의 생선 사랑을 뿌리까지 짚어보면 중국 특유의 물고기 문화, 물고기 토템 신앙과 만나게 되는데, 전복을 포함한 조개도 마찬가지다. 지금 우리가 사용하고 있는 한자에도 그러한 중국인의 의식이 투영되어 있다.

돈과 관련된 한자는 대부분 조개貝와 관련이 있다. 예컨대 재물이라는 뜻의 재財는 사람才이 조개貝를 갖고 있다는 의미다. 『설문해자』에서는 "사람이 가치 있는 보물을 소유한 것人所寶也"이라고 풀이한다. '가난할 빈貧' 자 역시 "재물을 나누어서 작아지는 것財分少也"이라고 했으니, 가치 있는 물건인 조개를 나눠서 가난하다는 것이다.
화물이나 물건을 뜻하는 화貨 역시 11세기 때의 사전인『광운』에서
"바꾸어 되돌리는 물건變化反易之物"이라고 풀이했다. 조개貝를 매개로
변화化시킬 수 있는 것이 화물이니, 가치 있는 보물인 조개로 바꿀 수
있는 물건이라는 해석이다.

돈이나 재물과 관련된 한자에 조개 패貝가 들어간 이유는 우리가
알고 있는 그대로다. 고대 중국에서 조개를 화폐로 사용했기 때문이
다. 약 4000년 전인 기원전 20세기 무렵의 고대 왕조 하나라, 상나
라, 주나라 때부터, 가깝게는 기원전 3세기 무렵의 진秦나라에 이르
기까지 중국에서는 조개를 화폐로 사용했다.

『사기』가운데 경제와 재정 관련 부분을 따로 모아놓은「평준서」
에도 조개 화폐에 대한 내용이 자세히 실려 있다. 농업, 공업, 상업
이 서로 교역을 하게 되면서 거북껍질龜, 조개貝, 금金, 쇠붙이錢, 칼刀,
포목布 등이 화폐로 쓰이기 시작했다.「평준서」에서는 그 유래가 아
주 오래됐다고 이야기하며 하나라 때는 거북껍질과 조개껍질龜貝을
화폐로 썼지만, 진나라에 이르러서는 기물로 쓰거나 장식품 등 진귀
한 보물로 여겼지 화폐로 사용하지 않게 됐다고 기록하고 있다.

이와 관련해서 일본의 중국학자인 가토 도루는『패의 중국인 양
의 중국인貝と羊の中國人』이라는 저서에서 양으로 대표되는 주나라의
유목 문화와 조개로 상징되는 상나라의 상업 문화에 중국인의 특징
이 고스란히 반영되어 있다고 주장했다.

물건은 드물면 귀하다는 말은 앞서 이야기한 귤뿐만 아니라 조개

에도 적용된다. 고대 중국에서 천연 조개를 화폐로 사용하고 전복을 비롯해 조개의 맛에 빠졌던 건 무엇보다 조개가 귀했기 때문이다.

물론 민물조개도 있지만 조개는 주로 바다에서 나온다. 옛날 중국의 주요 도시들은 바다에서 멀리 떨어져 있었다. 특히 고대 중국 왕조의 수도는 바다까지 이만저만 먼 거리가 아니었다. 상나라 수도인 은허는 지금의 허난성 안양으로 정저우 부근이고, 처음 주나라의 수도였던 호경은 지금의 산시陝西성 시안, 훗날 천도한 춘추전국 시대의 수도는 낙읍으로 지금의 허난성 뤄양 근처다. 그리고 조개 화폐가 사라질 무렵인 진나라의 수도 함양은 지금의 시안 근처였으니, 당시 교통으로는 바다에서 멀고 먼 지역이었다. 그만큼 구하기 힘든 데다 껍질이 견고하고 모양도 아름다웠으니 화폐로 사용했던 것이다. 조개의 내용물인 조갯살은 껍질보다 더 구하기 어렵고 게다가 맛까지 좋았으니 화폐인 조개껍질 이상으로 귀한 대접을 받았음에 틀림없다. 아직도 이런 흔적들은 옛날 문헌에 고스란히 남아 있다.

공물로 바쳐야 했던 조개

홍합 역시 내륙에서는 쉽게 맛보기 힘든 해산물이었기에 귀한 식품으로 여겨져 바닷가 마을에서 조정에 바치는 공물 중 하나였다. 『신당서』「공규열전」에는 홍합으로 인해 백성이 겪는 고통에 대한 이야기가 실려 있을 정도다. 9세기 초 당나라 헌종 때 명주라는 곳에서 조정에 공물로 보내는 홍합 물량이 적지 않았고 운반도 어려워 고충이 이만저만이 아니었다. 이에 자사로 있던 공규가 해마다 수도인 장안까지 홍합을 운반하느라 너무나 많은 사람이 고생한다며 홍합을 공물 품목에서 제외해달라고 상소를 올렸고, 공규의 상소 덕분에 결국 홍합이 공물에서 빠졌다. 역사 기록으로만 보면 고생이 심했나 보다 정도로 받아들일 뿐 실감이 잘 되지 않는다. 하지만 실제로 현지를 가보면 당시 상황이 어땠을지 조금은 느낄 수 있다.

명주는 지금의 저장성 닝보다. 당나라 수도 장안은 지금의 산시성 시안으로 지도상으로는 거리가 1600킬로미터다. 약 400킬로미터인 서울에서 부산까지의 거리보다 4배 정도 멀다. 오늘날 고속도로로 달려도 거의 하루 종일 걸린다. 게다가 뤄양부터는 쉽게 가속이 되지 않는 오르막길을 몇 시간 동안 운전해야 한다. 도로도 제대로 닦이지 않았을 9세기 무렵에는 산맥을 타고 오르는 오르막길로 홍합을 운반해야 했으니, 공물로 보낼 홍합 물량은 고사하고 운반 자체가 더 문제였을 것이다. 백성의 고통이 얼마나 심했으면 정부 관리인 공규가 공물 상납 중단을 건의했을까 이해할 수 있는 대목이다.

중국인들의 조개 사랑은 우리나라 기록에서도 찾아볼 수 있다. 조선 시대 중국에 사신으로 다녀온 사람들이 남긴 각종 연행록을 보면, 이들이 중국에 가져가는 물품 중에 반드시 홍합이 들어 있었다. 홍합을 선물하면 현지에서 그만큼 환영받았고 이를 팔아 여비를 마련할 수도 있었기 때문이다.

중국으로 인해 우리가 제대로 먹지 못했던 적도 있었다. 꼬막이 그런 경우인데, 광해군 때 허균(1569~1618)이 쓴 『도문대작』을 보면, 꼬막은 함경도인 북청과 홍원에서 많이 나는데 크고 살이 연해 맛이 좋다면서 원나라에서 공물로 요구하는 바람에 고려에서는 맛을 볼 수 없을 정도로 귀했다고 기록했을 정도다.

옛날 중국 사람들은 전복뿐만 아니라 꼬막에도 환상을 가졌던 모양이다. 청나라 초 이어(1611~1680?)라는 문인은 『한정우기』라는 문집에서 바다의 진미 중에 사람들이 극찬을 하면서도 쉽게 구해 먹지 못하는 것이 서시의 혀(가리비)와 강요주江瑤柱(꼬막)인데, 푸젠성에 갔을 때 가리비는 맛보았지만 꼬막을 먹어보지 못한 것이 한스럽다는 기록을 남겼다. 또 『중종실록』에는 조선에 온 명나라 사신이 "오는 도중에 굴(석화石花)을 제공하기에 한양에 가면 실컷 먹을 수 있겠다고 생각했는데, 지금은 왜 굴이 없느냐?"며 아쉬워하는 기록이 보인다.

중국은 조개껍질을 넣어 재물과 돈을 의미하는 다양한 글자를 만들어냈다. 고대에 조개껍질이 귀중했던 만큼, 알맹이인 조갯살 역시 최고의 음식 재료로 대접 받았다. 그 흔적이 2000년 전의 한나라 때부터 명나라와 청나라, 현대 중국에 이르기까지 문헌은 물론 실생활 곳곳에 남아 있다. 역사서에 실린 중국인들의 전복과 조개 사랑은 흥미로운 일화를 넘어 중국 역사와 문화를 이해하는 또 하나의 단초다.

북방
오랑캐 음식이 판치다

"북방 오랑캐 음식이 판을 치는 세상이 됐다."

4세기 초반 중원의 한족들은 서로 모여 앉으면 이렇게 한탄했다. 한족들이 자기네 전통 음식이 아니라 너도나도 북쪽 유목민의 음식을 먹고 있다는 것이다. 이게 나라가 망할 징조가 아니고 무엇이겠냐며 했던 말이다.

이는 간보가 쓴 『수신기』에 나오는 내용인데, 336년에 사망한 간보는 진晉나라가 북방 유목민에게 쫓겨 수도를 지금의 뤄양에서 난징으로 옮겼을 때, 그 명맥을 이은 동진 시대 초기 사람이다. 그가 쓴 『수신기』는 당시 세상에 떠돌아다니던 소문과 설화 등을 모아서 엮은 책으로, 그 무렵의 시대 상황과 사회상을 엿볼 수 있는 좋은 기록이다.

그중에는 옛날부터 전해져 내려오는 재앙을 미리 알려주는 전조 현상을 모아놓은 부분이 있는데, 북방 오랑캐 음식 이야기는 여기에 수록돼 있다.

"호상胡床과 맥반貊槃은 북방 오랑캐들이 쓰는 그릇이고 강자羌煮와 맥적貊炙은 북방 오랑캐의 음식이다. 태시太始 연간 이래 중국의 귀인과 부자들은 반드시 이런 그릇을 갖추어놓았고, 잔치를 열고 손님을 대접할 때는 이런 음식을 먼저 차려놓는다. 이것은 융적戎翟들이 중원을 침략해올 조짐이다."

융적은 예로부터 중원에서 서북방의 유목민을 가리키는 말로, 유목민의 음식이 널리 퍼진 것은 곧 이들이 중원으로 쳐들어올 전조라는 것이었다. 우연이었는지 아니면 옛사람의 상황 판단이 정확했던 것인지, 이는 완벽히 들어맞았다. 북방 유목민이 중국의 절반을 지배하는 오호십육국 시대를 거쳐 남북조 시대가 시작된 것이다.

『수신기』에 실려 있는 이 내용은 단순한 예언을 떠나서 여러 측면에서 곱씹어볼 필요가 있다. 여기에는 4세기 무렵의 시대상이 반영되어 있는 동시에 지금의 중국 음식이 만들어지는 과정, 그리고 중국이라는 나라가 형성되는 과정이 함축적으로 반영되어 있기 때문이다.

『수신기』의 예언

〔기하무늬 장식〕

『수신기』를 보충 설명과 함께 읽어보면 그 예언이 얼마나 정확했는지를 알 수 있다. 먼저 한족 귀인과 부자들이 '태시' 이래 유목민의 식기를 쓰고 그들의 음식을 먹는다고 했는데, 태시는 한 무제 때인 기원전 96년에서 기원전 93년까지 사용했던 연호다. 이때는 서역으로 통하는 교통로, 즉 실크로드가 열리기 시작한 무렵이다. 그러니 이 말에는 서북방 유목민의 음식 문화가 중원으로 물밀듯이 밀려왔다는 의미와 함께 북방 흉노에 대한 중원 사람들의 두려움이 담겨 있다고 해석할 수 있다.

중국의 일부 학자는 남조 때의 송나라 역사책인『송서』에 따라 '태시'를 한 무제 때의 연호가 아닌 진 무제 때의 연호 태시泰始로 해석하기도 한다. 진 무제 때의 태시는 265년에서 274년까지 9년 동안 사용한 연호다. 진나라 건국 초기이므로 아직 북방 유목민의 세력이 중원을 직접 위협할 만큼 커지지는 않았지만, 중원에서는 이때 이미 유목민의 음식이 유행하기 시작했고 동시에 북방 유목민의 움직임이 벌써부터 심상치 않았다는 이야기가 된다.

다시『수신기』로 돌아가 중원에서 유행했다는 유목민의 식기와 음식을 살펴보면, '호상'은 서역에서 사용하는 식탁이고 '맥반'은 북방 만주 지역에서 쓰는 쟁반 같은 그릇이다. 중원의 한족들이 유목민처럼 모두가 식탁에 둘러앉아 함께 식사를 한다면서 이민족의 식사 문화가 유행하는 것에 대한 불만을 드러낸 것인데, 진한 시대 이전 한족의 식사 모습은 지금과는 달랐다. 한 사람 한 사람이 방바닥에 양반다리를 하고 앉아 따로 밥상을 받았다. 오랑캐의 음식이라는 '강자'는 티베트 혹은 청해 지역에 살던 강족의 끓인 음식이라는 뜻이니, 지금의 중국식 전골 훠궈를 상상하면 될 것 같고, '맥적'은 맥족의 구이라는 뜻이니 지금의 통구이 바비큐 혹은 꼬치구이나 숯불구이 정도를 떠올리면 된다.

1600년이 지난 지금 중국인의 식탁과 음식을 보면, 4세기 사람 간보가 우려했던 유목민의 음식 문화가 이미 대부분 반영돼 있는 게 사실이다. 이것이 바로 『수신기』의 내용에 주목해야 하는 이유다. 이후 전개되는 오호십육국 시대와 남북조 시대를 그대로 예언한 데다가, 이 시기에 북방 유목민의 음식 문화가 중원의 한족, 그리고 나아가 남방의 묘족 음식 문화와 합쳐지면서 지금의 중국 음식 문화가 탄생했기 때문이다.

대이동, 혼란, 융합의 시기

위진남북조 시대는 중국의 혼란기인 동시에 여러 민족의 융합을 통해 중국 문화가 만들어진 시기다.

진晉나라가 망하는 과정은 고위 관리 장한이 송강의 농어가 먹고 싶다는 핑계로 고향으로 돌아가는 일화에서 엿볼 수 있다. 이 무렵 진나라 북방에서는 흉노족인 유연이 한나라의 후예를 자처하며 군사를 일으켜 나라를 세웠다. 처음에는 한漢이라고 했다가 훗날 나라 이름을 조趙로 바꾸어 오호십육국 역사에서 전조前趙라고 불리게 된 나라다. 유연이 죽은 후 아들 유총이 뒤를 이었는데 311년 진나라의 수도 낙양을 공격해 황제인 회제를 포로로 붙잡아 끌고 가 처형했다.

이후 진나라는 지금의 난징인 건강建康으로 도읍을 옮겨 '동진'이 라는 이름으로 명맥을 잇게 됐고, 북쪽에서는 전조를 시작으로 다섯 북방 유목민이 세운 열여섯 개 나라가 난립하는 십육국 시대가 전 개된다. 304년부터 439년까지 지속된 오호십육국 시대다. 번갈아가 며 북방에서 열여섯 개 나라를 세운 다섯 유목민은 흉노, 선비, 갈족 羯族, 강족羌族, 저족氐族이다. 흉노와 선비는 많이 알려져 있는 유목민 이고, 갈족은 당시 중국 북방인 산시山西성 일대에 살았던 소수민족, 강족은 서융 계통으로 티베트에 사는 지금의 장족 계열의 민족이며, 저족은 산시陝西성, 간쑤성, 쓰촨성의 경계에 살던 서북부 지역의 소 수민족으로 굳이 계통을 따지자면 강족 계열의 민족이다.

4세기부터 5세기 중반까지 북방에서 지속된 오호십육국 시대는 420년 북위의 태무제 탁발도가 북량北涼을 멸망시키고 여러 나라가 난립하던 북방을 통일하면서 끝이 난다. 이후 북방은 북위에 이어 동위, 서위, 북제, 북주로 이어지는 북조北朝, 남방은 동진의 뒤를 이 어 들어선 송, 제, 양, 진이 차례로 흥망을 이어간 남조南朝로 나뉘었 는데, 420년부터 589년까지의 이 시기가 남북조 시대다.

이어 581년 수나라 문제 양견이 북주의 양위를 받아 제위에 오르 고 589년 남조의 마지막 왕조 진나라를 멸망시켜 중국을 재통일하면서 남북조 시대가 끝나고 역사는 수나라로 이어진다. 이렇듯 수많은 나라가 세워지고 망하는 과정에서 전쟁은 필연적이었다. 그 과정에서 북방의 유목민과 중원의 한족, 그리고 남방계 중국인인 묘족이 얽히고설키면서 인종과 문화가 혼합될 수밖에 없었다.

북방은 잠시도 전쟁이 끊이지 않았던 데다 자연재해가 심했기에 서진이 멸망한 이후 북쪽 사람들은 대거 남쪽으로 내려왔다. 남쪽으로 쳐들어온 북방 유목민은 물론이고 전쟁을 피해 먹을거리를 찾아 황허강 주변에 살던 한족인 북인北人들도 남쪽을 향해 떠났다. 로마 시대 말기 훈족에 쫓긴 게르만족이 연쇄적으로 이동해 로마로 들어와 결국 로마가 멸망한 것처럼, 이 무렵 중국에서도 연쇄적인 민족 대이동이 이뤄졌다. 『진서』「모용외」에 그 모습이 그려져 있다. 294년 팔왕의 난이 일어난 진晉 혜제 때, 백성 가운데 생업을 잃고 떠돌아다니는 자가 밤낮으로 계속 늘고 있다고 했으니, 진나라 말기에 이미 민족 대이동이 시작된 셈이다.

그리하여 유목민이 중국 중심부인 황허강 유역의 뤄양까지 밀고 들어왔고, 이곳에 살던 북쪽의 한인들은 남으로 밀리고 밀려서 양쯔강 상류인 쓰촨성 청더우成都에서부터 중류인 형주荊州, 형초荊楚 지방과 하류의 장쑤성까지 내려와 자리를 잡는다. 이 과정에서 남방계 묘족과 충돌하고 합쳐질 수밖에 없었으며, 이를 계기로 중국 화이허강 이남인 강남 지역이 경제적으로 발달하고 인구가 번창하면서 중국의 중심으로 떠오르게 된다. 쉽게 말해 4세기부터 6세기까지 약 300년 동안은 중국 땅 전체에서 북방의 모든 민족과 중원의 한족,

남방의 묘족이 얽히고설키는 혼란과 융합의 시기였다.

음식과 조리법의 고류

민족이 얽혔으니 먹는 음식도 서로 섞이는 것이 당연했다. 6세기 무렵 북위의 수도였던 낙양(오늘의 뤄양)의 정치, 지리, 풍속 등을 다룬 『낙양가람기洛陽伽藍記』에는 왕숙이란 인물이 등장하는데, 그의 일화에서도 이 과정을 엿볼 수 있다.

왕숙은 선비족이 세운 나라인 북위에서 대장군을 지낸 인물이지만 원래는 한족 나라인 남제南齊 출신이었다. 부모 형제가 남제의 무제에게 무참하게 살해당하자 북위에 투항한 후 대장군의 자리를 얻었고, 그 후 여러 차례의 전투에서 전공을 세우면서 '남쪽을 진압했다'는 뜻의 진남장군이라는 칭호를 받았다.

왕숙이 처음 북위로 왔을 때 유목민 특유의 북위 음식을 전혀 먹지 못했다. 양고기와 양젖을 피한 채 늘 고향에서 먹던 것처럼 잉엇국과 차를 마셨을 뿐이다. 그러다 몇 년이 지난 후 왕이 베푼 잔치에서 양고기를 먹고 양젖을 마시자 왕이 물었다.

"양고기가 생선국과 비교해 어떤가? 양젖과 차를 비교하면 어떤가?"

그러자 왕숙이 이렇게 대답했다. "양고기는 육지에서 나는 것 중에서 최고이고 생선은 물에서 나는 것 중에서 으뜸이니 좋은 점이 서로 같지 않아 각각이 모두 진귀합니다. 하지만 맛으로 말하자면 우열이 있습니다. 양고기를 큰 나라에 비유한다면 생선은 작은 나라라고 할 수 있겠지요."

왕숙의 대답은 지극히 정치적이지만 이 일화를 통해 당시 중국 음식 문화가 어떻게 변했는지를 엿볼 수 있다. 북위의 수도였던 낙양은 허난성에 위치한 도시로 중원의 중심지다. 이곳에서까지 양고기와 양젖을 먹었으니 북방 유목민의 다른 음식 역시 황허강 유역 중원은 물론이고 나아가 양쯔강 지역까지도 널리 퍼졌음을 알 수 있다. 북방의 양고기와 낙농 제품이 널리 퍼지면서, 이는 콩으로 만드는 두부를 비롯해 새로운 음식의 발명으로까지 이어졌다. 북쪽의 여러 곡식과 채소도 이때 남쪽으로 전해진 것이 많다. 6세기 무렵 북위에서 중요한 농업서가 발간됐는데, 지금의 산둥 지방인 북양태수 가사협이 썼다는 『제민요술齊民要術』이다.

『제민요술』에는 당시 발달된 북방의 조리 기술이 기록되어 있다. 서역 실크로드를 통해 중원에 들어온 다양한 곡식과 채소들이 다시 남북조 시대를 거치면서 남방으로 전파됐다. 밀과 보리는 물론 완두콩과 대두, 녹두를 비롯한 다양한 콩류, 그 외 다양한 채소 역시 이 무렵 남으로 전해졌다.

물론 북방 유목민과 중원의 음식 문화만 남쪽으로 흘러간 것은 아니다. 쌀과 해산물을 비롯한 식품이 북방에 전해지면서 북방 호족, 중원 한족, 남방 묘족의 음식과 조리 기술이 광범위하게 섞이게 됐다.

북방 민족의 풍부한 육식 문화와 조리 기술이 한족의 요리법과 서로 융합하면서 중국 요리가 발전하기 시작했다. 정치적으로는 혼란의 시기였지만, 위진 남북조 시대를 문화적으로 특히 음식 문화에 있어서 호한胡漢 융합의 시기로 볼 수밖에 없는 이유다.

수 · 당

오랑캐는 우유,
한족은 차

중국은 차의 나라다. 차를 하루도 마시지 않는 날이 없을 정도로 차가 일상화됐다. 물론 요즘 중국 젊은 층에서는 커피도 즐기고 차 대신 광천수라는 생수도 많이 마신다. 하지만 이들 역시 일상에서는 주로 차를 마신다. 중국 물에는 석회 성분이 섞여 있어 그대로 마시기에는 적합하지 않기 때문이라고 한다.

얼핏 생각하기에 중국인들이 일상적으로 차를 마신 역사는 아주 오래전부터일 것 같다. 중국이 차의 발상지인 데다 삼국 시대를 무대로 한 소설 『삼국지』도 유비가 찻잎을 사는 것에서 시작하는 만큼 최소 2000년은 되지 않았을까 싶다. 하지만 실제로 중국에서 차가 널리 퍼진 역사는 생각보다 길지 않다. 8세기 무렵의 당나라 때부터다. 물론 이때 차는 사대부들이나 부자들이 주로 마셨다. 일반인들이 차를 마실 수 있었던 것은 훨씬 나중의 일이다.

중국에 차가 퍼진 과정에는 일반 상식과는 조금 다른 지점이 있다. 그렇기 때문에 중국의 차와 그 역사를 살펴보면 역사책을 통해서는 미처 알 수 없는 중국의 또 다른 면을 발견할 수 있다.

차는 우유의 몸종

옛날 중국인들이 한자로 '낙노酪奴', 그러니까 우유나 요구르트의 몸종이라는 별명으로 불렀던 음료가 있다. 어떤 음료이기에 이렇게 천대를 받았을까 싶은데 뜻밖에도 차의 별칭이다. 남북조 시대 북위에서는 차를 이렇게 불렀다. 북방 유목민이 중국의 절반 이상을 지배했던 시절, 앞서 언급한 남제 출신 장군으로 북위에 투항한 왕숙이 유목민의 음식인 양고기와 양젖에 익숙해지면서 낙농 제품에 비하면 차는 노비에 지나지 않는다고 폄하한 것에서 비롯된 말이다.

고대 중국에서부터 당나라 이전의 남북조 시대까지, 차는 소수 계층이라면 모를까 일반적으로 그다지 큰 대접을 받지 못했다. 당나라 이전은 북방이 남방에 비해 문화적으로 월등하게 발전했던 시기였기 때문에 차보다는 상대적으로 낙농 제품이 훨씬 더 사랑받았다.

차나무는 따뜻한 지방에서만 자라는 식물이다. 지금도 그렇지만 예전 중국에서는 주로 쓰촨, 구이저우, 윈난 지역에서 재배했다. 그렇기 때문에 황허강 유역에서 발전한 중원의 한족은 물론 남북조 시대에 북방을 지배했던 유목민에게는 그다지 익숙한 음료가 아니었다. 특히 남북조 시대는 남북이 분리돼 발전했고 유목민과 한족이 대립했던 시기였기에, 북방을 지배했던 통치자의 시각에서 남방으로 밀려난 한족이 마시는 차는 천박한 음료에 지나지 않았다.

낙양에 수도를 둔 북위를 비롯해 북방 유목민이 세운 북조의 여러 나라에서 연회를 열 때는 우유나 양젖을 비롯한 낙농 음료와 함께 차도 나오긴 했다. 하지만 이때 마련된 차는 북조에 항복한 남조의 장군과 귀족들이 유목민의 음식인 우유를 마시지 못하니까 이들을 위해 차린 음료였다. 항복한 패장들이 마시는 음료였으니 제대로 대접받지 못했고 그들이 마시는 차 역시 같은 취급을 당했다. 우유의 몸종이라는 별명이 생겨난 배경이다.

반면 당나라 중기인 8세기 이후부터는 차의 위상이 180도 달라졌다. 차는 선비들이 마시는 품격 높은 음료가 됐고 귀족들이 즐기는 기호품이 됐다. 차의 역사에서부터 차의 종류, 마시는 법과 도구를 기록한 책도 나왔는데 경전으로 취급했기 때문에 제목도『차경茶經』이다. 당나라를 전후로 천지개벽, 상전벽해라는 말이 어울릴 만큼 차의 위상은 달라졌다.

당나라 때 차가 유행하기 시작한 이유

중국에서는 전설 시대부터 이미 차를 마셨다고 한다. 사람들에게 농사짓는 법과 약 짓는 법을 알려준 신농씨가 100가지 풀을 일일이 맛보는 과정에서 72가지 독초에 중독이 됐는데 찻잎을 먹고는 해독을 했다는 이야기가 있다. 그래서 차의 기원이 신농씨에서 시작됐다고 하는데 이러한 전설을 그대로 믿기는 좀 어렵다. 다만 전설이 전하는 상징적 의미에서 고대 중국에서 차는 음료라기보다는 약용으로 마시기 시작한 것으로 보인다.

당나라 때 육우(?~804)가 쓴 『차경』에는 차의 기원이 신농씨에서 비롯됐다며 춘추전국 시대 노나라의 주공과 제나라 재상인 안영, 이어 한나라 때의 학자인 양웅과 사마상여 등 역사적 인물들이 모두 차를 마셨다고 기록돼 있다. 하지만 소수 특권층을 제외하고는 이름을 두루 거론해놓은 것만큼 차가 널리 퍼지지는 않았다는 것이 일반적인 견해다.

차는 쓰촨, 구이저우, 윈난 지역 특산물이었는데 한나라 말기와 삼국 시대에만 해도 구이저우와 윈난은 제갈공명이 남만 정벌에 나섰던 남쪽의 먼 오랑캐 땅이었고, 쓰촨은 먼 시골인 파촉巴蜀 지방이었으니 공간적으로도 그렇고 기술적으로도 찻잎이 널리 퍼질 수 있는 여건은 아니었다. 삼국 시대 이후 진나라가 북방 유목민에 쫓겨 남쪽으로 천도한 동진 시대에도 사대부들 사이에서 차는 그다지 인기 있는 음료가 아니었다. 오히려 기피하는 음료 중 하나였는데, 4

세기 난징이 수도였던 동진에서는 차의 별명이 재앙의 물이라는 뜻에서 '수액水厄'이었다. 남조 시대 송나라 사람 유의경(403~444)이 쓴 『세설신어』에 이와 관련된 내용이 나온다.

동진의 고위 관리인 왕몽은 차를 좋아해 하루에도 몇 차례씩 마셨다. 본인은 물론이고 손님이 찾아오면 차를 권해 함께 마셨는데 당시 사대부들은 차에 익숙하지 않았기 때문에 차 마시는 것이 고역이었다. 그래서 왕몽의 집을 방문할 때면 오늘도 틀림없이 물 재난을 겪겠다며 두려워했다. 차에 수액이라는 별명이 붙은 유래다. 이런 기록을 보면 위진남북조 시대까지만 해도 차가 널리 퍼지지 않았음을 알 수 있다.

그러다 당나라 때부터 확연하게 변화가 일어나기 시작했다. 당나라 때의 풍속을 기록한 『봉씨견문기』를 보면 그 분위기를 느낄 수 있다. 남인은 차를 좋아하지만 북인은 처음에 차를 마시지 않았다. 그런데 사람들이 이를 모방하여 곳곳에서 차를 끓여 마시니 점차 풍속이 됐다. 이를 통해 차가 열풍처럼 빠른 속도로 퍼졌음을 알 수 있다.

당 현종 때인 개원 연간(713~741)에는 지금의 허난성과 허베이성에서부터 수도인 산시陝西성 시안에 이르기까지 도시마다 곳곳에 찻집이 문을 열고 차를 끓여 파는데, 너도나도 돈을 아끼지 않고 차를 사서 마신다고 했다. 요즘 우리나라 건물마다 카페가 한두 개씩 들어선 모습과 비슷하다. 또 옛날에는 차를 몇 잔 마셨을 뿐이지 심하게 빠지지는 않았는데 지금은 밤낮으로 차를 마셔 풍속이 됐을 뿐만 아니라 중원에서 시작해 변방까지 흘러들었다고도 한다. 그러니 차 소비량도 만만치 않았다.『봉씨견문기』에서는 남쪽의 양쯔강과 화이허강 지방에서 차를 가져오는데, 배와 마차에 바리바리 싣고 올라오는 차가 산처럼 쌓였고 종류도 다양하다며 당시 풍경을 묘사했다.

당나라 때 차가 이렇게 빠른 속도로 광범위하게 퍼진 배경에는 여러 요인이 있다. 먼저 강남의 발전이다. 위진남북조 시대 이후 수백 년 동안 북방에서는 끊임없이 전란이 이어졌다. 그로 인해 로마 말기 게르만 민족의 대이동 못지않게 인구가 대거 남쪽으로 이동했고, 덕분에 양쯔강 유역을 따라 강남이 집중적으로 개발됐다.

또 하나는 무인 중심의 북방 호족 문화의 쇠퇴와 문인 중심의 남방 귀족 문화의 발전이다. 강남 경제권의 발달과도 맞물려 있지만 남북조 시대는 전쟁의 시대였다. 그렇기에 무인의 호방함과 용기가 대우받고 그 상징으로 음주 문화가 만연했지만, 당나라는 문인이 대접받는 세상이었다. 과거 제도의 정착을 통해 사대부가 득세했고 불교가 번성했다. 이런 분위기에 맞게 술보다는 정신을 맑게 해주는 차가 대우받았다.『봉씨견문기』에는 "참선 공부를 위해 잠도 자지 않고 힘썼으니 저녁은 먹지 않아도 차 마시는 것은 허락해 모두가 차를 마셨다"고 하여 당시 풍속을 엿볼 수 있는 대목이 나온다. 당나라 선비의 최고 목표는 장원 급제해 진사가 되는 것이었다. 더불어 당나라 때 유행한 선종은 참선을 통해 스스로를 깨우치도록 했기 때문에, 너도나도 차를 마시면서 다도가 유행하게 됐다.

다도의 풍속이 차 산업으로

차 문화가 널리 퍼지면서 문화생활뿐만 아니라 중국 경제와 사회에도 커다란 변화가 생겼다. 그 결과 중국 역사에도 엄청난 영향을 끼쳤다.

다도의 풍속이 생기고 사람들이 밤낮으로 앞다투어 차를 마시니 차 산업은 자연스럽게 번창했다. 도시마다 곳곳에 찻집이 들어섰고 그 어마어마한 양의 수요를 맞추기 위해 강남에 차 재배 지역이 늘었고 차 상인이 생겨났다.

예나 지금이나 장사가 잘되면, 다시 말해 사업으로 부가가치가 새롭게 창출되면 거기에는 반드시 세금이 따라붙게 마련이다. 찻집이 우후죽순으로 생기고 상인들이 차를 팔아 큰돈을 버는데 정부에서 세금을 거두지 않고 내버려둘 리가 없다. 더군다나 차 문화가 유행하기 시작한 당나라 중반은 안녹산의 난을 비롯한 각종 전쟁으로 인해 전통적인 세수 기반이었던 농업이 피폐해져 정부의 재정이 바닥난 때였다. 이럴 때 차 산업이 새로운 성장 산업으로 떠올랐으니 조정에서 눈길을 돌리는 것은 당연했다.

그리하여 당 덕종 원년(780)에 최초로 차에 세금이 부과됐다. 이때만 해도 주로 지방 관청에서 거두어 쓰는 세금이었기 때문에 중앙 정부인 조정에서는 큰 관심을 기울이지 않았던 모양이다. 불과 4년 만인 784년에 폐지됐다.

하지만 날이 갈수록 늘어나는 차의 교역 규모가 만만치 않았기에 덕종 때인 793년에 차세가 다시 부활했다. 이때는 차를 재배하는 농민은 물론 차를 사고파는 상인에게도 세금을 거두었는데, 처음에는 지금 우리나라의 부가가치세율과 같은 10퍼센트였다가 821년에는 15퍼센트까지 올랐다. 그리고 무종 때인 회창 연간(841~846)에는 지역 경계를 넘을 때에도 세금을 거두었으니 지금으로 치면 일종의 관세였다. 이어 847년에는 차와 관련된 법까지 별도로 마련해 차 재배 농민과 상인을 보호하는 한편, 법에 따라 세금까지 걷었으니 차에 대한 관리가 그만큼 철저해졌다. 국고 수입에서 차가 차지하는 비중이 그만큼 높아졌기 때문이다.

재정에서 차가 차지하는 비중이 높아짐에 따라 세금의 형태도 다양하게 발전했다. 처음에는 차세를 거두다가 다음에는 공차貢茶가 도입됐다. 지금은 공차가 타이완에서 시작된 버블티 체인점으로 유명하지만 원래는 나라에 공물로 바치는 차에서 비롯된 이름이었다. 조정의 시각에서 보면 재배 농민에게 차를 현품으로 받는 일종의 현물세였는데, 나중에는 황제에게 보내는 최상 품질의 차를 현물 그대로 공차로 남기고 나머지는 정부가 유통을 통제·관리하는 전매제도로 바뀌게 된다.

차 전매 제도는 당나라 때 잠깐 실시했다가 폐지된 뒤 송나라 때부터 본격화되었는데, 소금과 함께 정부에서 전면적으로 재배와 유통을 통제했다. 송 휘종 때인 1102년에는 허베이성, 안후이성, 저장성, 푸젠성을 비롯해 일곱 개 지역에서 차 전매를 시행했으니 차를 재배하는 지역 대부분이 포함됐다.

차 전매라고 해서 정부가 차를 직접 재배하고 찻잎을 제조해 판매하는 것은 아니었다. 차 상인이 정부에 대금을 지불하면 차를 구입할 수 있는 수량과 시간, 지역이 표시된 인수권을 받아서 산지에 가서 차를 가져오는 방식이었다. 마찬가지로 차 재배 농가에도 정부에서 정해진 가격의 대금을 지불했다.

송나라 이후 중국의 역대 왕조에서 차 전매 수입은 국고 수입에서 갈수록 큰 비중을 차지했다. 중국 역대 왕조의 조세 제도를 다룬 『중국세수제도사』에 따르면, 북송 때 차로 인한 수입이 117만 관貫이었던 반면 남송 때는 400~700만 관까지 늘었다고 한다.

지금의 화폐 가치로 어느 정도인지 가늠할 수 없으니 소금 전매에 의한 재정 수입과 비교하면, 11세기 송 인종 때 소금의 재정 수입이 715만 관으로 세입의 18퍼센트, 12세기 고종 때 1930만 관으로 재정 수입의 절반을 넘었다고 하므로, 차 전매에 의한 수입이 전체 재정의 약 10퍼센트에 육박한다는 걸 알 수 있다.

소금과 비교하면 차가 전체 국고에서 차지하는 비중은 낮지만 그렇게 단순하게 비교할 문제는 아니다. 차는 중앙 정부가 아닌 지방의 재정 수입으로도 쓰였고, 군수품을 구입하기 위한 대금으로도 사용됐다. 예컨대 지방에 주둔한 군대에서 식량을 공급한 상인에게 차 인수권을 지불하기도 했고, 차와 말을 교환하는 차마호시茶馬互市를 통해 군에 필요한 전략 물자를 구입하기도 했다. 서북방 강족의 침입을 견제하기 위해 차를 제공하고 군대에서 쓸 말을 구입했던 것인데, 차마고도茶馬古道가 바로 말과 차를 교환하면서 생겨난 도로다.

이렇듯 국고 수입에서 차가 차지하는 비중 자체만을 놓고 보면 소금에 비해 훨씬 낮았지만 전체적으로 볼 때 차의 재정 수입이 결코 만만치 않았음을 알 수 있다. 이런 차 전매 제도는 19세기 아편 전쟁으로까지 이어진다. 청나라에 이르러 영국이 수입하는 차의 규모는 해마다 폭발적으로 늘어났다. 1700년 1만4000파운드에서 1730년에는 17만9000파운드, 1760년에는 96만9000파운드, 1790년에는 177만7000파운드로 확대됐고 1800년에는 230만 파운드에 육박했다. 그러다 보니 심각한 무역 불균형이 초래됐고 이 무역 적자를 메우기 위해 영국이 아편 무역에 손을 댄 것이 아편 전쟁의 발단이었다.

최근 들어 중국차와 차 문화에 대한 관심이 높아졌다. 중국에서 차가 발달했고 중국인이 차를 많이 마신다는 것, 근대 역사를 바꾼 아편 전쟁의 발단이 차 무역이라는 것도 잘 알려진 사실이다. 조금만 더 관심을 갖고 중국차의 역사를 살펴보면 중국의 정치, 문화, 경제가 차의 역사에 함께 녹아 있다는 흥미로운 사실을 발견할 수 있다.

송

송나라 경제와
국수 천국

중국에는 음식과 관련해 수많은 이야기가 전해져 내려온다. 그중 상당 부분은 알게 모르게 11~12세기 송나라로 이어진다. 모든 길은 로마로 통한다는 서양 속담처럼, 중국 음식 이야기는 기승전 송나라로 끝난다.

기장과 조 대신 쌀과 밀이 중국인의 주식이 된 시기가 바로 이 무렵이다. 그리고 이때부터 다양한 종류의 밀가루 음식, 다시 말해 국수와 만두 종류가 등장하기 시작했다. 그 배경에는 송나라의 농업과 경제, 기술과 문화 발전이 뒷받침돼 있었다. 그렇다면 송나라의 음식 문화는 당시에 얼마나 발달했으며 오늘날에는 어떤 영향을 미쳤을까?

국수를 먹으면 오래 산다는 믿음

예전에는 국수를 먹으면 오래 산다고 했다. 기다란 국수 가락만큼 장수할 수 있다고 믿었던 것이다. 우리나라뿐만 아니라 중국과 일본에서도 국수를 먹으면 장수한다고 믿었다. 국수는 중국에서 발달해 우리나라와 일본으로 퍼진 음식이니, 국수를 먹으면 오래 산다는 속설의 진원지 역시 중국이다. 지금도 중국인의 무의식 속에는 '국수=장수'라는 믿음이 뿌리 깊게 박혀 있다.

그런 믿음을 단적으로 보여주는 것이 바로 생일 음식이다. 우리는 전통적으로 생일날 미역국을 먹고, 서양에서는 케이크를 자르지만 중국에서는 국수를 먹는다. 중국 어머니들은 아이가 태어난 날을 기념해 무병장수를 기원하면서 국수를 삶는데, 그래서 생일 국수를 특별히 '장수면長壽麵'이라고 부른다.

중국에는 '상성相聲'이라는 전통 공연 예술이 있다. 공연자 두 명이 장단에 맞춰 이야기를 주고받으며 진행하는 공연으로, 예전 우리 민속 공연인 만담漫談과 비슷하다. 상성 중에 국수를 소재로 한 공연이 있는데, 한 무제와 동방삭(기원전 154?~기원전 93?)이 그 주인공이다. 한 무제의 생일을 맞아 잔칫상이 차려졌다. 그런데 무제 표정이 영 좋지가 않다. 생일상에 산해진미 대신 국수가 놓였기 때문이다. 무제가 물었다. "감히 천자의 생일날 어찌 국수만 준비했는고?"

무제의 표정을 본 주방장의 얼굴이 하얗게 질렸다. 국수에 젓가락도 대지 않는 황제를 보며 어쩔 줄 몰라 하는데 평소 무제의 총애를 받던 동방삭이 그 모습을 보았다. 상황을 눈치챈 동방삭은 얼굴 가득 웃음을 띠며 외쳤다. "황제 폐하 만세, 만세, 만만세!" 무제가 눈을 크게 뜨고 동방삭을 바라봤다. "경은 무엇이 기뻐 그리 소리를 지르는가?"

동방삭이 대답했다. "옛날 요순시대에 팽조는 800세까지 살았다는데 이는 얼굴이 길었기 때문입니다. 오늘 폐하 생일 잔칫상 국수를 보니 가늘고 긴 것이 팽조 얼굴보다 몇 배가 더 긴지 모르겠습니다. 주방장이 폐하의 만수무강을 빌며 이런 국수를 만든 것 같습니다." 무제가 이 말을 듣고 기뻐하며 "경들도 어서 국수를 먹고 오래 살라"고 권했다.

얼굴이 길면 오래 산다는 '면장수장面長壽長'이란 말에서 얼굴 면面과 국수 면麵은 발음이 같으니, 바꿔 말하면 국수 면발이 길수록 오래 산다는 뜻이 된다. 국수를 바라보는 중국인의 시각이 드러나는 대목이다.

그렇다면 국수를 먹으면 오래 산다는 말은 언제부터 퍼지기 시작했을까? 국수가 언제부터 장수를 상징하는 식품이 됐는지, 그 시기와 이유를 명확하게 밝혀줄 문헌은 그다지 많지 않다. 다만 몇몇 문헌과 정황을 통해 짐작이 가능한데 드물게 남아 있는 자료 중 하나가 송나라 때 주익(1097~1167)이 쓴 『의각료잡기猗覺寮雜記』라는 문헌이다. 잡기雜記란 세상사를 잡다하게 모아 기록한 책으로 당시 세상 물정을 어느 정도 엿볼 수 있다. "당나라 사람들은 생일날 다양한 종류의 밀가루 음식湯餅을 먹는데, 세상에서는 이를 보고 소위 장수를 소원하는 국수, '장명면長命麵'이라고 부른다." 장명長命, 즉 국수가 수명을 늘려주는 음식이라는 것이다.

주익과 비슷한 시기를 살았던 마영경이 남긴 『라진자懶眞子』에도 국수를 먹으면 오래 산다는 말이 나온다. 『라진자』에는 당나라 때 유명한 시인인 유우석(772~842)이 지은 시 한 편이 실려 있다. 유우석에게는 장관이라는 조카뻘 친척이 있었는데, 어렸을 때 부모를 잃고 고아가 됐지만 열심히 공부해 과거에 급제했다. 이에 진사가 되어 멀리 벼슬길을 떠나게 됐을 때 유우석이 송별회에 참석해 시를 지었다. "손님으로 초대받아 상석에 앉아 젓가락 들어 국수를 먹으며 기린만큼 오래 살기를 축원하노라." 여기서 기린은 우리가 동물원에서 보는 아프리카 초원의 동물이 아니라 전설에 나오는 동물로 수명이 무려 1000년에 이른다고 한다. 밀가루 음식, 즉 국수를 먹으며 기린처럼 1000년을 살라는 덕담이다. 그런데 당시 사람들이 기린처럼 오래 살라는 말뜻을 이해하지 못할까 걱정이 됐는지, 소동파는 이 시를 인용해 국수를 먹는 것은 장명면이기 때문이라고 덧붙여놓았다.

송나라 문헌인 『의각료잡기』와 『라진자』를 통해 두 가지 특징을 발견할 수 있다. 하나는 국수를 먹으면 오래 산다는 말이 송나라 때부터 널리 퍼지기 시작한 것으로 보인다는 것이다. 장명면, 즉 장수면이라는 단어가 처음 보인 것이 송나라 무렵이기 때문이다. 또 하나는 당나라 때부터 사람들은 생일날과 잔칫날에 국수를 먹으면서 오래 살기를 소원했다는 것이다. 실례로 양귀비(719~756)와의 사랑으로 유명한 당 현종(685~762) 역시 생일에는 국수를 먹었다.『신당서』와『자치통감』에 이와 관련된 이야기가 실려 있다.『신당서』「후비열전」의 이야기는 다음과 같다.

당 현종 이융기가 황제가 되기 전, 그러니까 임치왕이었을 때의 일이다. 임지에 부임해 있던 이융기는 당시 황후 위씨의 모함을 받아 수도 장안으로 소환을 당했다. 신변에 위험이 닥쳤음을 직감한 이융기는 실권자였던 위황후를 살해하고 권력을 장악하면서 우선 아버지를 황제인 예종으로 앉혔다가 곧 양위를 받아 황제가 된다. 이렇게 정변을 일으켜 권력을 차지하는 과정에서 황후가 된 부인 왕씨의 친정이 큰 역할을 한다.

황제가 된 현종은 혜비 무씨를 총애했는데, 혜비가 황후 자리를 탐내 조강지처인 왕씨를 쫓아내려 하면서 폐비 논쟁이 일어났다. 마침내 왕황후가 폐비될 위기에 몰리자 현종에게 울면서 호소했다. "폐하는 어찌 친정아버지가 옷까지 벗어 팔아가며 국수 한 그릇을 마련한 사실을 잊으셨단 말입니까? 폐하의 생일을 위해 국수를 끓인 것 아닙니까?" 생일 국수까지 거론하며 옛정에 매달렸던 왕황후는 결국 폐비가 됐다. 뒤를 이어 혜비 무씨가 정순황후로 책봉됐는데 얼마 되지 않아 사망하고, 시름에 잠겼던 현종이 새로 맞은 여자가 열여덟째 아들인 이모의 아내이자 자신의 며느리였던 양옥환, 즉 양귀비다.

상류층 잔치 음식이 대중적인 음식이 되기까지

回回回回回回

당나라 사람들은 왜 생일에 국수를 먹으며 오래 살기를 소원했을까? 여기서 먼저 짚고 넘어갈 부분은 국수의 개념이다. 지금은 일반적으로 국수라고 하지만 옛날 표현대로 하자면 당나라 사람들이 생일에 먹으며 장수를 빌었던 음식은 탕병이다. 탕병은 쌀로 만든 떡국이 아니라 밀가루 음식으로, 국수라는 개념이 생기기 전이었으니 초기형태의 국수 내지는 수제비와 비슷한 음식이라고 생각하면 된다.

보통 생일날에는 평소와 달리 맛있고 좋은 음식을 먹는다. 더군다나 옛날에 집안 어른이나 벼슬이 높은 고관대작, 부자의 생일 음식은 특별했고 당나라 시인 유우석의 시에 나오는 것처럼 장원 급제한 진사의 잔칫상이나 왕의 생일상은 더더욱 각별했다.

탕병이라고 하는 국수는 바로 상류층의 생일이나 잔칫날에 먹는 각별한 음식이었는데, 당시 밀이 그만큼 귀했기 때문이다. 우리도 조선 시대에는 밀을 많이 재배하지 않았기에 밀가루가 귀했고, 그래서 밀가루를 진짜 가루라는 뜻에서 진가루라고 불렀는데 당나라 때도 마찬가지였다. 밀은 실크로드를 통해 서역에서 들어왔지만, 꽤 오랫동안 귀하고 비싼 음식이었다. 중국에서 밀을 빻아 밀가루를 만들기 시작한 것은 한나라 무렵이었는데, 그래서 한나라 때는 밀가루 음식이 황제의 음식, 하늘에 제례를 지낼 때나 쓰는 특별한 용도로 사용될 정도였다.

이후 700~800년이 지난 당나라 초기만 해도 밀가루 음식이 귀하기는 마찬가지였다. 특별히 제례용 음식이나 황제 수라상에만 오르는 요리는 아니었지만, 여전히 귀인들도 잔칫날이나 생일처럼 특별한 날에만 밀가루 음식인 탕병을 먹었다.

그러니 평소 좁쌀이나 수수, 심지어 잡초인 피로 지은 피밥을 먹는 사람들의 눈에 상류층조차 특별한 날에만 먹는 밀가루 음식은 더 의미 있게 다가왔을 것이다. 아마 '나도 저런 국수를 먹으면 오래 살 수 있을 것 같다'는 염원을 품지 않았을까? 더군다나 당나라 사람의 평균 수명을 보통 40세로 추정하는데 국수를 먹는 상류층은 이때도 환갑을 넘게 살았으니 국수를 먹으며 기린처럼 오래 살기를 축원하는 풍속이 생겨난 배경을 이해할 수 있다. 당나라 이후부터 국수 먹으며 오래 살기를 소원한다는 말이 문헌에 자주 등장한 이유가 여기에 있을 것이다. 하지만 국수를 장명면, 장수면이라는 별명으로 부른 것은 11세기 이후 송나라 무렵이다.

당나라 때는 국수가 아직 상류층의 음식이었던 반면, 송나라에 이르러서 국수는 평민도 먹는 대중 음식이 됐다. 중국에서 국수와 만두를 비롯한 분식이 널리 퍼진 시기가 바로 송나라 때다. 그 흔적을 우리와 관련된 문헌에서 엿볼 수 있다.

12세기 초, 송나라 사신 일행으로 고려를 다녀간 서긍은 『고려도경』을 썼다. 이 책에는 송 사신 일행이 고려 국경에 들어서자 관리들이 영접을 나와 10여 종류의 식사 대접을 했는데 그중에서 국수가 으뜸이고 해산물은 진기했다는 내용이 나온다. 그리고 고려에는 밀이 적기 때문에 송나라에서 구입하므로 밀가루 값이 대단히 비싸

큰 잔치가 아니면 쓰지 않는다며, 식품 가운데도 나라에서 금하는 것이 있으니 이 또한 웃을 만한 일이라고 기록했다. 고려에서 국수가 아주 귀한 음식이었음을 알 수 있는 동시에 뒤집어 해석하면 송나라에서는 국수가 고려만큼 비싸지 않았을뿐더러 큰 잔치가 아니어도 국수를 먹었다는 의미다.

송나라 때 널리 퍼진 국수

송나라 때 국수가 널리 퍼진 이유는 농업과 경제, 기술 발전 덕분이다. 송나라는 정치적·군사적으로 북방의 요와 금나라에 밀리고 핍박을 받았지만 경제적·문화적으로는 획기적 발전을 이뤘다. 음식문화만 해도 지금 중국인의 주식인 쌀밥과 국수, 만두를 비롯해 중국 음식의 기틀이 마련된 시기가 바로 송나라 때다.

당나라 초에는 북방에서 조가 중심이었고 밀은 소량 재배에 그쳤지만, 당 중기에는 밀이 널리 보급되면서 세금을 거둘 정도가 됐다. 그러다 송나라에서는 밀이 중심 작물이 되고 조는 주요 식량으로서의 지위를 잃었다. 쌀 역시 송나라 때 논에 물을 대어 심는 논벼가 널리 보급되면서 생산성이 높아졌고 농업 기술의 발달로 이모작이 가능해지면서 수확량이 늘었다. 그 결과 남방 쌀을 북방에 공급하면서 북방에서도 국수, 만두와 함께 쌀밥을 주식으로 먹는 전기가 마련됐다.

밀 재배가 늘면서 송나라에는 다양한 분식이 등장했다. 당나라에서는 밀가루 음식이라도 국수 종류인 탕병은 별식이었고 상류층에서는 주로 서역 음식인 호떡이 유행했지만, 송나라에서는 예전에는 보기 힘들었던 온갖 만두가 등장했다. 소 없는 찐빵인 만터우에서부터 포자만두, 교자만두, 훈툰 등 종류가 다양해졌고, 국수도 널리 퍼지면서 종류는 10가지가 넘었다.

단지 밀 생산이 늘었기 때문만은 아니다. 기술 발전도 뒷받침됐는데, 먼저 밀가루를 빻는 제분 기술의 발전을 들 수 있다. 한나라 때 맷돌의 등장으로 분식이 생겨난 것처럼 송나라 때는 서역에서 대형 수차水車, 즉 물레방아가 전해지면서 밀가루를 대량 생산할 수 있게 됐고 그 결과 분식이 꽃필 수 있었다.

조리법의 발달도 국수와 만두의 유행에 한몫했다. 당나라에서는 밀가루 음식도 호떡처럼 주로 화덕에 구워 요리했다. 반면 송나라에서는 찌는 조리법이 발달했다. 송나라의 중심이 숲이 많은 북방에서 다습한 평야 지대인 남방으로 이동했기 때문인데, 그 결과 연료가 부족하고 품질이 떨어지는 문제가 생겼다. 화덕에 구울 때는 화력이 센 장작이 필요한 반면 남쪽에서는 장작 대신 볏짚이나 밀짚과 같은 농업 부산물 혹은 낙엽을 연료로 썼기에, 연료 소비를 줄이기 위해 물을 끓여 수증기로 음식을 만드는 조리법이 발달했다.

또한 이 무렵 발달한 발효 기술도 빼놓을 수 없다. 밀가루 반죽을 발효시키는 기술이 발달하면서 반죽을 찌면 훨씬 맛있고 다양한 요리를 할 수 있었고, 이에 여러 종류의 만두가 생겨났다. 발효법의 발달은 분식의 종류를 변화시켰다. 단순히 밀반죽을 굽는 평면적인 빵에서 입체적인 만두를 비롯해 갖가지 형태의 국수를 만들 수 있게 됐다. 그 결과 당나라에서 크게 유행했던 호떡이 시들해진 반면, 보다 정교한 밀가루 음식인 국수와 만두가 일상적으로 먹는 음식으로 자리 잡았다. 이렇게 분식의 기틀이 다져지면서 중국의 국수와 만두 문화가 비로소 꽃을 피울 수 있었다.

그러고 보면 국수 먹으면 오래 산다는 말은 단순한 말장난이나 미신이 아니었다. 1000년 전에는 실제로 국수를 먹고 오래 살았으니 당시에는 과학이었던 셈이다. 그뿐 아니라 그 말에는 중국의 분식 발달사와 경제 발달사가 고스란히 담겨 있다.

월병과 토란이
중추절 음식인 까닭

중추절 무렵이면 중국에서는 집집마다 월병을 장만해 선물로 주고받는다. 월병만큼은 아니지만 토란도 중추절에 빠져서는 안 되는 음식이다. 베이징은 그렇지 않지만 상하이, 광저우 같은 지역에서는 중추절 음식상에 토란이 빠지면 섭섭하다.

다른 나라의 여느 명절 음식과 마찬가지로 중국의 중추절 음식에도 수많은 유래와 속설이 전해진다. 그런데 그중 몇몇 이야기는 특별하게 다가온다. 주로 13~14세기 중국을 지배했던 원나라에 대한 원한과 몽골에 대한 증오로 가득 차 있다.

물론 우리나라에도 이런 유형의 이야기는 있다. 예컨대 숙주나물의 이름에는 조선 세조 때 충절을 지킨 사육신을 죽게 만든 신숙주에 대한 조롱이 묻어 있다. 고려의 옛 수도 개성 사람들은 조선 태조 이성계의 목을 비틀 듯 끓인 조랭이 떡국에 망국의 한을 담았다. 이런 음식 유래 이야기는 대부분 재미있게 한번 흘려듣고 나면 그뿐이다.

중국의 월병 풍속과 중추절 토란 이야기도 마찬가지다. 하나하나 들어보면 나름 흥미는 있을지언정 터무니없는 소리가 많다. 하지만 각각의 이야기를 모아놓고 그런 사연이 있게 된 배경을 자세히 분석해보면 사정은 조금 달라진다.

중추절 월병과 토란에 얽힌 이야기

우리는 추석에 각자 송편을 먹을 뿐 굳이 이웃과 나누지는 않지만, 중국은 중추절이면 친척과 지인에게 안부를 표하고 감사하는 마음을 담아 월병을 선물한다. 이런 풍속은 원나라를 무너뜨리고 명나라를 건국한 주원장(1328~1398)에게서 비롯됐다고 전해진다.

원나라 말, 잔혹한 통치 탓에 여기저기서 민란이 끊이지 않았다. 원나라 조정에서는 각 지역의 저항 세력이 연합해 대대적인 반란을 일으킬까 봐 눈에 쌍심지를 켜고 저항 세력의 중요 인물인 주원장의 일거수일투족을 감시했다. 때문에 거사를 하려고 해도 서로 연락을 주고받는 것조차 쉽지 않은데 주원장은 명절인 중추절을 이용하기로 꾀를 냈다.

월병 속에 '8월 15일 밤에 거사를 일으키자'라고 쓴 종이를 감춘 후 중추절 명절 선물을 보내는 척하며 각 지역 반란군에게 보냈다. 지도자인 주원장의 이런 기지 덕분에 중추절 밤, 각지에서 원나라에 대항해 봉기할 수 있었고 중추절에 월병을 주고받는 풍속도 이때부터 생겨났다고 한다.

또 다른 이야기도 있다. 중국에서도 중추절이면 우리처럼 토란을 먹는다. 넓은 중국 땅 전체가 그렇다는 건 아니고, 주로 상하이나 항저우 같은 화둥 지방과 광저우 등지의 화난 지역 풍속이다. 중국인들은 우리가 추석에 토란국을 먹는 것과는 다르게 보름달을 바라보며 군고구마 먹듯이 토란을 구워 까먹는데, 이렇게 먹으면 1년 동안 액운이 사라진다고 믿는다. 구운 토란의 껍질을 까먹는 것에는 귀신 껍데기를 벗겨 쫓아낸다는 의미가 담겨 있다.

그런데 토란을 이렇게 먹게 된 데도 사연이 있다. 중국어로 토란을 '위터우芋頭'라고 하는데, 이것이 오랑캐 대가리라는 뜻의 '후터우胡頭'와 발음이 비슷하기 때문이다. 보름달이 뜬 명절에 한족들이 지배자인 몽골 사람을 죽이는 심정으로 토란을 구워 먹기 시작했다는 것인데, 이 정도면 유래설치고도 터무니없는 소리처럼 들리기는 한다. 한편으로는 원나라 통치에 대한 한족의 적개심이 얼마나 깊었는지를 엿볼 수 있다.

비슷한 이야기가 또 있다. 중추절에 상하이 등지에서는 전통적으로 오리고기를 먹었다. 아마 겨울철에 대비해 오리가 포동포동 살이 찌고 맛있어졌기에 중추절 음식이 됐을 것이다. 그런데 전해지는 속설은 또 다르다.

원나라 때는 한족의 반란을 막기 위해 마을에 몽골 병사들을 파견해 한족을 일일이 감시했다. 이들의 횡포가 심했기에 한족들이 몽골 병사인 타타르족 감시병을 죽이기로 음모를 꾸미고 칼을 갈았다. 갑자기 마을에서 집집마다 칼 가는 모습을 본 타타르족 감시병은 그 이유를 물었다. 그러자 '내일이 중추절이니 명절에 대비해 오리를 잡기 위한 것'이라고 둘러댔다. 이렇듯 중국 중추절 음식 하나하나에는 원나라에 대한 원한과 몽골에 대한 증오가 담긴 이야기가 많다.

중추절 음식 관련 속설에서 엿볼 수 있는 것처럼 중국인, 정확하게는 원나라에 대한 한족의 반감은 꽤나 골이 깊다. 그렇더라도 얼마나 강압적이었기에, 그리고 얼마나 한족에 대한 차별이 심했기에 650년이 넘도록 반원 감정이 사라지지 않는 걸까.

한족이 분개하는 원나라 폭정 중 하나는 민족 차별이다. 흔히 원나라는 소수의 몽골족이 광대한 영토와 정복한 백성을 효율적으로 통치하기 위해 민족에 따라 계급을 사등분하는 차별 정책을 쓴 것으로 알려져 있다. 최고 신분은 당연히 몽골족으로 고위 관직은 몽골인이 독점하다시피 했으며, 그다음은 서역, 즉 중앙아시아 출신의 색목인으로 몽골인을 보좌하며 지배 계층을 형성해 중국인을 다스렸다. 중국인도 둘로 구분해 금나라 지배 아래 있던 사람들은 한인이라고 해서 제3의 신분으로 삼은 반면, 남송의 주민들은 남인이라고 해서 가장 천대하는 정책을 폈다.

사등인제四等人制라 불리는 이런 계급 제도를 법률로까지 정해 민족 출신에 따른 차별 정책을 폈다고 알려져 있지만, 원나라를 대표하는 법전인 『원전장』을 비롯해 법률 규정에 이런 계급 제도가 명문화된 적은 없다. 하지만 법으로 명문화되어 있지 않았어도 실제로 철저한 차별이 이뤄진 것은 사실이다.

원나라는 초기 몽골 통치 제도를 운영하다 나중에 중국 제도를 혼합해 이원적 통치 기구를 두었는데, 최고 행정 기구인 중서성, 군사 기구인 추밀원, 감찰 기구인 어사대에 한족이나 남인이 중용된 적은 한 번도 없다. 지방 행정 기구도 마찬가지여서 책임자인 다루가치는 몽골인이 맡고 한족은 보좌관인 총관, 회회인은 동지同知로 삼으라는 조서가 『원사元史』「세조본기」에 보인다.

이런 제도적 차별 이외에 실생활에서도 억울한 꼴을 당하는 일이 한두 번이 아니었던 것 같다. 『원사』에는 "한인은 무리를 지어 몽골인과 싸울 수 없다"는 세조 쿠빌라이(1215~1294)의 교지가 보이고, 『원전장』에는 "몽골인이 한인을 때려도 한인은 복수할 수 없다蒙古人打漢人不得還"는 조항이 있었을 정도다. 몽골인이 때려도 그 자리에서 맞서 싸우거나 되갚아서는 안 되고 억울하게 맞았다는 증거를 스스로 갖춰 관청에 고발해야 하니, 한족들이 원나라에 대해 이를 갈며 분해할 만도 했는데 그런 증오심이 중추절 음식 관련 속설에도 고스란히 반영된 것이다.

도사면은 칼이 없어서 만들어졌다?

한인들이 이 정도였으니 가장 천대받는 계층이었던 남송 출신의 남인들은 얼마나 억울하게 당했는지는 기록이 없어도 쉽게 미루어 짐작할 수 있을 것 같다. 실제로 구운 토란을 오랑캐 대가리 삼아 깨물어 먹은 것이 중추절 토란 먹는 풍속의 유래라는 이야기, 타타르족 감시병을 죽이려고 칼을 갈았던 것이 중추절 오리구이의 유래라는 말은 모두 옛날 남송 지역인 항저우, 상하이, 광저우 지역을 중심으로 만들어진 이야기다. 따지고 보면 월병 선물 풍속을 만들었다는 주원장 역시 고향이 안후이성이고 활동 무대가 난징이었으니 옛날 남송 지역인 남인 출신이다.

몽골족이 얼마나 지독했는지 한족들이 반란을 일으킬까봐 두려워 주방에서 음식을 만들 때 쓰는 식칼조차 쓰지 못하게 했다고 한다. 열 가구가 모여 식칼 하나를 가지고 음식을 만들었고 요리가 끝난 다음에는 다시 관청에 반납해야 할 정도로 무기를 만들 수 있는 쇠붙이에 대한 통제가 엄격했고 한족의 반란을 경계했다.

그래서 만들어진 음식이 우리나라에도 알려져 있는 '도삭면'이다. 도삭면은 베개만 한 밀반죽을 왼손과 어깨에 끼고 오른손에 잡은 칼로 감자 껍질 벗기듯 쳐내면 밀반죽이 끓는 물속으로 떨어져 익는 국수다.

원나라 때, 한 할머니가 국수를 만들어 먹으려고 밀반죽을 했는데 공용으로 사용하는 반죽 써는 칼을 이미 다른 집에서 가져가버렸다.

그래서 할아버지한테 다시 찾아오라고 시켰는데 식칼을 이미 몽골 관청에 반납한 후였다. 낙심한 할아버지는 돌아오던 길에 바닥에 떨어진 얇은 쇳조각을 주워 주머니에 넣고 돌아왔다. 식칼을 구해오면 칼국수를 만들어 먹을 요량이던 할머니는 급기야 할아버지에게 욕을 퍼부었고, 다급해진 할아버지는 주머니에서 쇳조각을 꺼내 할머니에게 보여주었다. 이걸로 어떻게 밀반죽을 썰 수 없겠냐며 달래다 나중에는 썰지 못하면 베어내면 될 것 아니냐며 화를 냈다. 이때 할머니 머릿속에 번쩍 아이디어가 떠올랐다. 그래서 밀반죽을 왼손에 끼고 끓는 물 앞에 서서 감자 껍질 벗기듯 쇳조각으로 밀반죽을 쳐내니 바로 물에 떨어져 익으며 맛있는 국수가 됐다.

원나라에서 주방용 식칼조차 마음대로 사용하지 못하게 했다는 소문이 과연 사실일까 싶은데, 결론부터 말하자면 과장이다.『원전장』에 "한인들은 무기 소지를 금지한다. 다만, 병사는 금지하지 않는다"는 조항이 있고 "민간인은 쇠 자, 철 지팡이, 쇠몽둥이의 소유를 금지한다"는 규정이 있을 뿐 주방용 식칼에 대한 금지 조항은 없다. 민간인의 무기 소지 금지는 송나라 때도 있었던 것으로『송사』에도 기록돼 있는데, 다른 어느 왕조보다 원나라에서 무기 소유를 엄격하게 통제했던 것은 분명하지만 음식 만드는 식칼까지 못 쓰게 하지는 않았다. 어쨌거나 이렇게 있는 소리, 없는 소리 다 만들어냈을 정도로 몽골인의 혹독한 지배를 받았으니 원나라에 대한 중국인의 감정이 곱지 못했던 것만은 분명하다.

왜 하필 중추절이었을까?

꒫꒫꒫꒫꒫꒫

춘절이나 단오절도 아니고, 왜 중추절 음식에 반원 감정을 담게 된 것일까? 여러 이유가 있지만 그중 하나는 중추절이 명절로 자리 잡게 된 시기와 관련이 있다.

중화주의에 사로잡혀 있는 일부 중국인은 단오의 기원도 중국, 추석의 뿌리도 중국, 설날 역시 중국에서 시작돼 퍼졌다고 생각하지만, 중국에서 중추절이 명절로 굳어지고 중추절 음식으로 월병을 먹기 시작한 건 생각보다 얼마 안 됐다. 12세기 송나라 무렵을 그 시작으로 본다.

그렇다고 송나라 때 갑자기 중추절이라는 명절이 만들어졌고, 명절 음식으로 월병을 먹게 됐다는 소리는 아니다. 춘추 시대의 기록인 『주례』에도 중추中秋라는 단어가 보이고 고대로부터 중국에서는 봄에는 해, 가을에는 달을 향해 제례를 지냈다. 또한 항아 전설을 비롯해 옛날부터 가을 무렵에 달을 감상하는 풍속이 있었으니, 중추절의 기원 자체는 뿌리가 깊다. 세계 어느 나라에서나 고대에는 달을 숭배했으니 중국이라고 예외는 아니었다.

그렇지만 송나라 이전 기록에는 중추절이라는 명절이 거의 보이지 않는다. 6~7세기 중국의 명절 풍속을 기록한 『형초세시기』에도 중추절에 관한 내용은 실려 있지 않다. 당나라 때 기록으로, 신라의 추석 풍속을 적은 일본 승려 엔닌의 『입당구법순례행기』에도 음력 8월 15일의 행사는 "다른 나라에는 없고 신라에만 있다"고 했으니 당나라에 중추절 풍속이 없었다는 뜻이다.

북송 때인 983년, 이방(925~996)이 완성한 방대한 양의 백과사전적 기록인 『태평어람』에도 칠석과 칠월 보름인 백중百中, 그리고 9월 9일인 중양절은 모두 보이지만 중추절에 관한 기록은 없다. 중추절 관련 기록은 1147년 북송 때 맹원로가 수도인 개봉(지금의 카이펑)의 풍경을 묘사한 책인 『동경몽화록』에 비로소 보인다.

중추절이 되기 며칠 전부터 상점은 새로 단장해 간판을 내걸고 새로운 술을 내어 판다고 했다. 이 무렵은 게가 잡히는 시기이며 석류, 배, 대추, 밤 등 햇과일이 시장에 나온다. 귀족과 부잣집에서는 정자에 올라 달을 감상하며 일반 백성은 술집 누각을 차지해 달구경을 한다. 가을을 맞이해 시장에는 새로운 곡식과 과일이 나오고 보름달이 뜨면서 흥청망청 달구경을 하는 분위기다.

이후 남송 때인 1274년에 쓰인 오자목의 『몽양록』에도 수도인 항주(지금의 항저우)의 풍속을 묘사한 글에 8월 15일 중추절에 관한 내용이 보인다. 중추는 가을인 7~9월의 중간이어서 중추인데 이날 달이 평소보다 배나 밝아 월석月夕이라 한다고 했다. 『동경몽화록』과 마찬가지로 부자와 귀족들은 이날 달을 감상하며 술을 마시고 노래를 부르며 잔치를 열고, 시정의 가난한 사람들도 옷을 풀어 헤치고 술을 마시며 이날을 즐긴다고 했다.

중추절 대표 음식인 월병 역시 마찬가지다. 월병이 하늘에서 뚝 떨어진 것이 아닌 이상 이런 종류의 음식은 진작부터 있었다. 하지만 월병이라는 음식 이름이 처음 보이는 것은 남송 때인 12세기 무렵이다. 남송 학자인 주밀(1232~1308)의 『무림구사』라는 책에 월병이라는 이름이 처음 나오는데 쪄서 만드는 음식 종류라고 분류해놓았다. 역시 남송 때 문인인 오자목의 『몽양록』에도 월병이라는 단어가 보이니 남송 무렵에 월병이라는 이름이 굳어진 듯하다.

중추절, 그리고 월병은 이렇게 북송과 남송 시절에 시작해 항저우를 중심으로 퍼지기 시작했지만 북방인 베이징을 포함해 중국 전역에서 중추절이 명절로 자리 잡게 된 건 남송 이후 약 100년이 지난 원나라 말기였을 것으로 추정된다. 그리고 남송에서 시작된 중추절 명절이 원나라 말기에 명절로 대중화됐기에, 월병과 토란에 밑바닥 계급으로 천대받던 남인의 원한과 증오가 담긴 것이 아닐까 싶다.

음식을 통해 명절의 뿌리도 찾을 수 있다. 중국인들은 흔히 설날을 비롯해 추석, 단오, 대보름 등 동양 명절의 뿌리가 모두 중국에서 비롯됐다고 주장한다. 한국, 일본, 베트남 등 아시아 각국 명절이 어느 정도 중국의 영향을 받은 것은 부인할 수 없지만, 그 뿌리는 제각각이다. 일례로 추석인 한가위의 기원을 우리는 삼국 시대의 가배에서 찾는 반면, 중국의 중추절은 남송에서 시작돼 원명 교체기에 자리 잡은 것이다.

황제의 밥상에 오른
돼지고기

현재 중국에 남아 있는 명나라의 발자취를 찾으라면 대표적으로 자금성과 만리장성을 꼽을 수 있다. 자금성은 명나라 제3대 황제인 영락제 때 건설해 청나라 마지막 황제 때까지 황궁으로 쓰였다. 만리장성은 진시황 이전부터 쌓기 시작했지만 현재의 모습으로 완성된 것은 명나라 때다.

눈에 직접 보이지 않지만 현재까지 또렷이 이어지고 있는 명나라의 족적도 있다. 바로 명나라 때부터 바뀌기 시작한 중국인의 입맛인 돼지고기 사랑이다. 지금 중국인들이 제일 많이 먹는 고기는 돼지고기다. 억만장자든 하루하루 근근이 끼니를 때우는 도시 막일꾼이든 중국 공산당 최고 권력자든, 중국인이라면 회교도를 제외하고는 모두 돼지고기를 즐겨 먹는다. 과거 돼지고기를 잘 먹지 않았던 중국인들이 돼지고기와 사랑에 빠지게 된 것은 명나라 때부터다.

황제의 수라상에 오른 돼지고기

명 태조 홍무제 주원장이 원나라를 몰아내고 새롭게 나라를 세운 해가 1368년이다. 황제의 자리에 오른 지 17년이 되던 1384년 6월 어느 날, 황제의 아침 수라상에 모두 12가지 요리가 차려졌다. 양고기 볶음과 돼지고기 채소볶음, 돼지족발찜, 거위 부추 지짐, 생선 지짐, 고기 화덕구이, 닭고기 탕, 국수, 콩국 등이다. 황제를 비롯해 궁중에서 먹는 음식을 관리하는 관청 광록시에서 남긴 『남경광록시지』에 이날 수라상 요리가 자세히 적혀 있다.

얼핏 보기에 아침부터 고기 요리가 많다는 점 외에는 황제의 수라상치고 그다지 화려하지도 않아 특별히 눈에 띄는 것은 없어 보인다. 하지만 내막을 알고 보면 중국 음식 문화사에서 획기적 전환점이라고 할 수 있는 변화가 있다. 바로 중국 최초의 통일 왕조인 진秦나라 이래로 1600년이 넘는 세월 동안 처음으로 황제의 수라상에 돼지고기 요리가 올랐기 때문이다.

명나라 이전까지 중국에서 돼지고기는 황제가 먹어도 좋을 만한 고기가 아니었다. 황제는 고사하고 제후나 장수, 재상 등 고관대작인 왕후장상은 물론 웬만한 부자들은 거들떠보지도 않았던 음식이다. 그렇기에 돼지고기를 좋아해 삼겹살 찜인 동파육의 전설을 남긴 송나라 문인 소동파도 「돼지고기 예찬」이라는 시에서 진흙만큼 값이 싼 돼지고기, 부자는 먹지 않고 가난한 사람은 먹을 줄 모른다고 읊었을 정도다. 소동파가 살았던 11~12세기의 송나라, 그리고 13~14세기 중반까지의 원나라에서 귀족과 부자들은 양고기를 먹었고, 그게 아니라면 닭과 오리, 거위와 같은 가금류와 생선을 먹었다.

반면 돼지고기는 주로 가난한 서민과 농민이 먹는 음식이었다. 심지어 원나라 때는 하층민으로 분류되던 난징 이남 한족들의 음식이었다. 이런 돼지고기가 명나라 건국 이후 처음으로 황제의 식탁에 오른 것인데, 그 배경은 아무래도 주원장의 출신 성분과 관련이 있다.

농민 반란군을 이끌다 마침내 황제 자리에까지 오른 주원장은 지금의 안후이성 펑양 출신으로, 본래 가난한 소작농의 막내아들이었다. 주원장이 열여섯 살이 되던 해 고향 마을에 큰 가뭄이 들었고, 메뚜기 떼의 피해에다 전염병까지 돌면서 부모와 형이 굶주림에 시달리다 전염병으로 목숨을 잃었다. 졸지에 고아가 된 주원장은 하루 한 끼도 먹기 힘들게 되자 밥이라도 얻어먹을 생각으로 황각사라는 절에 들어가 승려가 됐다. 하지만 흉년이 심해져 절에서도 끼니를 이을 수 없게 되자 이곳저곳 떠돌며 구걸하는 탁발승 노릇을 했다. 이렇게 비렁뱅이 생활을 하다 결국 도적의 무리인 홍건적이 됐다.

출신 배경이 이러했기에 황제가 되기 전까지, 아니 홍건적 두목이 되기 전까지 주원장은 당시 중산층 이상에서 주로 먹던 양고기를 감히 먹어보지 못했다. 게다가 양고기가 흔치 않았던 남쪽 안후이성 출신이었으니 농민과 가난한 사람이 먹던 돼지고기에 입맛이 길들여져 있었을 터였다. 황제가 된 지 17년이 지난 뒤에도 아침 수라상에 여전히 돼지고기 요리가 올라왔다는 것은 주원장이 몸은 황제가 됐지만 식성은 여전히 젊은 시절 가난뱅이 입맛에서 벗어나지 못했음을 보여준다.

뒤바뀐 양고기와 돼지고기의 위상

태조 주원장 이후 돼지고기는 양고기와 함께 계속해서 황제의 식탁에서 한자리를 차지하게 된다. 제3대 황제인 성조 영락제 주체(1360~1424)의 수라상에서도 이를 확인할 수 있다. 『남경광록시지』에는 영락 원년인 1403년 10월, 황제 수라상에 올릴 음식 재료로 거위 한 마리, 닭 세 마리, 양고기 다섯 근, 돼지고기 여섯 근을 요리했다는 기록이 보인다.

아버지에 이어 아들도 돼지고기를 좋아했던 모양이다. 영락제 주체는 주원장이 32세 때 낳은 아들이다. 명나라 건국 6년 전에 태어났으니 이미 주원장의 지위가 단순히 홍건족의 두목을 넘어 호족의 지위에 오를 만큼 높아졌을 때다. 그러니 당시 고급 고기인 양고기를 먹어도 좋았을 신분이지만 아버지 주원장이 돼지고기를 좋아한 만큼, 아들 역시 그 시대의 다른 귀족들과는 달리 돼지고기에 대한 거부감이 전혀 없었을 것이다. 황제의 요리로 준비한 고기 중에서 양고기보다 돼지고기가 더 많은 것을 보면 영락제 역시 부친의 출신 배경과 지역에 걸맞게 돼지고기를 더 즐겨 먹었던 것으로 보인다.

황제들이 연이어 이렇게 돼지고기를 좋아하다 보니 이제는 고관대작과 부자들도 더 이상 돼지고기를 꺼리지 않게 됐다. 기피하지 않는 정도가 아니라 황제를 따라서 양고기보다 돼지고기를 더 적극적으로 찾아 먹게 됐다. 돼지고기의 위상이 서민의 고기에서 황제의 고기로 달라진 것인데, 그러다 보니 명나라 중기부터는 농민과 평민, 귀족과 부자 가릴 것 없이 돼지고기를 먹었고 너도나도 돼지를 키웠다. 명나라 때의 의학서인『본초강목』에도 "천하가 모두 돼지를 기른다"는 기록이 있다. 명나라 후반에 이르면 예전과 달리 돼지고기가 주 요리, 양고기가 보조 요리가 된다. 기록에 따르면 연간 궁중에서 사용한 돼지고기의 양이 양고기의 양에 거의 2배에 이른다.

지위고하를 막론하고 모두가 돼지고기를 먹게 된 가운데 한때는 돼지가 귀하신 몸으로 둔갑하는 웃기는 상황이 벌어지기도 했다. 조선 시대에 서자인 홍길동이 아버지를 아버지라고 부르지 못했던 것처럼 돼지를 돼지라고 했다가 자칫 혼쭐이 나기도 했는데, 이유는 역시 명나라 황제 때문이었다.

돼지는 한자로 '저猪'라고 쓰고 중국어로는 '주zhu'라고 읽는다. 그런데 명나라 황제의 성이 주朱씨였으니 발음이 돼지와 같았다. 곧 돼지를 잡는다는 말殺猪이 발음상으로는 황제인 주씨를 죽인다는 말

殺朱과 같고, 돼지를 키운다는 말養猪은 황실 가족을 키운다는 말養朱과 동일했다. 불경스럽고 무엄하기 이를 데 없을 뿐만 아니라 반역자들이 황제와 황실을 조롱하는 말로도 쓸 수 있었다. 옛날에는 황제나 임금의 이름, 집안 어른의 이름과 같은 한자는 함부로 사용할 수 없는 피휘避諱 제도가 있었는데, '저猪' 자가 바로 여기에 해당되었기에 돼지를 돼지라고 부를 수 없었다.

높아진 돼지의 위상은 관념적으로 글자만 사용하지 못하게 한 것이 아니라 아예 돼지를 잡지도 먹지도 못하게 했을 정도다. 명나라 후반인 1519년, 제10대 황제인 무종 정덕제(1491~1521)는 아예 돼지 도축 금지령을 내렸다. 황제인 주후조가 지금의 장쑤성 의진이라는 곳에 도착해 돌연 이상한 명령을 내렸다. 민간에서 돼지를 키우지도 말고 잡지도 말라는 것이었다. 12월 19일이었으니 최대 명절인 춘절이 멀지 않았을 때였다. 민가에서는 난리가 났다. 황제가 내린 뜻밖의 명령으로 제사에 쓸 돼지고기를 구하기가 어려워졌기 때문이다. 돼지고기 대신 양고기를 구하느라 소란을 피웠는데 춘절이 코앞으로 다가오면서 돼지가 '진짜' 귀하신 몸이 됐다.

백성의 불만이 하늘을 찌르자 대신들이 상소를 올리면서 무종의 황당한 명령은 결국 폐지됐다. 한때의 해프닝으로 끝나기는 했지만, 이로 인해 중국에서 돼지고기를 천하게 여겼던 과거의 인식이 사라지는 데는 분명히 도움이 됐다.

최고의 맛은 돼지고기

명 태조 주원장 이후 명나라 황제들이 돼지고기를 즐김에 따라 상류층에서 돼지고기에 대한 거부감이 사라졌다면, 중국인들에게 돼지고기가 맛있는 고기, 고기 중 최고라는 인식을 심어주는 데 결정적 역할을 한 것은 청나라 황제들이다.

만주 숲속에 살던 여진족의 후예인 만주족이 만리장성을 넘어 명나라를 멸망시키고 청나라를 세운 후, 돼지고기에 날개가 돋았다. 돼지고기는 전통적으로 만주족이 제일 좋아하는 고기였기 때문이다.

건륭 12년인 1747년에 발행된 만주족 황실의 제례 절차를 기록한『흠정만주제신제천전례』를 통해 그 이유를 짐작할 수 있다. 만주족이 새해 설날 하늘과 조상께 차례를 지낼 때, 혹은 중요한 제사 의식 때 반드시 준비했던 제물이 돼지였다. 청나라 황실에서는 제례를 지내기에 앞서 먼저 큰 솥에 물을 끓인 후 돼지를 잡아 솥에 삶는다. 돼지 창자는 따로 피를 채워 순대를 만들어 역시 솥에 삶는다. 이렇게 잡은 돼지와 순대를 하늘과 조상님께 바친 후 제사가 끝나면 황제와 황후를 비롯한 황족과 대소 신하들이 모두 모여 돼지고기와 순대를 먹는 음복을 한다.

청나라 때 만주의 지리와 풍속을 기록한『영고탑기략』에도 만주에서는 무릇 대소사가 있을 때 돼지를 잡아 제사를 지낸다고 기록했을 정도로 만주에서는 돼지고기를 많이 먹었다.

만주 벌판의 숲속이 생활 터전이었던 만주족에게 돼지고기는 역사적·문화적으로 빼놓을 수 없는 필수품이었다. 『후한서』 「동이열전」에 만주족의 조상인 읍루에 관한 내용이 나온다. 읍루는 고조선 시대 만주 지방에 살던 부족으로, 『후한서』에 따르면 읍루족은 돼지를 잘 기르고, 그 고기를 먹으며, 그 가죽으로 옷을 만들어 입고, 겨울에는 돼지기름을 온몸에 두껍게 바르는데 매서운 바람과 추위를 막아준다고 했다. 살아가는 데 돼지가 절대 빠져서는 안 되는 생필품이었던 것이다.

『진서』 「동이전」에도 비슷한 내용이 보인다. 숙신은 일명 읍루라고 하는데 소와 양은 기르지 않고 돼지를 많이 키운다. 그 고기를 먹으며 그 가죽으로 옷을 입고 그 털로 옷감을 짜는데, 유목민과는 달리 소와 양은 키우지 않는다. 읍루와 숙신의 후예인 여진족과 그 후손인 만주족, 그리고 만주족의 수장인 청나라 황제가 돼지를 잡아 제사를 지내고 돼지고기를 즐겨 먹었던 이유다.

그렇다고 만주족의 돼지 사랑이 유별난 것은 아니다. 돼지고기를 많이 먹는 소시지의 나라 독일과 비교해보면, 만주인들이 왜 돼지고기를 많이 먹었는지, 청나라 때 왜 중국에 돼지고기가 널리 퍼졌는지를 이해할 수 있다.

독일은 울창한 숲으로 유명하다. 과거에는 아예 하늘을 가려 하늘이 검은색으로 보일 정도로 숲이 우거졌었다. 그리고 겨울은 춥고 길며 날씨는 변덕스러운 척박한 지역이었다. 오죽하면 카이사르의 로마 군단조차 독일의 검은 숲 앞에서 진격을 멈췄을 정도였다.

이런 숲에서 살았던 고대 게르만족인 켈트족과 프랑크족의 음식이 독일 소시지의 뿌리다. 언제나 식량은 부족했고 가축도 사육 기간이 짧은 돼지 외에는 키우기가 힘든 데다 그마저 먹일 사료가 부족했기에, 겨울이 오기 전 종자로 삼을 종돈을 제외하고는 돼지를 몽땅 잡아 좋은 고기는 햄과 베이컨으로 만들고 부스러기는 소시지로 만들어 보관했다. 그런 만큼 돼지와 소시지는 게르만족에게 생명줄과 다름없었다.

마찬가지로 만주족에게도 돼지는 생명줄이었다. 하늘과 조상께 제사를 올릴 때 돼지를 희생으로 바쳤고 청나라 황제는 신하들과 돼지고기를 나누어 먹으며 결속을 다졌다. 만주족 출신인 청나라 귀족의 음식 문화가 명나라 이후 돼지고기에 대한 거부감이 사라진 한족 상류층의 음식 문화와 맞물리면서, 청나라의 육식 문화는 돼지고기 강세, 양고기 약세 추세가 두드러지게 나타나게 되었다.

청나라 때 춘절 무렵 베이징에서 도축하는 돼지고기는 10만 마리에 이르렀다. 건륭제 때인 1784년 섣달그믐날 식탁을 차릴 때는 돼지고기 65근, 멧돼지 고기 25근을 요리한 반면 양고기는 20근에 불과했으니 양고기와 돼지고기의 전세가 완전히 역전됐음을 알 수 있다. 그 결과 줄곧 양고기를 주로 먹던 중국인의 입맛이 완전히 바뀌어버렸고, 지금 중국은 전 세계 돼지고기의 절반 이상을 먹어치우는 나라가 됐다.

중국 사람이 육류 중에서 돼지고기를 얼마나 많이 먹는지는 통계를 봐도 알 수 있다. 2014년 중국 도시 주민의 돼지고기 소비량은 전체 육류 소비량의 절반이 넘는 56퍼센트인 반면, 소고기는 6퍼센트, 닭과 오리 등 가금류는 24퍼센트, 양고기는 3퍼센트, 그리고 기타 고기는 11퍼센트 수준이다. 농촌은 도시보다 돼지고기를 먹는 비중이 더 높다. 농촌의 돼지고기 소비는 66퍼센트인 반면 소고기는 3퍼센트, 닭과 오리 등 가금류는 23퍼센트, 양고기는 2퍼센트, 그리고 기타 고기는 6퍼센트 정도다. 심지어 중국이 경제적으로 낙후됐던 1978년 개혁 개방 이전의 계획경제 시절에는 돼지고기 소비량이 전체 육류 소비량의 80퍼센트를 넘었을 정도라고 한다.

중국 사람들이 돼지고기를 많이 먹게 된 데에는 이렇게 흥미진진한 이야기가 숨어 있다. 명나라 황제 주원장의 출신과 만주 출신의 지배자였던 청나라 황제의 출신 배경 덕택에, 고대부터 이어져 내려온 양고기의 시대가 저물고 돼지고기의 시대가 시작됐다.

만주의 귀족들,
샥스핀에 빠지다

청나라를 망국으로 끌고 간 대표적 인물로 청말 최고 권력자였으며 사치를 일삼았던 서태후(1835~1908)를 빼놓을 수 없다. 음식에 대한 지나친 사치와 식탐 때문에 패가망신한 로마제국의 황제 아울루스 비텔리우스(15~69)와 어깨를 나란히 한다. 69년 4월에 즉위해 12월까지 단 8개월을 황제 자리에 앉았던 비텔리우스는 향락에 빠진 로마 귀족들이 맛있는 음식을 계속 먹기 위해 토하고 또 먹었다는 일화를 만들어낸 주인공이다.

마찬가지로 서태후 역시 19세기 말 동양 최대 해군 함대였던 북양함대 유지에 필요한 군비를 빼돌려 청 황실의 여름 별장인 이화원 건설에 쏟아부으면서 흥청망청 놀고먹는 데 썼다. 북양함대는 서양 열강과의 전쟁에서 잇달아 패한 데 큰 충격을 받은 청나라가 1871년부터 건설하기 시작한 현대화된 해군이었다. 해마다 은화 300만 냥 규모의 막대한 재원을 투자해 영국과 독일에서 자재를 들여와 군함을 건조했는데, 권력을 잡은 서태후가 사치와 향락에 빠지면서 함대 건설이 중지됐다. 그뿐 아니라 북양함대의 유지와 훈련에 필요한 군비 수백만 냥을 빼돌리는 바람에 1894년 청일전쟁 때 일본 함대에 대패해 궤멸됐다.

그처럼 막대한 군비를 빼돌려 이화원을 재건한 서태후는 자금성을 떠나 이화원에 머물며 온갖 사치를 누렸는데 그중에서도 특히 음식에 큰 비용을 썼다. 보통 한끼 식사에 백은 100냥을 썼다는데, 이 정도면 당시 평민들의 1년 치 수입을 넘는 돈이었다고 한다. 북양함대의 건설에 들어간 투자 비용이 연간 300만 냥이었으니, 한끼 식사에 함대 건설비의 1만 분의 1을 쓴 셈이었다.

서태후의 생일상

그렇다면 서태후는 도대체 이런 엄청난 돈을 쓰면서 무엇을 먹었을까? 서태후의 한끼 식사를 위해서 보통 100가지의 요리가 차려졌다고 한다. 서태후가 아무리 미식가이면서 대식가라고 해도 한 번에 100가지 요리를 다 먹을 수는 없었을 것이다. 대부분 서너 가지의 요리만 먹었다고 하니, 서태후가 젓가락도 대지 않은 음식들은 모두 내관들과 궁녀의 몫이 되어 엉뚱한 사람들이 호사를 누렸다.

서태후가 특별히 좋아한 음식은 오리고기였다고 전해진다. 그중에서도 세계적으로 널리 알려진 베이징 오리구이는 청나라 황실에서 특별히 발전시킨 요리로, 보통 살코기는 먹지 않고 바삭하게 잘 구운 껍질만 밀전병에 싸서 먹는다. 서태후가 특별히 좋아했던 것은 오리 혀였다. 서태후를 모셨던 여관女官 유덕령이 남긴 『어향표묘록』에는 오리 혀는 고기와 함께 쪄서 만드는데 서태후가 좋아했기에 커다란 접시에 담아 가장 가까운 자리에 두었다고 나온다.

얼핏 들으면 겨우 오리고기에 그 많은 돈을 썼을까 싶지만 그 내막은 조금 다르다. 서태후의 식탁에 차려지는 요리는 그렇게 만만한 음식들이 아니었다. 생일상에서 그 실상을 엿볼 수 있다. 1861년 음력 10월 10일은 서태후의 31세 생일이었는데 기록에 의하면 이날 아침상에 모두 24가지 요리가 차려졌다. 이중에서 과일, 사탕, 떡 등의 후식 네 가지를 뺀 20가지 요리 중 무려 여덟 가지가 오리구이와 오리 탕, 오리 콩팥 등 각종 오리고기였다. 메인 요리로는 만년 동안 복과 수명을 누리라는 뜻에서 '복福, 수壽, 만萬, 년年'이 한 자씩 새겨진 네 개의 대형 접시에 두 종류의 오리고기와 닭고기, 돼지고기를 각각 차렸다.

오리고기를 유별나게 좋아했다는 사실 이외에는 특별히 화려하다거나 소문만큼 사치스럽다고 할 만한 요리는 눈에 띄지 않는다. 평소 100가지 종류의 음식을 준비하고 그중에서 서너 가지만 골라서 먹었다는 기록과 비교하면, 생일상의 24가지 요리는 상대적으로 간소해 보이기까지 한다. 하지만 그 비밀은 요리를 만드는 재료에 있었다. 후식과 국수를 제외한 요리 중에서 일곱 가지 요리를 귀하다는 제비집을 소스로 삼아 조리한 것이다. 서태후의 생일상이 특별하다고 하는 이유다.

제비집이 최고 요리가 된 이유

중국 음식 중에서 최고급으로 꼽는 제비집 요리는 많이 알려진 것처럼 '금사연'이라는 바다제비의 집을 재료로 만든다. 원래 제비집은 동남아시아 등지에서 소량만 채취했기 때문에 주로 베트남 등에서 조공으로 진상했던 품목이다. 역대 청나라 황제가 좋아했기에 중국과 교역을 원했던 네덜란드에서는 건륭 60년인 1795년, 제비집 100근을 구해 보내며 중국과 거래를 추진했을 정도다. 이렇게 귀한 제비집을 오리고기를 삶고 찌는 데 소스로 사용했으니 서태후의 생일상 준비에 얼마나 많은 돈이 들어가며 그 정성이 얼마나 특별했는지 짐작할 수 있다.

그런데 제비집 요리는 이렇게 조리하는 것이 맞다. 제비집 수프역시 내용물을 보면 제비집을 재료로 끓이는 수프가 아니다. 제비집으로 만든 육수로 상어지느러미인 샥스핀이나 해삼, 죽순, 전복, 버섯 등 다른 재료를 조리한 음식이다.

그 귀하다는 바다제비집을 왜 이런 식으로 요리하는 걸까? 최고급 재료는 그 자체의 맛을 즐기는 것이 보통이다. 그런데 제비집은 굳이 다른 재료와 함께 조리해야만 한다. 사실 바다제비집은 아무 맛도 없다. 아무 맛이 없으니 단독으로는 요리할 수 없는 것이다.

특별한 맛이 없는 제비집이 왜 최고의 식품이 됐는지, 어떻게 청 황제의 식탁에서 빠지지 않는 재료가 됐는지 궁금해진다. 그 이유를 청나라 학자이자 미식가였던 원매(1716~1797)가 쓴 『수원식단』에서 찾을 수 있다. "제비집은 마치 평범한 사람과 같아서 결코 그 자체만 으로는 맛이 없고 반드시 다른 재료에 의지해야만 제맛을 낸다."

그러니 그 가치가 아무리 높아도 단독으로는 먹을 수 없다. 비유 하자면 밥과 같다. 쌀로 지은 밥은 그 자체만으로는 강한 맛이 없다. 그 덕택에 반찬과 함께 먹으면 최고의 맛을 낸다. 밥이 주식이 될 수 있는 것은 맛 자체가 강하지 않기 때문이듯 제비집 역시 마찬가 지다. 다른 재료와 조화를 이루면서 그 재료의 맛을 최고로 만들어 주기 때문에 가치가 있는 것이다. 무미無味야말로 최고의 지극한 맛 至味이다. 그러기에 원매는 제비집에 빗대어 귀로 음식을 먹지 말라 고 했다. 소문만으로 지레 판단하지 말라는 뜻이니, 비단 음식에만 해당되는 이야기가 아니다.

아무 맛도 없는, 한편으로는 그래서 최고의 맛이라는 제비집 요 리는 언제부터, 어떻게 중국 최고 요리라는 소리를 듣게 됐을까? 먼 옛날부터 산해진미로 알려졌을 것 같지만 정작 제비집 요리가 유명 해진 것은 청나라 이후로, 지금으로부터 불과 200여 년 전이다. 조 선 말기 고종 때의 문신 이유원(1814~1888)의 『임하필기』에도 "중국의 훌륭한 요리 중에 계수나무 벌레와 제비집 요리가 가장 칭송되니 계수나무 벌레는 『한사漢史』에 보이지만 제비집은 근래에 전해지고 있는 것"이라고 했을 정도다.

200년도 길다면 긴 세월이지만, 음식에서는 그다지 긴 역사가 아니다. 명나라 때는 별로 유명하지 않았던 바다제비집 요리가 최고의 중국요리가 된 것은 청나라 황제와 귀족들이 즐겨 먹었기 때문이다. 전해지는 이야기로는 청나라 전성기를 이룩한 건륭제가 아침에 자리에서 일어나면 제비집 수프 한 그릇으로 공복을 달래며 하루를 시작했다고 한다. 이후 청나라 마지막 황제인 선통제(1906~1967) 푸이에 이르기까지, 청나라 황제들은 모두 첫 식사를 제비집 수프나 제비집 죽을 비롯해 제비집 요리로 시작했다고 전해진다.

특별한 맛이 있는 것도 아닌 제비집 요리에 청나라 사람들은 왜 이렇게까지 빠졌을까? 나름대로 이유를 짐작해보자면, 바다에서 멀리 떨어진 만주족 출신들이었기에 먼 바다인 동남아시아 중에서도 흔치 않았던 음식 재료인 제비집의 희소가치에 빠졌던 것은 아닐까 싶다. 제비집 요리가 청나라에서 최고급 요리로 둔갑한 배경을 정확히 알 수는 없지만 혹시 청나라 때 사치가 극에 달한 미식가들이 만들어낸 요리는 아니었을까 짐작해본다.

역대 중국 황제는 왜 샥스핀을 먹지 않았을까

바다제비집과 함께 최고급 중국 요리로 꼽히면서 지금은 잔인한 상어 포획으로 인해 구설수에 오르고 있는 요리가 바로 상어지느러미 요리인 샥스핀이다. 전설처럼 전해지는 팔진미 중 하나로 알려져 있지만, 상식을 넘어서는 환상에서 비롯된 것이 적지 않다.

무엇보다 중국에서 말하는 팔진미부터가 그렇다. 시대에 따라 다르지만, 팔진미는 주로 곰 발바닥, 낙타 등, 사슴 꼬리, 바다제비집, 해삼, 지금은 멸종됐다는 준칫과의 바닷물고기 시어, 철갑상어의 입술, 그리고 상어지느러미를 말한다.

옛날 사람들은 맛있다고 느꼈을지 모르겠지만 지금 기준으로는 그다지 별미도 아니다. 뿐만 아니라 산해진미의 어원인 산진해착山珍海錯도 본래는 맛있다는 의미보다는 진귀한 음식이라는 뜻이기에, 희귀하고 특별하다는 의미가 더 강하다. 어쨌거나 맛을 떠나 쉽게 구하기 어려운 재료였기에 최고 요리로 대접받았을 것 같지만 반드시 그런 것만도 아니었다. 특히 상어지느러미 요리인 샥스핀이 그랬다.

흔히 샥스핀을 중국 황제들이 먹었다는 고급 요리라고 하지만 역대 중국 황제 중에는 샥스핀 요리를 제대로 먹어본 사람이 거의 없다. 진시황은 말할 것도 없고 당, 송, 원, 명의 황제 중에도 상어지느러미를 먹었다는 기록은 어디에도 보이지 않는다. 기껏해야 지금으로부터 약 150년쯤 전인 19세기 후반, 청나라 말기 몇몇 황제의 식탁에 샥스핀이 올라왔을 뿐이다.

기록에 따르면 1861년, 6세에 황제가 된 청나라 동치제의 섣달그 믐 만찬에 샥스핀 요리가 보인다. 모두 16가지 요리를 차렸는데 대 부분 바다제비집 소스로 만든 것이었고 그중 샥스핀을 넣고 끓인 닭고기 요리가 있다. 동치제의 어머니이며 음식 사치가 심했던 서태 후 수라상에도 샥스핀 요리는 거의 보이지 않는다. 상어지느러미와 함께 볶은 돼지고기 편육 정도가 있을 뿐이다.

역대 중국 황제들은 왜 그 유명한 샥스핀 요리를 먹지 않았을까? 이는 상어지느러미가 고급 요리 재료로 활용된 역사가 길지 않기 때문이다. 지금은 샥스핀이 값비싼 고급 요리지만 옛날에는 중국에 서조차 거의 먹지 못하는 재료로 취급받았다.

일설에 따르면 상어지느러미는 베트남에서 명나라에 보낸 조공 품목이었지만 황제가 거들떠보지도 않아 주방 요리사에게 하사품 으로 주었다고 한다. 또 다른 일화로 중국의 콜럼버스라는 정화함대 가 아프리카로 떠날 때 양식이 떨어져 동남아시아 해안 마을에 들 러 원주민이 먹다 버린 상어지느러미를 요리해 먹은 것이 식용의 시작이라는데, 둘 다 문헌적 근거는 없다.

샥스핀의 역사에 대해서는 이런저런 이야기가 많지만 확인된 기 록으로는 명나라 말의 의학서인『본초강목』에 나오는 내용이 비교 적 오래된 것이다. 상어지느러미는 맛이 탁월해 남방 사람들이 진귀 하게 여긴다고 하는데, 뒤집어 해석하면 수도인 베이징을 비롯해 북 방 사람들은 잘 먹지 않았다는 의미다. 명나라 때만 해도 광둥을 비 롯한 남부에서 주로 먹었을 뿐 황제가 사는 북방까지 퍼진 요리는 아니었다.

중국에서 샥스핀이 본격적으로 발달한 것은 18세기 후반 청나라 무렵이다. 미식가로 유명한 원매의 요리책 『수원식단』에 샥스핀 요리법이 보이고, 비슷한 시기에 나온 『본초강목습유』에 샥스핀이 연회 음식으로 기록돼 있다.

정리하자면 16세기 말에는 동남아시아와 광둥 등 남부에서 주로 먹었던 상어지느러미가 18세기 후반 이후부터 청나라 부유층의 요리로 퍼지기 시작해, 19세기 후반이 되어서야 청나라 황제의 식탁에 올랐다는 이야기다. 상어지느러미가 세계적으로 유명해진 것은 1972년 닉슨 미국 대통령의 중국 방문 때 국빈 만찬 요리에 등장하면서부터다.

고급 요리로 변신한 해파리

중국에서는 상하이와 저장 등 동남부 해안 지역 도시에서는 새해를 맞는 춘절 음식상에 해파리 요리가 빠지지 않는다. 우리나라에서도 즐겨 먹는 해파리냉채는 새콤달콤한 겨자소스와 오돌오돌 씹히는 해파리 식감이 식욕을 돋우는 데다 각종 채소를 곁들여 다양한 색깔로 시각적인 효과를 준다. 먹기도 좋지만 보기에도 좋아 전채 요리는 물론 손님상이나 잔칫상 요리로도 인기가 높은데 여기에는 또 다른 이유가 있다.

상등품 해파리는 요리를 해놓으면 색이 노랗고 광택이 나서 마치 황금처럼 보인다. 따라서 옛날 중국인들은 새해에 해파리를 먹으며 부자 되기를 소원한다. 중국 북방에서 잉어, 남방에서 조기를 먹는 것과 비슷한 이유다. 아무리 그렇더라도 옛날 중국인들은 어떻게 해파리를 먹을 생각을 다 했을까?

해파리는 피부에 살짝만 스쳐도 살갗이 바로 부풀어오를 정도로 독성이 강한 바다 생물이다. 물론 우리가 먹는 해파리는 식용이어서 아무런 해가 없지만, 지구상에 존재하는 200여 종의 해파리 중에서 식용은 지금까지 발견된 것이 10종 이내라니까, 식품과 생물학에 대한 지식이 충분치 못했던 시대에 위험을 무릅쓰고 먹을 수 있는 해파리를 찾아낸 옛사람들의 노력이 대단하다.

해파리 식용에 관한 기록은 진晉나라 때 장화(232~300)가 쓴『박물지』에 보인다. 그러니 최소한 1700년 전부터 해파리를 먹었다는 이야기인데, 처음에는 머나먼 이국 바닷가 마을에서 먹는 특이한 해산물로 여겼을 뿐 널리 퍼지지는 않았다. 이후에도 광둥, 푸젠 등 바다와 가까운 지방에서 아는 사람만 아는 별미로 여겨졌다. 그러다 연회용 고급 요리로 발달한 것은 18세기 중반 이후 청나라 무렵부터다.

따지고 보면 예전에는 외면당했던 제비집이나 상어지느러미 같은 동남아시아 해산물이 모두 청나라 때부터 최고급 요리로 꼽히며 각광을 받기 시작했다. 해파리 역시 이 무렵 상류층의 연회상에 전채 요리로 등장하면서 샥스핀에 버금가는 고급 요리로 인기를 끌게 된다.

심지어 이 무렵부터는 해파리가 단순히 맛있는 요리를 넘어 건강에 좋은 음식으로 등장한다. 청나라 의학서에는 해파리가 몸속 기운을 잘 통하게 만들어주고 뭉친 피를 풀어주며 숙취와 해장에도 좋다고 나온다. 『귀연록』이라는 청나라 의학서에서는 묘약이라고까지 표현했다.

그동안 별것 다 먹는다는 중국에서조차 별로 주목받지 못했던 해파리인데, 왜 청나라에 들어와서 해파리가 갑자기 고급 요리로 각광받게 된 걸까? 문헌을 토대로 하는 말은 아니지만, 문화적 배경과 관련이 있지 않을까 싶다. 해파리, 상어지느러미, 바다제비집은 모두 중국 남부와 동남아시아 바닷가의 특산물이다.

지금이야 돈만 있으면 어떤 음식 재료든 어렵지 않게 구할 수 있지만 옛날에는 돈이 있어도 쉽게 구할 수 없는 식재료가 많았으니 해파리도 그중 하나였다. 그러니 대륙을 차지한 만주 출신의 청나라 상류층에게는 자신들에게는 흔했던 곰 발바닥 같은 전통적 산해진미보다 먼 바다에서 나는 희귀한 식재료가 더 특별한 진미가 아니었을까? 여기에 더해 상류층의 식도락이라는 단순한 호기심과 유행을 명품 요리로 발전시킨 요리사의 솜씨도 한몫했을 것이다.

그러고 보면 조선 후기 문헌에 이 무렵 중국 배들이 해파리를 잡으러 우리 바다를 수시로 침범했다는 기록이 보인다. 산둥에서 황당선들이 몰려와 해파리를 잡아갔다는 것인데, 조선 후기라면 중국은 청나라 때이고 이때는 중국에서 해파리가 연회용 음식으로 인기를 끌기 시작할 때니까 시기가 들어맞는다. 청나라 때의 유명한 요리책

『수원식단』에도 해파리 요리가 등장할 정도로 널리 퍼졌을 때였으니 해파리는 곧 돈이 됐을 것이다. 명나라 때까지만 해도 외면당했던 바다제비집과 상어지느러미가 청나라 이후 최고 요리로 각광받게 된 배경을 해파리가 고급 요리가 되는 과정에서도 엿볼 수 있다.

여느 나라, 여느 시대나 마찬가지겠지만 한 왕조가 몰락해가는 과정에는 지도층의 무능과 부패, 그리고 무분별한 사치와 향락이 있었다. 청나라 때 역시 사치와 식도락이 만들어낸 제비집과 샥스핀에서 그 흔적을 찾을 수 있다.

하
·은·
주

중국,
식탁에서 이뤄지는 정치

밥 먹는 자리를 통해 나라를 다스렸던 전통 및 식사 자리에서 국정을 요리해온 관습은 고대의 하, 은, 주, 춘추전국 시대는 물론, 현대 중국에까지 그 맥이 면면히 이어진다. 정치와 외교, 비즈니스는 말할 것도 없고 개인적인 우정을 나누는 자리, 심지어 연애와 결혼까지 대부분의 사회적인 교류와 교제가 밥과 음식, 술이 나오는 자리에서 이루어진다. 그리하여 중국에서 식사 자리라 하면 단순하게 밥만 먹는 자리가 아닌 경우가 많고, 그 이상의 의미일 수 있다.

중국인은 이런 식사 자리를 '반국飯局'이라고 한다. 사전적 의미로 반국은 회식이나 연회, 잔치를 뜻하는 단어지만 실제로는 여기서 나누는 대화와 분위기에 따라 왕왕 기업의 이해관계가 결정되고 사업의 성공 여부가 판가름나기도 한다. 때문에 '밥 반^飯'에 '판 국^局' 자를 써서 '밥 먹는 판'이라는 의미로 반국이라는 말을 만든 것이다.

식사가 곧 정치다

반국은 예전에는 주로 정치와 사업의 영역에 속했지만 요즘은 사회적 중요성이 강조되면서 이를 주제로 한 예능 프로그램이나 드라마, 영화까지 만들어지고 있다. 스타를 초청해 식탁에 둘러앉아 이야기를 나누며 게임을 통해 머리싸움을 하는 인터넷 예능 프로그램으로, 현재 중국에서 인기를 얻고 있는 〈반국의 유혹^{飯局的誘惑}〉이 그 예다.

그렇다면 반국이란 과연 무엇일까? '관시^{關係}'라는 중국적인 용어만큼이나 정의가 쉽지 않지만 기본적으로는 머리싸움을 전제로 한다는 특징이 있다. '국^局'이라는 한자는 고대 바둑용어로 '정세, 처해 있는 환경, 상황'이라는 뜻이다. 지금 일이 벌어지고 있는 상황을 가리키면서 여기에 승부, 전략, 음모 등의 의미가 추가돼 일종의 게임이고 전쟁이며 정치가 된다. 그래서 서로 마주해 승부를 겨루는 것은 '대국', 전쟁판은 '전국', 정치판 돌아가는 국면은 '정국'이 되며, 판세가 결정돼 일을 매듭짓는 것은 '결국'이 된다.

그렇기 때문에 반국을 사전에서처럼 단순히 회식이나 연회, 잔치라고만 풀이할 수 없다. 단순하게 식사를 하는 것이 아니라 일이 제대로 이뤄지게 만들어야 하는 것까지를 포함하는 자리인 것이다. 그런 면에서 중국에서 대중적 인기를 끌고 있는 사학자 이중톈(1947~)의 풀이가 그럴듯하다. "정치란 밥을 먹는 것인데 함께 밥을 먹느냐 못 먹느냐, 제대로 알고 먹느냐 모르고 먹느냐, 식사 문제에 제대로 대처하느냐 못하느냐에 따라 관계를 잘 맺고 있는지의 여부, 일처리를 제대로 하는지의 여부, 승부에 제대로 대처하고 있는지의 여부, 심지어 천하를 얻는지 잃는지의 여부가 결정된다."

반국이란 개념이 생겨난 것은 송나라 무렵부터로 보고, 반국이란 단어가 쓰인 것은 명나라 때이며, 반국이란 말이 유행하기 시작한 것은 현대지만, 중국이 밥 먹는 자리를 통해 세상사를 다뤄온 역사는 3000~4000년 전의 하은주 시대 이래로 뿌리가 깊다.

『예기』「예운」편을 보면 이런 구절이 나온다. "무릇 예절의 처음은 먹고 마시는 것에서 시작된다夫禮之初, 始者飮食." 예의 제도와 풍속, 습관이 모두 식사에서 비롯됐다는 것인데, 반국의 관점에서 봤을 때 여기서 '예禮'란 단순히 예의범절의 도덕규범을 의미하는 것은 아니다. 예가 예의범절이 아닐 수 있음을 보여주는 사례가 '선례후병先禮後兵'의 고사다. 먼저 통상적인 예절을 갖춰 교섭을 한 후 대화가 되지 않으면 무력이나 강압적 수단을 통해 해결한다는 뜻으로, 소설 『삼국지』에서 곽가가 조조에게 했던 말이다.

유비가 서주를 공격하러 온 조조에게 철군을 요청하자 조조가 건방지다며 불같이 화를 냈다. 이때 곽가가 조조를 달래며 멀리서 서신을 갖고 온 사자이니 먼저 예의를 갖춰 상대한 후 말이 통하지 않으면 그때 군사를 동원해 공격해도 늦지 않다고 권했다. 좋은 말로 달래서 투지를 꺾은 후 공격하면 성공할 수 있다는 뜻으로 한 말인데, 이때 여포가 조조의 근거지인 연주를 침범했다는 소식이 전해졌다. 조조는 부득이 철군해야 했지만, 이때 유비에게는 간곡한 부탁에 따라 군대를 물리는 것처럼 온갖 생색은 다 내고 철수를 했다.

이렇게 무력을 행사하기에 앞서 예를 갖춘다는 선례先禮의 자리를 식탁으로 옮기면 훌륭한 반국의 사례가 된다. 그렇기에 중국에서의 식사 자리는 살벌한 자리가 될 수도 있다. 이를테면 항우와 유방의 식사 자리인 홍문연, 조조와 유비가 담력을 두고 수 싸움을 벌인 청매고사, 송 태조가 한 잔 술로 병권을 장악했다는 배주석병권 등 수많은 사례가 있다. 그중에서도 음모와 지략과 담력이 오갔던 대표적 반국의 사례는 『사기』「인상여열전」에 나오는 전국 시대 진나라와 조나라 사이에 있었던 하남성 민지의 잔치다.

작은 나라의 생존법, 민지의 잔치

전국 시대 조나라 혜문왕이 화씨벽이라는 귀한 보석을 얻었다. 이소문은 들은 진나라 소양왕이 사자를 보내 성 15개와 보석을 바꾸자고 제안했다. 믿기는 힘들지만 거절하기도 어려워 조정 의견이 갈피를 잡지 못하자, 왕이 신하였던 인상여에게 어찌해야 할지를 물었다.

"진은 강하고 조는 약하니 보내야 합니다."

"보물만 가져가고 성은 안 주면 어찌하겠소?"

"진이 성을 준다고 했는데 보석을 보내지 않으면 우리한테 허물이 있지만, 보석을 보냈는데 성을 주지 않으면 진나라에 허물이 있으니 둘 중 하나라면 후자를 선택해야 합니다."

그러면서 "조나라가 성을 얻는다면 보석은 당연히 진에 두고 오겠지만 성을 얻지 못하면 보석을 온전히 갖고 귀국하겠다臣請完璧歸趙"는 말과 함께 사신을 자청해 떠났다. '완벽完璧'이라는 단어가 여기서 생겨났다.

진으로 간 인상여는 화씨벽을 바쳤고, 예상대로 진왕은 이리저리 돌려보며 좋아할 뿐 약속했던 성을 줄 생각조차 하지 않았다. 그러자 인상여는 화씨벽에 사실 작은 흠집이 있다며 어딘지 알려주겠다고 속여 보물을 돌려받았다. 그러고는 진왕이 약속을 지키지 않으니 이 자리에서 화씨벽을 깬 후 자신도 기둥에 머리를 박고 죽겠다며 으름장을 놓았다. 이런저런 우여곡절 끝에 인상여는 강국인 진나라에 보물을 빼앗기지 않고 무사히 돌아올 수 있었다.

그 후 세월이 흘렀다. 진이 조를 공격해 성을 부수고 이듬해 다시 공격해 2만 명을 죽였다. 그러곤 진왕이 하남성 민지에서 연회를 열고 관계를 개선하자며 조왕에게 사신을 보냈다. 조왕은 거부하고 싶었지만 겁먹었다는 약점이 잡힐까 봐 억지로 갈 수밖에 없었고, 인상여가 왕을 수행키로 했다. 이에 장군 염파는 왕이 30일 내에 돌아오지 않으면 태자를 왕으로 세우고 진에 원수를 갚겠다며 각오를 다졌다.

드디어 연회 당일, 진왕과 조왕은 민지에서 회동했는데 술자리에서 진왕이 조왕에게 비파 연주를 청했다. 조왕이 연주를 하자 사관을 불러 "모년월일에 진왕이 조왕과 술을 마시다 비파 연주를 명령했다"라고 적게 했다. 조나라를 진의 신하 내지는 일개 악사로 취급한 것이다.

이를 본 인상여가 진왕이 장구를 잘 친다니 연주를 하면 서로 즐거울 것이라 청했고, 진왕이 화를 내며 물리쳤다. 그러자 인상여가 장구를 들고 진왕 앞으로 다가가 무릎을 꿇고 말하기를 "지금 거리가 다섯 걸음 이내인데 제 목을 쳐서 그 피를 진왕께 뿌려드리리까?"라며 협박했다. 나도 죽고 너도 죽이겠다는 소리다. 진의 신하들이 칼을 뽑으려 했지만 인상여가 소리치자 좌우가 꼼짝 못했다. 할수 없이 진왕이 억지로 장구를 한 번 두드리자 인상여가 사관을 불러 "진왕이 조왕을 위해 장구를 쳤다"라고 적게 했다. 이번에는 진의 신하들이 진왕의 장수를 비는 뜻에서 조나라 성 15개를 바치라고 하자 진에서는 조왕의 장수 축원 의미로 수도인 함양을 헌납하라고 맞받았다.

이것이 바로 약소국이 결심을 하고 맞서자 강대국인 진이 결국은 조의 기세를 꺾지 못했다는 '민지의 잔치'라는 고사다. 식사 자리에서 별별 일을 다 벌였던 중국 역사의 한 장면인데, 이런 일이 역사속에만 있었던 것은 아니다. 중국 정치와 외교에서의 반국은 여전히 현재진행형이다.

갈등과 긴장의 매듭을 푼 베이징 오리구이

〔〕〔〕〔〕〔〕〔〕〔〕

중국이 미국과 적대관계를 청산하고 비밀 협상을 통해 화해와 수교로 이어진 데도 전환점이 된 식사 자리가 있었다.

미국과 중국은 1972년 미중 정상회담을 거쳐 1979년에 국교를 수립했다. 적대적 관계를 청산하고 화해 모드로 돌아서는 결정적 계기가 된 것은 많이 알려져 있듯이, 탁구로 시작된 핑퐁 외교다. 대화의 물꼬를 튼 것이 미국 국가대표 탁구단의 상하이 방문이었다면, 대화 도중 갈등과 긴장의 매듭을 풀고 결국 협상 타결을 이끌어낸 것은 베이징 오리구이를 선보였던 식사 자리다. 때문에 미중 화해를 핑퐁 외교, 베이징 오리 외교, 마오타이 외교의 결과라고도 말한다.

1971년 7월 9일, 미국의 대표적인 대중 외교통인 헨리 키신저(1923~) 박사가 닉슨 미국 대통령(1913~1994)의 특사 자격으로 비밀리에 베이징 공항에 도착했다. 중국과의 화해 가능성을 타진해보라는 대통령의 밀명을 받은 극비 방문이었다. 키신저는 이틀에 걸쳐 당시 중국 총리였던 저우언라이(1898~1976)와 회담을 가졌다. 두 사람의 대화는 팽팽한 긴장과 줄다리기의 연속이었다. 핵심 쟁점이 대략 조율될 무렵 또 다른 문제가 불거졌다.

닉슨 대통령의 방중 형식이었다. 처음 중국 측 성명 초안을 본 키신저 특사는 기겁을 했는데, 이는 닉슨 대통령의 방중 요청을 중국이 수락한다는 내용이었기 때문이다. 이 때문에 미국과 중국 양측은 심각하게 대립했고 협상은 깨지기 일보 직전 상황까지 갔다. 이때 돌파구를 연 사람이 저우언라이 총리였다. 점심때가 됐으니 밥을 먹고 하자고 한 것이다.

오찬에는 12가지 음식이 나왔는데 메인이 베이징 오리구이였다. 식사 자리 분위기는 매우 부드러웠다고 전해진다. 어떤 대화를 나누었기에 방금 전까지 서로 으르렁거리던 분위기가 갑자기 바뀌었을까 싶은데, 바로 식사로 나온 베이징 오리구이에 대한 이야기를 나누었다고 한다. 핑퐁 외교에 이어 베이징 오리 외교라는 말까지 만들어낸 베이징 오리구이는 도대체 어떤 음식일까?

중국 속설에 만리장성에 오르지 못하면 대장부가 아니고, 베이징 오리구이를 먹지 못하면 평생 한으로 남는다는 말이 있다. 앞에는 어려움을 극복하지 못하는 사람은 영웅호걸이 아니라는 마오쩌둥의 시 구절을 살짝 변형시킨 것이고, 뒤에는 베이징 오리구이에 대한 중국인의 각별한 마음이 담겨 있다.

베이징 오리구이는 청나라 황제들의 궁중 요리로, 민간인은 쉽게 먹을 수 없었다. 게다가 먹는 방법이 독특하다. 오리구이는 어느 나라에나 있는 음식이지만 베이징 오리구이는 그 맛의 중심이 잘 구운 오리껍질에 있다. 살짝 기름지면서 바삭하게 구워진 오리껍질을 그대로 먹거나 밀전병에 양념장과 생파, 오이와 함께 싸서 먹는다. 베이징 오리구이를 무척 좋아했던 서태후는 바삭바삭한 껍질만 먹고 고기는 아랫사람들에게 남겨주었다. 때문에 지금도 베이징의 오리구이 전문점에서는 특별히 따로 주문하지 않는 한 오리 살코기는 거의 나오지 않는다.

키신저와 저우언라이가 식사 자리에서 나누었던 대화는 주로 이런 내용이었다. 저우언라이가 식사 자리를 주도하면서 직접 키신저에게 밀전병에 오리구이를 싸주며 베이징 오리구이 먹는 법과 그 유래 등을 설명했다고 한다. 대화 중에 얼굴을 붉힐 만한 내용은 하나도 없었으니 분위기가 풀리는 것이 당연했다.

중국 고사에 '주공토포, 천하귀심周公吐哺, 天下歸心'이라는 말이 있다. 주나라 때 주공은 손님이 갑작스레 찾아오면 씹고 있던 입안의 음식까지 내뱉으며 손님을 맞이했고, 덕택에 주변에 인재가 모였으며 민심이 그를 따랐다는 말이다. 저우언라이 역시 이를 실천한 인물이다. 국빈 만찬이 있을 때면 먼저 국수로 간단히 배를 채운 후 손님을 맞이했다. 그리고 연회가 열리는 내내 자신은 먹는 시늉만 하고 국빈과 대화를 나누면서 손님이 식사를 제대로 하는지 성의껏 챙겼다. 심지어 경우에 따라서는 일국의 총리가 직접 상대방의 식사 시중까지 들었다고 한다.

협상에서 원하는 것을 얻고 싶으면 먼저 상대방의 감정을 얻어야 한다는 말이 있다. 상대방과 감정적으로 교감하면 쉽게 동의를 얻어낼 수 있다는 것인데, 저우언라이가 오찬에서 키신저에게 대접한 것은 음식이 아니라 중국 문화를 통한 교감이었다.

오찬을 마친 후 오후의 협상장 분위기는 확연히 달라졌다. 긴장이 풀리면서 대립적인 감정도 수그러들었고 서로 조금씩 양보하여 마침내 협상이 타결됐다. 이에 미국과 중국이 모두 주체가 되는 역사적인 담화문이 발표됐다.

"일찍이 닉슨 대통령이 중국 방문을 희망했다는 사실을 안 저우 언라이 총리는 중화인민공화국 정부를 대표해 닉슨 대통령에게 1972년 5월 이전, 적당한 시기에 중국을 방문해달라고 초청했다. 닉슨 대통령은 이를 흔쾌히 받아들였다."

그리고 1972년 2월 21일, 닉슨 대통령이 중국을 방문, 정상회담을 갖는다. 이어 1979년 1월 1일, 양국은 외교관계를 수립한다. 또한 수교 과정에서 베이징 오리구이를 선보인 사실이 알려지면서 베이징 오리구이는 세계적인 음식으로 유명세를 떨치게 된다.

협상 대표였던 키신저와 저우언라이, 두 사람이 먹은 것은 오리구이였지만 나눈 것은 적대관계를 끝내야겠다는 공감이었으니, 현대사를 바꾼 대성공의 반국이 아닐까 싶다.

중국의 만찬 외교

1980~1990년대 중국 정치인들이 보여준 반국에도 참고할 부분이 많다. 중국은 1978년 덩샤오핑(1903~1997)의 개혁 개방 선언과 이듬해인 1979년 미중 수교 이후 서방 세계와 적극적인 교류를 펼치며 1980년대 중반까지 베이징에서 모두 30차례의 정상회담을 가졌다.

당시 중국 외교의 특징은 만찬 외교였다. 초청 국빈의 숙소를 황제 행궁이었던 조어대로 정하고 여기서 최고 요리로 만찬을 열거나 인민대회당에서 황제가 먹었다는 요리로 오찬을 마련하는 식이었다. 황제에 준하는 예우로 손님을 대접했던 것인데, 1984년 레이건 미국 대통령과 리셴녠 중국 국가주석의 조어대 만찬, 같은 해 캄보디아 시아누크 국왕과 자오쯔양 총리의 오찬, 1986년 덩샤오핑이 함께한 엘리자베스 영국 여왕 만찬의 메뉴는 모두 불도장이었다.

주요 정상들과의 만찬에 불도장을 준비한 이유는 무엇일까? 불도장의 유래와 내력에서 중국의 속내를 엿볼 수 있다. 불도장은 맛있는 냄새에 식욕을 참지 못한 스님이 담장을 뛰어넘어 음식을 먹고는 파계했다는 요리다. 또 청나라 황제가 여름 보양식으로 즐겨 먹은 요리로 알려져 있는데, 사실 전부 마케팅 차원에서 만들어진 이야기다.

청나라 황제는 불도장을 구경도 못 했다. 요리가 생긴 역사도 짧거니와 황제가 살던 자금성에서 멀리 떨어진 지방 특산 요리에 지나지 않았기 때문이다. 불도장은 푸젠성에서 만들어진 요리다. 청나라 말 푸젠성 금융기관인 관은국 책임자가 상급 관청 감독관을 대접하려고 만든 음식이 불도장의 시초다. 속된 말로 감독관을 구워삶으려고 산해진미를 동원해 한번 맛보면 반하고 감동할 수밖에 없는 요리를 만들었던 것이다. 그렇다면 중국은 왜 1980년대 중반, 불도장으로 국빈을 대접했을까?

불도장이 유명해진 것은 레이건 대통령과의 만찬에 등장하면서부터다. 중국 정부는 베이징의 유명 요리사를 제쳐놓고 푸젠성 푸저우의 불도장 전문 음식점 요리사를 직접 베이징으로 불러 만찬을 준비시켰다. 정확한 배경이 알려져 있지는 않지만 불도장이 황제도 먹어보지 못한 요리, 그동안 서방 세계는 물론 중국에도 알려지지 않은 최고 보양식, 스님조차 파계시켰다는 깜짝 놀랄 만한 요리라는 이야기를 내세워, 손님을 대접하겠다는 중국의 의지가 반영되어 있었던 것이 아닐까 싶다.

지금은 경제 대국, 군사 강국이 되어 큰소리치는 중국이지만 1980년대 중반만 해도 개혁 개방을 선언한 지 얼마 되지 않았을 때였고 외자 유치에 혈안이 돼 있던 시기였다. 일부 화교 자본을 제외한 외국 자본은 관심만 보일 뿐 멀리서 지켜만 보고 있을 때였다. 중국은 열과 성을 다해 손님을 대접해야 했고 불도장을 처음 만들었다는 푸젠성 관은국 책임자처럼 정성과 감동으로 외국 투자자를 유치해야 했다. 지금은 기억조차 희미해졌지만 1980~1990년대 중국은 외자 유치를 위해 처절할 정도로 노력했다. 그 흔적이 바로 식탁 위의 불도장이다.

중국 외교 만찬의 변화 추이를 봐도 중국의 밥 먹는 자리, 반국의 의미를 엿볼 수 있다. 만찬 외교를 펼쳤던 만큼 중요 국빈의 경우 황제에 준하는 예우로 대접했고, 차리는 요리도 '4채 1탕', 즉 국 하나에 네 가지 요리가 원칙이었다. 메인 요리가 그렇다는 뜻이고 전채 요리와 후식까지 포함하면 키신저를 대접할 때처럼 12가지를 훌쩍 넘어섰다. 1980~1990년대 중국의 손님맞이 식사에는 이처럼 대단한 열과 성이 담겨 있었다.

지금도 중국 정부가 국빈 초청 외교에서 정상 만찬을 중요하게 여기는 것에는 변함없지만, 특히 2008년의 베이징 올림픽을 계기로 작지 않은 변화가 생겼다. 후진타오 당시 주석이 주최한 올림픽 개막식 오찬에서는 메뉴가 종전과 달리 3채 1탕으로 바뀌었다. 형식적으로는 간소화를 명분으로 요리 가짓수를 줄인 것뿐이지만 과연 그럴까? 2008년은 중국이 대내외적으로 우뚝 솟았다는 굴기崛起를 자신하기 시작한 해다. 하, 은, 주 시대 이래로 계속된 중국의 밥상, 반국에서도 중국의 변화를 읽을 수 있다.

서역에서 전해진
복날과 그 의미

복날과 보신탕의 유래는 『사기』에 근원을 두고 있다. 사마천(기원전 145?~기원전 86?)은 복날 관련 기록을 두 곳에 남겼는데 그중 하나가 진秦나라의 역사를 서술한 「진본기」다. "덕공 2년, 처음 복날을 정해 개로 벌레의 피해를 막았다."

12제후국의 주요 사건을 연도별로 정리한 「십이제후연표十二諸侯年表」에도 복날에 대한 기록이 있다. "덕공 2년, 처음 복날을 정해 사당에 제사를 지내고 개고기를 찢어 도성 사대문에 걸었다." 풀이하면 기원전 676년인 진나라 덕공 2년에 처음 복날을 정했고, 개를 잡아 제사를 지낸 후 성문에 고기를 놓아 벌레가 나쁜 기운을 옮기는 것을 막았다는 이야기다.

생각해보면 궁금한 게 한두 가지가 아니다. 보통 설날이나 추석 같은 명절 혹은 단오나 칠석 같은 속절은 정확한 기원이 알려져 있는 경우가 거의 없다. 그런데 복날은 다르다. 시작이 정확하다. 기원전 676년, 진나라에서 시작됐다. 왜 하필 진나라일까? 그리고 왜 나쁜 기운을 쫓는 데 하필이면 개고기를 이용했던 걸까?

복날의 뿌리와 진나라

진은 춘추전국 시대 제후국 중 하나였다가 기원전 221년, 진시황이 최초로 중원을 통일한 바로 그 나라다. 복날에 개로 제사를 지냈다는 덕공은 시황보다 약 450년 앞선 사람이니 까마득한 할아버지쯤 된다. 복날의 시작은, 그러니까 진나라 초창기 때로 거슬러 올라간다.

진나라는 중국 서북부 간쑤성에서 시작됐다. 기원전 10세기, 주나라 효왕을 시중들던 비자라는 인물이 말을 잘 키우는 공을 세워 땅을 하사받고 대부가 됐다. 자손들이 대대로 땅을 관리하다 기원전 771년에 주나라가 오랑캐 견융犬戎에 쫓겨 도읍을 동쪽의 낙읍, 지금의 뤄양으로 옮기는 일이 일어난다. 이때 주 평왕의 호위를 잘한 공으로 진 양공이 제후가 됐다.

"융戎은 무도한 족속으로 주나라의 옛 땅인 기岐를 빼앗았지만 그곳은 풍요로운 땅이다. 융을 쫓아내고 그 땅을 영지로 삼으라."

양공은 평왕의 말 한마디를 근거로 지금의 간쑤성과 인접한 산시陝西성 서북쪽으로 쳐들어가 서융을 정복해 땅을 차지했고, 이것이 제후국 진나라의 시작이다. 진나라는 춘추 시대의 시작과 함께 변두리 땅을 차지하면서 제후국이 됐지만, 중원에 있는 기존 제후의 입장에서 진나라는 사실상 서융의 땅일 뿐이고 백성도 한족이 아닌 서융의 무리에 지나지 않았다. 그러니 야만스럽다고 업신여기고 무시당하기 일쑤였다.

그럼에도 진의 제후들은 때로는 서융과 전쟁하고 때로는 협조하면서 땅을 넓히고 제도도 정비해가며 나라의 기틀을 다졌다. 그러다 기원전 677년, 덕공 원년에 수도를 옹성으로 옮겨 중원 쪽으로 조금 더 진출했다. 옹성은 지금의 간쑤성과 티베트, 쓰촨성으로 이어지는 길목에 위치한 곳으로, 서역으로 들어가는 입구쯤 되는 곳이다.

덕공이 이곳으로 도읍을 옮긴 이듬해, 처음으로 복날을 정해 개를 잡아 제사를 지냈다는 기록은 뒤집어 해석하면 중원의 전통이 아닌 서역 오랑캐의 풍속에서 비롯됐다는 말이 된다. 실제로 옛사람들의 평가도 크게 다르지 않았다. 조선의 실학자 이규경(1788~1856)은 복날 풍속이 서융에서 비롯된 것이라고 평했고, 명나라 문헌『오잡조』역시 복날에 개로 나쁜 기운을 물리치는 것은 하, 은, 주 시대에는 보이지 않던 일이며 지금 풍속은 진나라에서 전해진 것으로 복날의 뿌리가 서융에서 비롯된 것임을 분명히 하고 있다.

서융은 정말 오랑캐일까?

우리가 보통 서쪽 오랑캐라고 알고 있는 서융은 어떤 사람들이었을까? 중국은 전통적으로 화하華夏족 후예인 한족이 사는 땅을 세계의 중심으로 봤고, 중원을 둘러싼 사방에 동이東夷, 북적北狄, 서융西戎, 남만南蠻의 이민족이 산다고 생각했다. 그래서 오늘날 그들의 이름이 주로 오랑캐를 말할 때 쓰이지만, 실상은 후대에 중화사상의 뿌리가 깊어지면서 덧씌워진 편견일 뿐이고, 고대에는 단순히 동서남북에 사는 부족을 부르는 명칭이었다고 한다.

동이, 북적, 서융, 남만의 부족은 각각 여러 갈래로 세분화되는데 동이만 해도 서로 다른 아홉 부족이 지금의 산둥성과 장쑤성 일대를 비롯한 동쪽에 흩어져 살았다. 북적 역시 정북에는 적狄, 동북에는 맥貉을 비롯해 여덟 부족이 살았다. 남만은 만蠻과 민閩을 비롯해 여섯 부족이 있었고, 서융도 마찬가지로 견융과 산융山戎, 강羌 등 여덟아홉 개의 부족으로 구분된다. 세월이 흐르면서 이들 부족들은 서로 합쳐지고 흩어지며 일부는 흡수되고 일부는 다른 민족으로 발전한다. 예를 들어 북조 시대 중원을 장악한 선비鮮卑는 산융과 북적을 포함한 여러 부족이 합쳐져 생긴 민족이다.

서융의 개념도 시대에 따라 조금씩 다르다. 복날이 처음 생긴 춘추 시대만 해도 서융은 주로 간쑤성과 산시陝西성, 산시山西성 등지에 살았던 부족을 부르는 말이었다. 그중 견융은 기원전 8세기 주나라의 수도를 함락해 서주를 몰락시킴으로써 춘추 시대의 시작을 알렸

고, 산융은 산시山西성과 허베이성 북부에 살면서 주나라를 괴롭혔
다. 시간이 흐르면서 이들 부족들은 진나라에 서서히 정복되어 흡수
됐고 한나라 이후에는 서융의 상당수가 한족으로 통합됐다. 때문에
한나라 이후의 서융은 춘추전국 시대 때와는 다르게 주로 서역에
사는 흉노를 가리키는 말로 쓰였다.

춘추 시대 진과 서융의 관계는 사실 꽤나 복잡하다. 때로는 전쟁
과 정복으로 갈등하고 때로는 화친과 통혼으로 협력하는 사이였다.
『사기』「진본기」에는 서융과 내왕하고 전쟁한 기록이 수없이 보이
는데, 목공 때 서융의 여러 국가를 정복하면서 '서융의 패자'라는 의
미의 '서패西覇'라는 이름을 얻은 것이 그 예다.

중국 역사서 대부분은 진이 서융을 정복하며 흡수했다고 하지만,
이중텐은 진나라 자체가 화하족에 흡수된 서융이었을 뿐이라고 해
석했다. 진나라 영토는 그 자체가 서융 땅이었고 주민 대부분도 서
융 출신인 데다 혈통도 통혼으로 서융과 이어졌기 때문이다.

그러므로 복날이 진나라에서 시작됐다는 『사기』의 기록과 복날은
서융의 풍속이라는 『오잡조』의 해설은 실상 같다. 복날의 기원에는
꽤나 의미심장한 뜻이 담겨 있는 것이다. 서융의 혈통을 이은 진나
라가 진시황 때 중원을 통일했기에 서융의 풍속이 중국, 나아가 동
북아시아의 풍속이 됐음을 시사한다.

도그 데이와 복날, 동서양 교류의 흔적

이는 또 다른 가능성을 내포하고 있다. 복날이 단순히 춘추 시대 간쑤성과 산시陝西성 일대에 살던 서융 부족만의 풍속이 아니라, 어쩌면 서역과 이어진 동서양 교류의 흔적일 수도 있다는 것이다.

이는 검증된 이야기는 아니다. 하지만 신기하게도 서양에도 복날과 비슷한 개념이 있다. 바로 '도그 데이Dog Days'다. 얼핏 보기에는 동양의 삼복더위를 영어로 번역한 말 같지만, 고대 이집트와 그리스, 로마 시대에 실제 있었던 말로 7월 3일부터 8월 11일까지 약 40일의 무더운 기간을 가리킨다.

동양의 삼복더위는 7월의 초복에서 8월의 말복까지 30일 정도를 칭한다. 도그 데이가 동양의 삼복더위보다 길지만, 이는 계산법의 차이일 뿐이고 실제로 더운 기간을 따지면 동서양이 거의 비슷하다. 고대 동서양에 모두 삼복더위라는 개념이 있었다는 소리다.

고대 서양인들은 7월과 8월의 무더위를 시리우스 때문이라고 믿었다. 시리우스는 큰 개 별자리의 중심에 있는 별로, 영어 별명은 '개 별Dog Star'이고 한자로는 '하늘의 이리'라는 뜻인 천랑성天狼星이다. 항성 중에서는 가장 밝은 별이고 7월과 8월 사이에 태양이 뜨고 지는 자리에서 볼 수 있다. 때문에 옛날 사람들은 태양의 뜨거운 열기에 시리우스의 분노가 더해져서 7월과 8월의 무더위가 시작된다고 믿었다.

옛 서양 문헌에도 관련 기록이 많이 남아 있다. 로마의 역사학자

플리니우스(23~79)는 『박물지』에서 이집트 사람들은 시리우스가 나타나면 나일강이 범람한다고 믿었다고 기록하고 있다. 서양의 복날인 도그 데이가 고대 이집트에서 비롯되었음을 암시한다. 서양 의학의 아버지 히포크라테스도 자신의 논문에서 도그 데이에는 뜨거운 날씨와 지독한 가뭄이 지속되는데 비도 오지 않고 계절풍이 불며 전염병이 퍼진다고 적었다. 그리스 극작가 아리스토파네스(기원전 448?~기원전 380?)가 쓴 〈새〉라는 희곡에도 "메뚜기도 더위를 먹고 비실거리며 한낮의 태양은 대지를 불사르지만 그렇다고 도그 데이의 뜨거운 햇살을 두려워할 필요는 없다"는 구절이 보인다.

그래서 옛 서양인들은 시리우스의 분노를 달래기 위해 제사를 지냈다고 한다. 이때 제물로 개를 바쳤다는 기록이 분명하게 보이지는 않지만 동양에서 복날 사당에 개를 제물로 바친 것과 많이 닮아 있다.

서양의 도그 데이가 동양의 복날과 비슷한 점은 또 있다. 도그 데이는 단순히 태양이 쨍쨍 내리쬐는 뜨거운 더위가 아니다. 실제로 고대 이집트에서 이 기간은 나일강이 범람하며 전염병이 퍼지는 시기였다. 이집트인들은 이때가 되면 바닷물이 끓고 포도주가 쉬며 개가 더위에 미친다고 했다. 동물들도 기운이 빠져 늘어지고 사람들은 몸에서 열이 난다고 두려워했으니 동양에서 복날 나쁜 기운이 퍼지는 것을 무서워한 것과도 역시 닮았다.

서양의 도그 데이와 동양의 복날이 서로 연결되어 있다는 증거는 없지만 어딘가 많이 닮아 있는 것은 분명하다. 복날의 기원이 서융의 풍속에 근거를 두고 있다는 사실에 관심이 가는 까닭이다.

왜 하필 개로 제사를 지냈을까

〓〓〓〓〓

『사기』에서 또 하나 궁금한 사실은 왜 하필 개로 제사를 지냈냐는 점이다. 복날 제사의 목적은 개로 나쁜 기운을 막기 위함이었다. 나쁜 기운의 정체는 『사기』에 적힌 '고蠱'라는 한자에 그 답이 있는데, 이는 뱃속벌레라는 뜻으로 몸속에서 독기를 뿜어 질병을 일으키는 벌레다.

그런 만큼 기원전 7세기의 복날 제사를 현대적인 관점에서 풀이하면, 여름철에 걸리기 쉬운 질병, 즉 식중독이나 전염병을 막기 위한 것으로 볼 수 있다. 나쁜 전염병을 막으려고 가축을 제물로 바쳐 하늘과 조상님께 제사를 지내고 음복으로 고기를 먹으며 영양 보충을 했다는 것인데, 소나 양, 돼지도 아닌 개를 제물로 삼았던 배경에는 몇 가지 이유가 있다.

먼저 고대에는 개 역시 하늘에 제사를 지내는 가축이었다. 그 증거가 현재도 일상적으로 사용하는 단어에 남아 있다. 예를 들어 헌금은 돈을 기부한다는 뜻이고 혈액을 제공하는 것은 헌혈, 몸을 던져 최선을 다하는 것은 헌신이라고 한다. 한자로는 '바칠 헌獻' 자를 쓰는데 이 글자는 '솥 권鬳'과 '개 견犬'이 합쳐져 만들어졌다. 풀이하면 개를 솥에 삶는다는 의미다. 이런 글자가 '바치다' '드리다'의 뜻이 된 이유는 고대에는 솥에 삶은 개가 제물이었기 때문이다.

개가 제물이 된 또 다른 배경은 복날의 시작이 진나라, 즉 서융의 풍속에서 비롯됐다는 것이다. 개는 일부 서융 부족에게는 토템 신앙의 대상이었다. 중국에서 중원 밖의 이민족을 가리킬 때 쓰는 말인 북적과 남만에도 그런 의미가 담겨 있다. 북적은 '이리가 많은 곳에 사는 사람들', 남만은 '벌레가 많은 땅에 사는 부족'이라는 뜻이라고 하지만, 본래의 의미는 폄하의 뜻이 아니라 현지의 토템 신앙을 상징한 것에서 생겨난 한자라고 풀이한다.

한나라 때 사전인 『설문해자』에서 만蠻은 '벌레 충虫'에서 비롯된 글자라고 했는데 여기서 벌레는 곤충이 아니라 파충류인 뱀蛇을 의미한다. 뱀을 조상으로 여기는 사람이 사는 곳이라는 뜻이다. 적狄도 개를 불에 구워 먹는 사람들이 아니라 이리 혹은 개를 숭상하는 사람이 사는 곳이라는 뜻에서 생긴 글자다.

서융의 융戎은 동이의 이夷처럼 동물 토템과는 상관없이 크다는 의미에서 비롯된 글자이긴 하지만, 개별 부족으로 들어가면 역시 토템 신앙과 관련돼 있다. 진나라 백성을 구성하고 있는 서융 부족 중에서 견융犬戎은 개가 조상인 부족이다. 중국 고대 전설을 기록한 『산해경』에는 견융은 황제의 후손으로 황제가 모룡을 낳고 다음에 또 누구를 낳았다고 이어지다가 백견白犬, 즉 흰 개를 낳았는데 암수가 있으니 견융이 됐다고 나온다. 이를 통해 견융이 개 토템 신앙을 가진 부족이었음을 알 수 있다.

복날과 개의 관계로 돌아와서, 제사를 지내는 목적은 하늘과 조상님께 복을 빌어 화를 막기 위해서다. 복날 나쁜 기운을 물리치는 제사를 지낼 때도 이왕이면 조상님과 관련된 가축이 좋다. 그러니 개를 잡아 성문에 걸었다는 『사기』의 기록은 조상님의 음덕으로 나쁜 기운을 막으려는 것으로 풀이할 수 있다.

또 한 가지, 복날의 개고기를 통해 춘추 시대 전후 중국의 육식 문화와 사회 구조도 엿볼 수 있다. 제사 때 제물로 바친 음식은 나누어 먹어야 복을 받는다. 그래서 음복이다. 복날 개로 제사를 지낸 진나라가 훗날 중원을 통일했으니 복날에 보신탕 먹는 전통이 후대에 전해진 것은 당연하겠지만, 단순히 진나라 때문에 보신탕을 먹었던 것은 아니다.

고대 중국에서 개는 식용 가축이었다. 유교 경전인 『예기』를 보면 개의 용도를 셋으로 구분했는데, 하나는 집을 지키는 용도狩犬, 또 하나는 밭을 지키는 용도田犬, 그리고 식용食犬이었다. 그마저 중산층 정도는 되어야 개고기를 먹을 수 있었다.

앞서 이야기한 것처럼 기원전 1세기 때의 『염철론』에는 당시 사람들의 경제 수준에 따라서 먹는 고기를 구분해 적어놨는데, 부자들은 소를 잡아먹으며 배를 두드리고 중산층에서는 양과 개를 먹으며 가난한 사람은 닭과 돼지고기를 먹는다고 했다.

춘추 시대 말기인 기원전 5세기 무렵도 마찬가지였다. '와신상담 臥薪嘗膽'이라는 고사성어의 주인공 월왕 구천은 오나라에 복수하기 위해 절치부심으로 이를 갈며 군사력을 키웠다. 병력을 키우기 위해 출산 장려책을 폈는데 그 주요 내용이 여자가 17세, 남자가 20세가 되도록 시집 장가를 가지 않으면 부모에게 죄를 묻는다는 것이었다. 채찍이 있으면 당근도 있어야 하는 법, 결혼한 부부가 아이를 낳았을 때 군인이 될 수 있는 남자아이를 출산하면 술 두 병에 개고기를 지급했고, 여자아이를 출산하면 술 두 병에 돼지고기를 지급했다.

월나라는 지금의 저장성 일대에 있었던 나라로, 이 지역은 전통적으로 돼지를 많이 키우는 곳이다. 이런 월나라에서 군사력 강화 목적으로 지급한 남아 출산 장려금이 개고기였으니, 당시 돼지고기와 개고기의 위상 차이를 짐작할 수 있다.

참고로 중국 북방에서 보신탕이 사라진 시기는 대략 6세기 무렵이다. 개 식용을 기피하는 유목민의 영향이 큰 것으로 보인다. 6세기 이후는 북방 유목민이 크게 세력을 떨쳤던 시기로, 거란의 요나라와 여진의 금나라가 중원을 지배했고 한족의 송나라는 남쪽으로 밀려나야 했다. 이후에도 유목민인 몽골의 원나라가 중국을 지배했고, 한족의 명나라 이후에는 여진족의 청나라가 세워졌으니, 고대에 위상이 높았던 개고기가 사라진 배경에는 이런 역사적 영향도 적지 않은 것으로 보인다. 다만 지금도 중국 남부에서는 여전히 개를 잡아먹는 문화가 있는데, 농경문화의 풍속이 남아 있는 데다 북방 유목민의 영향력이 적었기 때문으로 풀이한다.

한나라 경제를 일으킨 실크로드

주천酒泉은 술이 솟는 샘을 말한다. 강원도 지명을 살펴보면 주천 면 주천리란 곳이 있는데, 그곳에 술 솟는 샘이 있었다는 전설에서 비롯된 것이다. 중국에도 주천이 있다. 황허강 상류 간쑤성에 속해 있는 도시로, 지금은 중국의 인공위성 발사 기지가 있고 예전에는 서역으로 통하는 실크로드의 길목이었다.

간쑤성 주천도 술과 관련 있다. 기원전 119년, 한 무제 때 곽거병 장군이 북방 흉노를 물리치고 대승을 거두었다. 크게 기뻐한 무제가 승전을 축하해 술 한 병을 하사했다. 황제가 내린 술이니 크나큰 영 광이지만 고생한 부하를 생각하면 혼자 마실 수도 없었다. 그렇다고 고작 한 병으로 모든 병사가 나누어 마실 수도 없는 일이었다. 잠시

고민하던 그는 병사를 불러 모아놓고 외쳤다.

"황제께서 여러분의 노고를 치하해 술을 내려주셨다. 다 같이 황제께서 보내준 술을 마시자."

그러고는 병에 든 술을 샘물에 쏟아부었다. 곽거병이 먼저 한 바가지 떠 마시고 이어 병사들이 차례차례 샘물을 마셨다. 이것이 바로 간쑤성 주천의 유래다.

주천은 중국 역사상 상당히 의미 있는 곳이다. 단순히 흉노와의 전쟁에서 승리해 북방을 안정시켰기 때문만은 아니다. 이를 시작으로 실크로드를 개척할 수 있었고, 실크로드를 통해 전해진 서역의 식품과 음식들은 이후 중국의 경제와 문화 발전에 엄청난 영향을 끼치게 된다.

한나라와 흉노, 그 대립의 역사

그 배경을 이해하기 위해 먼저 흉노와 중국의 관계를 살펴보자. 기원전 221년 진시황이 중원을 통일했을 때 북방에는 두만 선우(?~기원전 209)가 이끄는 흉노가 제국의 틀을 갖췄다. 선우單于는 하늘의 아들이라는 뜻으로, 중국의 황제인 천자와 같은 의미다. 명칭에서 알 수 있듯이 흉노는 단순히 유목 부족이 합쳐진 오랑캐 집단이 아니었다. 통일된 세력을 갖춘 진과 흉노는 충돌이 잦았고 기마 민족인 흉노의 침입을 막기 위해 진시황은 북방에 장벽을 쌓았다. 이것이 바로 만리장성의 시작이다.

진시황이 죽은 후 양측에 모두 큰 변화가 생겼다. 중원에서는 항우를 물리친 유방이 한나라를 세웠고, 북방에서는 아버지 두만 선우를 몰아낸 묵돌 선우(?~기원전 174)가 서쪽 텐산산맥과 간쑤 지방에 있던 월지국을 몰아내고 동쪽으로 만주 서부까지 땅을 넓혀 북방 최대의 제국을 세운다.

한과 흉노 두 제국의 충돌은 예정된 수순이었다. 흉노는 지금의 중국 산시山西성 타이위안인 진양까지 이르렀고, 방어하던 한나라 장군이 흉노에 투항했다. 이에 기원전 200년 한고조 유방이 직접 32만 대군을 이끌고 흉노 정벌에 나섰지만, 산시山西성 다퉁 백등산에서 7일간 포위돼 있다가 간신히 탈출한다. 그러고는 흉노와 화친 조약을 맺었다. 백등산의 굴욕이라는 강화 조약이다. 화친 조건은 한나라 공주를 흉노 선우에게 시집보낼 것, 해마다 일정량의 포목, 비단, 술, 곡식, 식품을 바칠 것, 형제의 서약을 맺을 것 등이다. 굴욕적인 이 조약은 한고조 유방은 물론 뒤를 이은 혜제, 여태후, 문제, 경제, 무제 때까지 70여 년간 계속 이어졌다.

이 시기에 큰 전쟁이 없었던 한나라는 민생 안정과 경제 발전으로 국력을 회복할 수 있었고, 드디어 무제 때에 이르러 흉노와의 굴욕적인 화친 관계 개선을 모색하기 시작한다. 우선 흉노에 대항하기 위해 흉노에 패해 멀리 서쪽으로 쫓겨난 월지국과 동맹을 시도했다. 이를 위해 기원전 139년 무렵, 장건을 서역으로 파견했지만 장건은 바로 흉노에게 잡혀 13년 동안 억류됐다가 돌아온다. 월지국과 동맹을 맺지는 못했지만, 장건이 서역에서 보고 들은 정보는 당시 한나라 바깥 세계에 대한 중요한 자료가 된다. 한 무제는 이를 토대로 흉노 정벌에 나섰고, 세 번의 큰 전투 끝에 마침내 기원전 119년 곽거병 장군이 승리를 거두면서 주천에서 실크로드로 이르는 하서회랑 지역의 통제권을 차지한다.

『사기』「대완열전」에는 한 무제가 서역에 머물다 돌아온 장건의 보고를 듣고는 대완, 대하, 안식국 등이 모두 큰 나라이고 진기한 물건이 많음을 알았다고 나온다. 이렇게 서역의 자세한 사정을 안 한나라는 이후 적극적으로 교역로를 개척한다. 동서 교역로인 실크로드가 이때부터 활성화됐고, 실크로드를 장악한 한나라는 부강해진 반면 흉노의 세력은 약해지게 된다.

한나라, 실크로드에 빠지다

비단길이라고 불리는 실크로드는 총길이가 6400킬로미터다. 한나라의 수도인 장안, 그러니까 지금의 시안에서 시작해 간쑤성의 성도인 란저우에서 중원을 떠나 실크로드 입구인 주천에 이른다. 이곳에 만리장성의 서쪽 끝 관문인 자위관이 있다. 명나라 때 완성했지만 한나라 때부터 군사를 주둔시켰던 전략적 요충지다. 그리고 주천 자위관을 나와 오아시스의 도시인 둔황에서 타클라마칸 사막으로 들어가는 입구인 위먼관까지 이어지는 지대가 하서회랑이다. 위

면관을 나온 후에는 타클라마칸 사막을 사이에 두고 남북으로 길이 갈라졌다가 사막을 건넌 후에 카슈가르에서 다시 합쳐진다. 이어 파미르고원과 중앙아시아 초원, 이란고원을 지나 지중해에 도달한 후 로마로까지 이어지는 동서 교통로다.

실크로드는 당나라에서 원나라까지 1000년을 훨씬 넘는 세월에 걸쳐 완성됐지만 그 시작은 한나라 때부터다. 『한서』「서역전」에는 장건이 서역의 길을 열었다면서 모두 서른여섯 나라와 통했다고 나오는데, 이는 무제가 흉노와의 대결에서 이긴 후 서역으로 들어가는 길목인 하서회랑의 통제권을 장악한 덕분이다.

실크로드라는 이름은 20세기 초, 독일의 지리학자인 리히트호펜(1833~1905)이 처음 사용했다. 유럽 학자의 시각에서 볼 때 주요 관심 교역 품목이 비단이었기에 지은 이름일 것이다. 실크로드라는 명칭으로 인해 얼핏 비단과 도자기 같은 중국의 선진 문물이 로마까지 전해진 길인 것처럼 생각되지만 사실 그건 먼 훗날의 이야기다. 처음 서역으로 들어가는 길이 열린 한나라 때는 오히려 이 길을 통해 서역의 풍부한 자원과 물자가 중국으로 쏟아져 들어왔다.

한나라가 교역을 시작했다는 서른여섯 나라는 지금의 중국 신장 위구르 지역과 우즈베키스탄, 카자흐스탄, 아프가니스탄, 멀리는 이란 동부 지역에까지 걸쳐 있는 나라들이다. 사막과 초원에 흩어져 있는 낙후된 유목 국가처럼 보이기도 하고, 지금도 경제적으로 발달한 지역이 아니기 때문에 이들의 자원이 중국으로 쏟아져 들어왔다는 게 얼핏 이해되지 않을 수도 있다. 하지만 『사기』「흉노전」과 「대원전」,『한서』「서역전」에 적힌 기록을 살펴보면, 당시 서역이 얼마나 노다지 밭이었는지를 분명히 알 수 있다.

예를 들어 서른여섯 개국 중 하나였던 대원은 지금의 우즈베키스탄에 있는 나라다. 이곳에는 우리가 '천마天馬'라고 불렀던, 하루에 1000리를 달린다는 한혈마가 있다. 한나라가 나중에는 전쟁까지 벌이며 3000마리를 구했을 정도로 탐을 냈던 말이다. 신라에서도 왕릉인 천마총에 그림을 그려놓았을 정도로 부러워했다. 안식국安息國은 아프가니스탄과 이란 동부에 위치했던 나라인데, 수레와 배를 이용해 수천 리를 오가며 교역을 하고 은을 화폐로 삼았다고 한다. 장건이 갔을 때의 기록이니 얼마나 문물이 발달했었는지를 짐작할 수 있다. 우전이라는 나라에는 염택, 즉 소금 호수가 있다고 했는데 당시 소금은 금과 은을 주고 거래할 때였다. 카슈미르 지방에 있었던 나도와 계빈에는 금은과 구리, 주석이 나오는데,『한서』에는 이 모두가 무기를 만들 수 있는 재료라고 기록하고 있으니, 한나라가 얼마나 군침을 흘렸을지 짐작이 되는 대목이다.

중국의 음식 문화를 바꾼 밀의 출현

하지만 교역의 길이 열렸던 당시뿐만 아니라 후대에까지, 그리고 중국은 물론 아시아와 세계 전체로 영향을 미친 핵심 자원은 따로 있다. 정치사를 중심으로 봤을 때는 무심코 지나치는 대목이지만,

『사기』『한서』에는 대완, 안식, 조지, 나도, 계빈을 비롯해 서역 여러 나라에서 밭에 밀麥과 쌀보리田稻를 재배한다고 기록하고 있다. 제한된 지면에 핵심만 기록하는 역사책에 서역에서 밀과 쌀보리를 널리 재배한다는 사실을 언급한 이유는 무엇일까?

한나라가 서역과 교역을 시작할 당시, 중원에서 귀족과 부자들이 먹었던 음식은 기장이었다. 평민들은 좁쌀이 주식이었고 서민들은 수수나 귀리 아니면 토란 등을 먹었다. 밀이 중국에 전해지기는 했지만 아직 밀가루가 아닌 통밀을 쪄서 먹었을 무렵이고 그나마 왕을 비롯해 극소수 계층만 먹을 수 있었다.

중국에서 쌀과 밀가루가 대중적으로 널리 퍼진 시기는 1000년도 훨씬 지난 뒤인 송나라 때 일이고, 최초의 밀가루 음식인 탕병이 처음 등장한 것도 기원전 2세기 무렵이다. 그러니 사마천과 반고가 서역에서는 밀을 재배하고 있다는 사실에 놀라『사기』『한서』에 따로 기록할 법하다.

중국에서 만두와 국수가 발달할 수 있었던 것도 한 무제 때 실크로드가 열리고 서역과의 교역이 시작되면서부터다. 또한 중국이 만들어 아시아에 퍼뜨린 두부 역시 실크로드와 밀접한 관련이 있다. 한나라 이후 당나라와 원나라 때까지 실크로드를 통해 전해진 다양한 식품과 조리 기술로 인해, 실크로드는 알게 모르게 중국의 식생활은 물론 한국과 일본 등 아시아의 음식 문화 발달에도 절대적인 영향을 끼쳤다.

이 무렵 전해진 식품들이 오늘날에는 평범한 음식 재료에 지나지 않지만 서역에서 최초로 중원에 들어왔을 때는 하나하나가 황금에 버금가는 가치를 지닐 수밖에 없었다. 다양한 기록을 토대로 서역에서 중국으로 전해진 식품을 시대별로 간추려보면, 한나라 때는 일단 향신료가 인기를 얻는다. 서양에 후추가 퍼진 시기와 크게 다르지 않다. 요리할 때 절대 빼놓을 수 없는 마늘과 참깨가 전해진 것도 한나라 때다. 과일과 채소로는 호두, 포도, 석류, 오이, 완두콩이 이때 들어왔고 호떡이 전해진 것 역시 한나라 때다.

삼국 시대가 지나고 진晉나라 때는 중국인이 즐겨 마시는 차, 재스민과 가지가 들어왔다. 수나라 때는 상추, 당나라 때는 시금치, 양파, 샐러리, 아몬드, 무화과 등이 실크로드를 따라 중원으로 들어왔다.

실크로드, 서역의 종자가 들어온 길

21세기인 지금도 세계는 종자 전쟁을 벌인다. 예를 들어 병충해에 강한 신품종 씨앗을 개발하면 그 씨앗을 심을 때마다 지적재산권료를 지불해야 한다. 우리가 즐겨 먹는 청양고추가 그런 경우다. 청양고추는 제주산 고추와 태국산 고추를 잡종 교배해 맵게 개발한 새로운 종자다. 그런데 청양고추의 지적재산권이 IMF 이후 외국에 팔렸다. 때문에 농가에서 청양고추를 심으면 외국에 로열티를 지불해야 한다. 개개인은 의식하지 못하겠지만 청양고추 모종에는 지적재산권료가 포함돼 있다.

종자가 이렇게 값어치가 있기 때문에 세계는 여전히 신품종 개발과 이를 위한 새로운 종자 확보에 치열한 노력을 기울이고 있고, 이는 옛날에도 마찬가지였다. 새로운 종자를 들여오면 큰돈을 벌 수 있는 데다 세상까지 바꿀 수 있으니 종자 확보에 목숨을 걸었고, 종자를 갖고 있는 나라에서는 국가 차원에서 종자가 외국으로 빠져나가는 것을 막았다. 그래서 고려 말에 문익점은 붓 뚜껑에 목화씨를 몰래 숨겨 들여왔고, 청나라 사람은 필리핀에서 고구마 종자를 구해 올 때 줄기로 밧줄을 꼬아 그 속에 종자를 감췄다.

실크로드를 통해 서역에서 종자가 들어올 때도 마찬가지였다. 몰래 가져왔다면 목숨을 걸었을 것이고 사들였다면 엄청난 값을 지불했을 것이다. 상추는 천금을 주고 사들였다고 하여 별명이 천금채千金菜였다. 상추의 원산지는 아프리카와 지중해 연안 지역이다. 송나라 때 『청이록』에는 상추가 수나라 때 전해졌는데 고국에서 사신이 종자를 가져오면 값을 후하게 지불했다고 나온다.

종자 구하기가 쉽지 않기로는 우리나라도 마찬가지였던 것 같다. 『중종실록』에는 공무역이 아닌 밀수로 중국에서 기장과 조, 콩, 채소 종자를 구입했다며 자수하는 기록이 보이니 국가에서 종자 거래를 까다롭게 통제했음을 알 수 있다.

하물며 기원전 2세기 장건이 서역으로 통하는 실크로드를 처음 열었을 때 전해진 새로운 종자들은 놀라움 그 자체였을 것이다. 참깨는 원산지가 중동이다. 장건이 서역에서 돌아올 때 종자를 가져와 퍼뜨렸다고 하는데 이후 동양에서는 참깨가 불로장수 식품으로 통했다. 조선 후기의 『산림경제』를 보면 참깨를 신선이 먹는 음식이라며 불로장생의 비약으로 여겼던 기록이 있다. 참깨는 사실 수십 년 전까지만 해도 할머니들이 아까워하며 아껴 쓰던 참기름의 원료였다.

4세기 진晉나라 때 장화가 쓴 『박물지』에는 호두 역시 장건이 지금의 아프가니스탄 일대인 안식국에서 석류, 포도와 함께 가져왔다고 나온다. 그런 만큼 옛날 중국에서 호두를 보는 시각은 보통의 견과류가 아니었다. 우리나라도 마찬가지였지만 중국에서는 호두나무를 선목仙木이라고 여기며 귀신을 쫓는다고 생각했고, 호두 역시 귀신을 쫓아내는 능력이 있어 재난을 면하고 상서로운 기운을 가져온다고 믿었다. 그런 믿음의 흔적이 현대까지도 이어지는데, 우리나라도 그렇고 중국에서도 정월 대보름이 지나면 먹고 남은 부럼 중에서 좋은 호두를 골라 손에 올려놓고 굴린다. 건강에 좋기 때문이라고 하는데, 손바닥의 기혈이 순환하는 것을 도와 건강에 좋은 건 사실이지만 그보다는 나쁜 기운을 쫓아내서 1년 동안 병에 걸리지 않는다고 믿었기 때문이다.

기록에 의하면 호두 놀이는 한나라와 수나라 때까지 거슬러 올라가며, 명나라와 청나라에서는 완전 성행해 위로는 황제부터 아래로는 환관과 평민들까지 즐겼다. 호두 자체도 장수를 돕는 열매라는 뜻에서 장수과長壽果, 만년을 살 수 있는 씨앗이라는 의미에서 만세자萬世子라고 했으니 지금의 호두가 건강에 좋다는 믿음과도 무관하지 않은 것 같다.

장건이 가져왔다는 과일 석류 역시 특별 대접을 받았다. 기록에 따르면 한 무제가 장안에 있는 궁궐 정원인 상림원에 심어놓고 특별히 보살폈다. 석류는 천하의 기이한 나무로 그 열매를 먹으면 석류 씨앗처럼 자손을 많이 낳고 복을 많이 받는다고 전해졌고, 결혼식에 석류를 보내는 전통이 생겼다. 송나라 때는 석류로 장원급제를 기원하는 풍속까지 있었으니 서역에서 전해진 식품들에 대한 옛날 사람들의 환상은 일일이 거론하기 힘들 정도다.

기원전 2세기 한 무제와 장건이 만든 서역에 이르는 길 실크로드. 이 동서 교역로는 이후 명나라 때 해상 실크로드가 활성화되기 전까지 중국에 큰 변화를 만들어냈다. 비록 정치사에 묻혀 잘 알려져 있지는 않지만, 적어도 음식 문화를 통해 우리 생활을 얼마나 바꿔놓았는지 확인할 수 있다.

서양보다 더한
향신료 열풍

후추는 아시아, 그중에서도 주로 서남아시아와 동남아시아에서 나오는 향신료다. 유럽은 후추가 자라지 않기에 고대에는 후추 값이 금값과 맞먹을 정도로 비쌌고, 유럽인이 아랍 상인을 거치지 않고 직접 후추를 찾아 항로 개척에 나선 것이 15~16세기 대항해 시대의 시작이다.

반면 동양의 후추 역사에 대해서는 아는 게 별로 없다. 막연하게 후추는 아시아의 향신료니까 중국을 비롯해 우리나라나 일본에서 그리 귀한 식재료는 아니었을 거라 짐작하는 정도다. 하지만 현실은 달랐다. 후추는 동양에서도 부의 원천이었고, 중국이 동남아시아의 후추 원산지에 도달하기까지의 과정은 아랍이나 서양보다도 훨씬 늦었다. 중국의 향신료 구입 역사를 서양의 역사와 비교해보면, 중국의 세력 확장 과정을 엿볼 수 있다.

로마의 후추 사랑

중국이 한나라였을 때 서양은 로마 시대를 지나고 있었다. 기원전 2세기 서역으로 통하는 비단길이 열린 이후 3세기에 멸망할 때까지, 한나라 사람들의 밥상에는 서역에서 전해진 다양한 식품이 올라왔다. 이 무렵 로마인의 식탁도 동방에서 가져온 귀한 식재료들로 채워졌는데, 그중에서도 로마인이 특히 열광했던 것은 인도에서 건너온 향신료 후추였다.

서양에 후추의 존재가 처음 알려진 것은 기원전 13세기 이전으로 추정된다. 이집트 파라오 람세스 2세 미라의 콧구멍에서 후추 알갱이가 발견됐기 때문이다. 이 시기에 후추는 아마 특수한 용도로만 사용됐을 것이고, 기원전 4세기 그리스 시대에도 후추는 극소수만이 이용했던 초고가의 특별한 향신료였다. 이 무렵 후추의 용도는 향신료라기보다는 의약품에 가까웠다.

후추가 그나마 향신료로서 쓰이기 시작한 것은 로마가 이집트를 속국으로 합병한 기원전 30년 이후로 본다. 이때부터 해마다 정기적으로 불어오는 무역풍을 이용해 대규모 선단을 인도로 보내 후추를 직접 가져올 수 있었기 때문이다. 후추를 이용해 조리한 음식이 로마 귀족들의 식단에 본격적으로 보이기 시작한 것도 이 무렵이다. 로마의 미식가 아피시우스가 쓴 요리책 『데 레 코퀴나리아De re coquinaria』를 봐도 후추를 향신료로 쓴다는 기록이 많다. 아피시우스의 레시피는 주로 1세기 이후의 요리인 만큼 이때부터 후추가 퍼진 것으로 볼 수 있는데, 이전에는 귀족들조차 감히 넘볼 수 없었던 특수 의약품이었던 후추를 향신료로 쓸 수 있었던 것은 그만큼 값이 많이 떨어졌기 때문이다. 1세기 로마의 정치가이자 역사학자인 플리니우스가 남긴 『박물지』에서 이를 확인할 수 있다.

플리니우스는 당시 후추의 급속한 유행에 놀라움을 표하면서 특별한 것도 없는데 오직 얼얼하다는 맛 때문에 인도에서 엄청난 양을 수입해야 한다는 사실에 분노한다. 누가 음식에 처음 후추를 넣었고 누가 처음 허기가 아닌 식탐을 채우기 위해 후추를 먹었냐고 하면서, 인도 현지에서는 야생으로 자라는 후추와 생강을 로마에서는 마치 금은보화라도 되는 것처럼 무게를 달아가며 판다고 화를 냈다.

『박물지』에는 지금은 거의 먹지 않는 고추 비슷한 향신료인 롱 페퍼long pepper가 파운드당 15데나리온, 후추와는 또 다른 흰 후추white pepper가 7데나리온, 지금의 후추인 블랙 페퍼black pepper가 4데나리온이라고 기록한다. 데나리온은 로마 시대에 사용했던 은화로 로마의 화폐 가치를 지금의 기준으로 환산하는 것도 어렵고 평가도 사람마다 천차만별이기 때문에 애써 환산해보는 것은 의미가 없지만, 일반인이 먹기에는 힘들 만큼 비쌌던 것은 분명하다.

플리니우스는 역사학자이기 이전에 정치가였으니 사회적인 사치 풍조와 예산 낭비에 민감할 수밖에 없었는데, 후추를 수입하기 위해 해마다 5000만 세스테레스의 돈이 로마 제국에서 빠져나간다고 불만을 터뜨렸다. 정확하게는 알 수 없지만 지금의 화폐 가치로 환산하면 대략 5000억 원쯤 될 것이라고 추산하는 학자도 있다.

후추가 이토록 귀한 향신료였기에 로마인들은 후추에 대한 열망이 대단했고, 로마 시대부터 싹튼 이 욕망은 약 1500년 후 유럽인들이 직접 후추를 찾아 동양으로 몰려오는 대항해 시대의 개막으로 이어졌다.

한나라, 산초에 빠지다

로마인들이 후추와 사랑에 빠졌을 때, 한나라도 향신료에 열광하고 있었다. 그리고 이때 싹튼 향신료 사랑이 먼 훗날인 명나라 때의 서양의 대항해와 닮아 있으면서도 또 다른 형태로 변화의 바람을 불러일으킨다. 로마인들이 후추 맛에 흠뻑 젖었을 때 한나라 사람들이 좋아한 향신료는 후추가 아닌 산초였다.

중국에서 향신료가 처음 보이는 문헌은 『시경』이다. 주나라 노래 중에 "산초 향기 널리 풍기니 평안하고 장수할 수 있겠다"는 구절이 나온다. 이 노래를 통해 두 가지 사실을 유추해볼 수 있다. 하나는 주나라 노래인 만큼 최소 기원전 7세기 이전에 향신료가 있었다는 것이고, 다른 하나는 고대 그리스 로마에서 후추를 향신료이면서 약으로 여겼듯이 주나라에서도 산초를 향신료 겸 장수의 약으로 삼았다는 것이다.

이외에도 산초는 기원전 3세기 전국 시대 말기 굴원(기원전 343?~기원전 277?)의 「이소離騷」에도 보이고, 『신농본초경주神農本草經注』라는 농업서에는 산초가 진나라에서 나온다고 했으니, 중국에서는 이 무렵에 향신료인 산초가 퍼지기 시작한 것으로 짐작된다.

여기서 먼저 짚고 넘어갈 부분은 『시경』이나 「이소」에 실린 향신료를 산초라고 했지만, 그 실체에 대해서는 논란이 있다는 점이다. 기록에는 '초椒'라고만 적혀 있기에 산초가 아닌 후추라는 주장도 있다. 하지만 중국에 후추가 퍼진 시기는 서양보다 훨씬 늦은 5~6세기 무렵으로 보는 것이 일반적이라는 의견이 대부분이다.

후추는 주로 인도와 동남아시아에서 자란다. 로마를 비롯해 고대 서양에 전해진 후추는 인도 남서부의 케랄라 지방에서 나는 것이었고, 동남아시아 후추라고 해도 주요 산지가 자바와 수마트라섬 혹은 말레이시아 일대다. 로마를 비롯한 서양은 아랍을 거쳐 육로로 인도 서남부에 연결되거나 혹은 바다를 통했기에 후추 산지와 직접 교역을 했지만, 중국은 한나라 때까지만 해도 아직 후추 산지인 동남아시아와 교역로가 열리기 전이었다.

서역과 이어지는 실크로드를 연 한 무제가 남쪽으로 진출한 곳은 남월까지였다. 『사기』 「서남이열전」에서는 건원 6년인 기원전 135년, 군사를 일으켜 서남부의 동월을 정벌한 후 당몽장군을 남월에 사신으로 보내 출병한 이유를 설명한다. 이때 남월의 왕이 당몽을 접대하기 위해 내놓은 것이 구장枸醬이라는 향신료였다. 구장이 바로 후추로 담근 장이라는 주장도 있지만 이 부분은 따져볼 여지가 많다.

구장 맛을 본 당몽은 처음 보는 이 이상한 열매를 보고 어디서 얻었는지 묻는다. 그러자 남월 사람들이 서북쪽 번우성에서 나온다고 대답했다. 「서남이열전」은 오늘날 중국의 윈난성, 쓰촨성, 구이저우성 등지에 대한 기록이고 번우성은 지금의 광둥성 광저우 부근이라고 하니 후추 산지와는 거리가 멀다. 그렇기 때문에 한나라 이전에 쓰였던 향신료는 쓰촨성 등지에서 주로 나오는 산초 종류이고, 마파두부처럼 맵고 얼얼한 음식에 많이 쓰이는 화초花椒일 가능성이 높다고 본다.

향신료에 대한 한나라 사람들의 사랑이 옛날 서양인들이 후추에 빠진 것에 절대 뒤진다고 할 수 없다. 아직 후추라는 강력한 향신료는 맛보지도 못한 채 산초만으로도 향신료에 대한 신비감을 품었는데, 그 대표적인 증거가 초방椒房이다.

초방은 한나라 때 황후가 거처하는 궁전인 미앙궁에 있던 방으로, 산초 가루를 흙에 섞어 벽을 발랐기에 생긴 이름이다. 이렇게 하면 은은한 향기가 날 뿐만 아니라 산초의 기운을 받아 방이 따뜻해지는 효과도 있다고 한다. 게다가 산초나무에 열매가 많이 열리기 때문인지 아니면 산초의 향기가 리비도libido를 자극하기 때문인지, 초방에 머물면 자손을 많이 낳는다고 믿었다. 그래서 왕비의 처소를 이르는 말로도 쓰였으니 향신료에 대해 품었던 환상은 동양이나 서양이나 서로 다를 바가 없다.

또한 옛날에는 새해가 되면 무병장수를 빌며 초주椒酒라고 하는 도소주를 마셨는데, 이는 향신료로 담근 술이다. 한나라 무렵에는 산초를 술에 담가 마셨고 후추가 전해진 당나라 전후로는 후추를 술에 담가 마셨다고 한다. 도소주라는 이름은 '잡을 도屠', '되살아날 소蘇' 자를 쓰는데, 그 자체로 나쁜 기운을 잡아내고 새롭게 기운을 살린다는 뜻이다. 일설에는 한나라 말의 명의인 화타가 처방했다는 설도 있고 당나라 때 의사인 손사막이 처방했다는 말도 있는데, 정월 초하루에 이 술을 마시면 1년 내내 병에 걸리지 않는다고 믿었다고 전해진다.

설날 산초나 후추를 넣어 만든 초주를 마시는 풍속은 중국은 물론이고 근대 이전 우리나라에도 이어져 내려왔다. 향신료가 질병을 물리친다는 주술적 믿음은 근본적으로 그 값이 워낙 비쌌기에 약으로 사용했던 것에서 비롯됐을 것이다. 그리고 향신료로 방을 꾸미고 산초나 후추를 넣은 술로 건강을 염원했을 정도로, 중국을 포함한 동양에서 역시 향신료에 대한 욕망이 대단했음을 알 수 있다.

양귀비가 호떡 맛에 빠진 이유

중국에서 호떡과 두부는 당나라 무렵에 크게 퍼졌다. 역사책과 각종 시문집을 보면 왕과 귀족, 유명한 시인과 문인들이 호떡 맛에 푹 빠졌음을 알 수 있는 증거들이 가득하다. 두부 역시 전설로는 한나라 때 발명됐다고 하지만 적지 않은 식품역사학자들은 당나라 때 완성된 것으로 본다.

호떡과 두부가 당나라와 어떤 관계가 있을까 싶은데, 당나라 때는 중원과 서역이 연결되는 실크로드가 완성됐다. 그런 만큼 호떡과 두부의 유래와 발달의 역사를 알면, 중원과 서역의 관계뿐만 아니라 음식 문화 교류의 역사를 엿볼 수 있다.

양귀비가 사랑한 호떡

양귀비가 죽기 전 마지막으로 먹은 음식 중 하나가 호떡이었다. 난리를 피해 떠난 피란길에서 현종과 양귀비 일행이 배고파하자 서둘러 시장에서 호떡을 구해왔다고 한다. 온갖 부귀영화와 사치를 누린 천하의 미인 양귀비의 마지막 식사가 무척이나 초라하다고 느껴질 수 있겠지만 절대 그렇지 않다. 양귀비는 마지막까지 귀비답게 좋은 음식을 먹고 사망했다. 양귀비가 먹은 호떡에는 상당한 상징적 의미가 담겨 있다. 시장에서 호떡을 사왔다지만 그 속에는 당나라 상류층의 음식 문화, 실크로드를 통한 서역과의 교류를 비롯해 8세기 중국의 정치, 경제, 사회, 문화의 단면이 압축적으로 녹아들어 있다.

756년 안녹산이 반란군을 이끌고 수도인 장안으로 쳐들어왔다. 다급해진 현종은 서둘러 궁궐을 버리고 쓰촨성 파촉으로 피란을 떠났다. 장안에서 25킬로미터쯤 떨어진 함양의 망이궁에 이르렀을 무렵, 급하게 피란길에 오르느라 아무것도 먹지 못한 현종 일행은 배가 고팠다. 그러자 양국충(?~756)이 시장에서 호떡을 사다 현종과 양귀비에게 바쳤다. 『자치통감』과 역대 역사책에 나오는 기록 가운데 흥미로운 이야기만 골라 모은 『이십사사통속연의二十四史通俗演義』에 실려 있는 내용이다.

1300여 년 전 중국에 호떡이 있었다는 사실도 뜻밖이라면 뜻밖이지만, 지엄하신 황제가 배가 고프다는데 왜 다른 좋은 음식 다 놔두고 하필이면 호떡을 구해다가 바쳤을까? 아무리 식사 때가 지났고급하게 떠나느라 아무것도 먹지 못했다 하더라도 궁궐에서 불과 60리쯤 왔을 뿐이다. 가마를 타고 이동하느라 천천히 움직였다고 해도 길 떠난 지 네다섯 시간 정도 왔을 뿐인데 황제에게 시장 호떡을 바쳤다는 게 무슨 말일까?

당시 호떡은 지금 우리가 생각하는 것처럼 서민들의 군것질거리나 값싼 길거리 음식이 아니었다. 양국충이 구해온 호떡은 황제 일행이 먹기에 전혀 손색이 없는 고급 음식이었던 것이다.

서역에서 전해진 상류층의 별미

흔히 호떡을 우리나라 전통 길거리 음식이나 중국에서 전해진 시장 음식으로 알고 있지만, 호떡의 뿌리는 서역의 중앙아시아다. 우리나라에는 임오군란 이후 개화기 때 한반도로 건너온 화교가 전했다고 하지만 사실은 훨씬 전부터 있었던 음식이다. 조선 중기 이후 여러 문헌에 '호떡胡餅'에 관한 기록이 있고 조선 초기의 기록인 『세종실록』에도 중국에서 호떡을 말할 때 쓰는 표현 중 하나인 '소병燒餅'이란 말이 보인다. 대마도 도주에게 선물로 두 상자를 보냈다고 나오는데, 이 무렵의 호떡은 당시 우리나라에서 귀했던 밀가루로 구운 음식이었으니 지금처럼 길거리 간식이 아니라 상류층의 별미였다.

호떡은 서역풍의 음식인 만큼 이름도 호인胡人들이 먹는 떡이라는 뜻이다. 여기서 호胡는 오랑캐가 아니라 서역에 사는 사람들을 말한다. 지금의 중국 신장 위구르 지역과 우즈베키스탄을 비롯한 중앙아시아, 그리고 아랍 사람을 일컫는 말이다. 이들이 먹었던 음식, 그러니까 오늘날 아랍과 중앙아시아에서 먹는 난이라는 빵이 호떡의 조상쯤 되는 셈인데, 고대의 난인 밀가루 빵이 실크로드를 통해 중국을 거쳐 전해진 것이 지금 우리가 먹는 호떡이다.

호떡이 중국에 전해진 시기는 기원전 2세기 한 무제 때 이후로 본다. 명말청초 때의 학자인 장대(1597~1679)가 쓴 『야항선』이라는 문헌에 따르면 호떡을 김일金日이 만들었다고 나온다. 하지만 중국 역사에서 호떡과 관련해 이야기되는 김일이라는 인물은 없다. 때문에 한 무제가 흉노를 정벌하고 서역과의 교통로를 개척할 때 한나라에 귀화한 흉노족 왕자 김일제金日磾(기원전 134~기원전 86)로 해석하는 것이 일반적이다. 서역에서 역시 호떡이 상류층의 식품이었다는 뜻이다.

한 무제 이후 거의 1800년이 지난 시점에 쓰인 『야항선』의 내용을 어디까지 믿어야 할지는 의문이지만, 호떡이 한나라 때 전해진 것만은 분명하다. 후한 때 학자인 유희의 한자풀이 사전인 『석명』에도 호떡이 보이기 때문이다. 한 무제가 실크로드로 통하는 교역로를 개척한 이후 서역의 밀이 대량으로 전해질 때 서역의 밀가루 음식인 호떡도 함께 들어온 것으로 보인다.

밀가루와 함께 전해진 서역의 조리법

𑅱𑅱𑅱𑅱𑅱𑅱

호떡이 전해지면서 중원의 상류층에서는 오랫동안 호떡 열풍이 불었다. 한나라 제12대 황제인 영제는 무능하기 짝이 없는 데다 우매하고 방탕하기까지 했다. 신하의 말은 무시하고 내시인 환관들의 말만 들어 한나라 말기 환관 정치의 막을 열었다. 황건적의 난에 이어 조조, 유비, 손권의 삼국 시대가 시작되는 빌미를 제공한 황제가 바로 영제다.

영제는 호떡에 홀딱 빠져서 매일 호떡만 먹다시피 하며 살았다. 『후한서』「오행지」에는 영제가 서역의 풍속을 좋아해서 서역의 옷을 입고 서역의 음식을 먹으며 서역의 음악과 춤에 빠져 지냈으며, 황실의 친척과 장안의 귀인들이 모두 황제의 모습을 따랐다고 나온다. 서역에서는 양고기를 비롯한 다양한 밀가루 음식을 먹었는데 그 중심에 있는 것이 온갖 종류의 호병, 즉 호떡이었다.

중원에 분 호떡 열풍은 한나라를 거쳐 삼국 시대와 위진남북조 시대를 지나 당나라 때까지 이어졌으니 무려 900년이 넘는 기나긴 세월 동안 지속됐다. 『구당서』에는 8세기 당 현종 때의 연호인 개원開元 이래 궁중에서는 언제나 서역의 음악을 연주했고 귀인을 받아 요리를 대접할 때는 서역의 음식을 차렸으며 사대부와 부녀자들이 모두 서역의 옷을 입었다고 기록되어 있다.

앞서 이야기한 것처럼 현종과 양귀비도 호떡을 먹었지만 양귀비의 슬픈 사랑을 노래한 당나라 시인 백거이(772~846) 역시 호떡을 좋아했으니, 9세기 당나라 상류 사회의 호떡 사랑은 여전히 변함이 없었다. 백거이는 친구인 양만주에게 「호떡을 보낸다」라는 시를 남겼는데 이 시 한편을 통해서도 당나라에서 호떡이 얼마나 발달했는지를 짐작할 수 있다.

"참깨 호떡은 장안풍으로 만든 것이지, 화덕에서 갓 꺼내 바삭하게 구워진 맛이 향기롭다/ 먹고 싶어하는 양대사大使에게 보내니, 고향인 보흥에서 맛본 것과 비슷한지 보시구려."

양만주는 백거이가 어렸을 때 사귀었던 고향 친구로 백거이가 충주 자사로 있을 때 양주 자사를 지냈던 인물이다. 밀가루 반죽에 기름을 칠한 후 참깨를 박아 화덕에서 바삭하게 구운 호떡. 지금 봐도 먹음직스럽게 느껴진다.

중국식 호떡을 먹어본 사람은 잘 알겠지만, 호떡은 직접 불에서 굽는 방식이 아니라 화덕에서 곁불을 쪼이면서 굽는 방식이다. 한자로는 불에 직접 굽는 소燒와 곁불에 쪼이는 고烤를 결합한 방식이다. 중원의 전통적인 조리법인 뜨겁게 달군 조리기구 위에서 음식을 지지는 낙烙이나 북방의 숯불구이인 적炙과는 또 다르다.

한나라 때 중원에서는 주로 끓는 물에 넣어 익히거나烹 지지는烙 요리법이 중심이 됐다고 한다. 만두蒸餠를 요리할 때처럼 찌는蒸 요리법도 있었지만 아직 널리 퍼지지는 않았을 때였다. 이때 서역에서 수입품인 밀가루와 함께 서역의 선진 조리법이 전해졌고, 호떡은 이런 서역의 조리법으로 만들어진 대표적 음식이었으니 오랜 세월 중원의 상류층에게 사랑받을 수 있었던 것이다.

또 한 가지, 실크로드가 열린 이후에는 서역의 문명과 문화가 중원보다 앞섰거나 최소한 뒤지지 않았음을 알 수 있다. 그러니 중국이 1000년에 가까운 긴 세월 동안 음식 문화에서뿐만 아니라 여러 측면에서 호풍胡風에 빠졌을 것이다. 더불어 남북조 시대에 중원의 상당 부분은 북방 유목민이 차지한 데다, 당나라 개국 황제인 고조 이연의 핏줄에서 알 수 있듯이 당 황실의 절반은 북방 유목민인 선비족이었으니, 서역의 바람이 잦아들지 않은 것은 어쩌면 당연했을지도 모른다.

두부는 누가 만들었을까

마찬가지로 두부의 유래를 살펴보면 서역의 문화가 어떤 식으로 영향을 끼쳤는지를 짐작할 수 있다. 흔히들 가장 완벽한 식품이라고 일컬어지는 두부. 두부는 누가, 언제, 어떻게 만들었을까? 두부의 기원에 대해서는 여러 설이 있다. 대표적인 것이 중국 한나라 때 회남왕 유안(기원전 179?~기원전 122)이 발명했다는 설이다.

유안은 항우와의 싸움에서 이긴 후 한나라를 세운 한고조 유방의 손자다. 기원전 164년, 현재 중국의 안후이성 일대인 회남왕으로 책봉이 되지만 훗날 역모에 연루된 것이 발각돼 자살한다. 정치적으로는 불운했지만 학식이 뛰어난 도교의 사상가였던 만큼 많은 사람으로부터 존경을 받았고 특히 도교 수련생들이 그를 많이 따랐다.

유안의 두부 발명 이야기는 여기서 시작된다. 신선이 되기를 꿈꾸던 유안은 늙지 않는 불로장생약을 개발하려고 전국의 도사를 불러 모은다. 그중에서 내공이 있는 여덟 명의 도사와 함께 팔공산에서 단경丹經을 읽으며 도를 깨우치는 단련을 시작한다. 팔공산 샘물로 아침마다 콩을 갈아 콩국을 마시며 도를 닦았는데 어느 날 콩국에 소금을 넣었더니 콩국이 부드럽게 굳었다. 이것이 최초로 만들어진 두부다. 명나라 이시진의『본초강목』을 비롯해 중국과 조선의 각종 문헌에 나오는 유안의 두부 발명 이야기다. 그런데 옛 문헌의 기록처럼 정말로 유안이 두부를 발명했을까?

실제로는 발명은커녕 두부를 구경조차 하지 못했을 것이라는 게 학계의 중론이다. 한나라가 멸망하고 한참 뒤에야 두부가 만들어졌다고 보기 때문이다. 현존하는 기록 중 유안이 두부를 처음 만들었다고 나오는 최초의 문헌은 6세기 초반인 남조 시대 양나라 때 사작이 쓴『송습유록』이다. 이전에는 두부 만드는 법이 전해지지 않았으나 한나라 회남왕 때 두부 제조법이 세상에 알려졌다고 하여 회남왕 유안을 두부 발명가로 본다.

그다음 기록은 12세기 송나라 때 주자(1130~1200)가 쓴 시다. "일찍이 회남왕이 두부 만드는 기술을 알았다." 이 이야기를 명나라 때 의학서인『본초강목』에서 재인용하면서 이후부터 회남왕이 두부를 만들었다는 유안의 두부 발명설이 굳어진다.

그런데 두부를 발명했다는 유안은 기원전 122년에 사망했다. 최초의 기록인『송습유록』은 6세기 때 서적이다. 최소 700년의 시차가 있다. 그다음 유안의 두부 발명을 거론한 주자는 12세기 때 인물이니 『송습유록』의 저자인 사작과는 600년, 유안과는 1300년의 시간적 간극이 있다. 유안의 두부 발명설을 액면 그대로 받아들이기 힘든 이유 중 하나다.

일반적으로 두부는 5~6세기 남북조 시대 때 만들기 시작해 당나라 무렵에 제조 기술이 획기적으로 발전했으며 송나라 때는 일반인에게도 보급이 된 것으로 본다. 그러니까 회남왕 유안이 두부를 발명했다는 이야기는 사람들이 두부를 많이 먹기 시작했을 때부터 퍼지기 시작한 것으로, 이 무렵 이야기가 창작되고 무비판적으로 인용되면서 유안의 두부 발명이 정설처럼 굳어졌다고 보는 학자도 있다.

일각에서는 실제로 두부가 한나라 때 만들어졌다고 보기도 한다. 다만 기원전 2세기 전한 시대의 유안이 발명한 것이 아니라 기원후 3세기 무렵 후한 말기 때 이미 두부가 있었다고 본다. 허난성 밀현이라는 곳에서 후한 말기의 묘비가 발견되었는데 거기에 두부로 추정되는 음식 만드는 법이 적혀 있다는 것을 근거로 삼는다. 하지만 그 음식이 실제로 두부인지는 명확하지 않기에 중국 학계에서는 하나의 설로만 받아들이고 있다.

치즈 대신 두부

回回回回回回

회남왕 유안이 두부를 발명한 것이 아니라면, 그렇다면 두부는 어떻게 만들어진 것일까? 적지 않은 역사학자들이 두부는 개인의 발명품이 아니라 실크로드를 따라서 자연스럽게 만들어진 식품으로 보고 있다. 문화가 교류하는 과정에서 두부가 만들어졌을 거라는 해석이다.

과거 중국에 서역의 복장, 음식, 문화가 유행하는 호풍이 불었다고 하지만, 실크로드를 타고 전해진 음식을 맛보고 즐긴다는 것이 왕족과 귀족, 부자들이라고 해서 결코 쉬운 일은 아니었다. 워낙 귀하고 비쌌기 때문이다.

당시 중국인들이 빠졌던 음식은 중원에서 맛보지 못했던 후추나 호두, 상추나 시금치 같은 낯선 향신료와 채소, 그리고 호떡과 양고기 같은 것이었다. 그중에서도 특히 열광적으로 좋아했던 식품이 초원의 유목민들이 즐겨 먹는 치즈와 버터 같은 유제품이었다.

낙농 제품을 얼마나 좋아했는지, 북조 시대의 역사를 기록한 『북사』에는 6세기 말 수나라 문제가 유제품을 구해서 바친 삼장三藏이라는 장군에게 비단 100필을 하사했다는 내용이 나온다. 그 당시 바쳤다는 유제품은 제호醍醐라는 낙농 제품으로 우유를 원료로 만드는 음식인데, 지금의 요구르트 혹은 치즈나 버터 비슷한 식품인 듯하다.

당나라 역사를 기록한 『당서』에도 현종이 손님을 대접할 때면 서역의 유제품을 내놓았다고 전해지는데, 치즈와 버터 종류였을 것으로 추정된다. 남북조 시대에는 중원의 선비들이 양쯔강 이남 지역으로 여행을 갈 때 반드시 챙겼던 선물 중 하나가 강남에서는 쉽게 구할 수 없는 낙농 제품이었다고 한다. 이를 통해 당시 유제품을 얼마나 귀하게 여겼는지 어렵지 않게 짐작할 수 있다.

그만큼 유제품은 값나가는 식품이었기에, 언제까지 실크로드를 통해 비단이나 도자기처럼 비싼 귀중품을 주고 수입할 수는 없었을 것이다. 이런 이유로 서역의 맛있는 낙농 제품을 대체할 식품을 찾기 위해 끊임없는 노력을 기울였는데, 음식사학자와 중국 과학사 연구자 중 일부는 그렇게 해서 만들어진 음식이 두부였을 것으로 본다.

치즈는 한자로 '내락奶酪'이라고 하는데 '락酪'은 소젖이나 양젖 혹은 말젖이 굳어서 말랑말랑해진 상태를 나타내는 글자다. 치즈를 또 다른 말로는 '유부乳腐'라고도 한다. 여기서 '부腐'는 썩었다는 뜻이 아니라 연하고 말랑말랑해진 상태를 말한다. 액체 상태인 동물의 젖乳이 연하게 굳어진腐 식품이 바로 유부인 것이다.

지배층을 중심으로 낙농 제품의 수요가 크게 늘었지만 농경민족인 중국의 한족들에게는 수요를 충족시킬 만큼의 유부를 만들 수 있는 소젖이나 양젖이 충분하지 않았다. 대체품으로 개발한 것이 콩젖, 그러니까 콩국인 두유를 이용해 치즈처럼 말랑말랑하게 만든 두부라는 주장이다.

이쯤에서 유안의 두부 발명설에 대해 다시 생각해볼 필요가 있다. 이가 없으면 잇몸으로 대신한다는 말처럼 동물성 단백질이 귀했던 시절, 우유나 양젖이 없어 치즈를 만들지 못하는 상황에서 값싸고 흔한 콩으로 만들어낸 것이 바로 두부다. 이렇게 동물 젖으로 만드는 치즈 대신 콩국물로 두부를 만든 것은 분명 중국의 힘이자 저력이다. 외국 자본과 기술로 지금의 중국을 만들어낸 것과 크게 다르지 않다.

 하지만 두부가 완성되자 중국인들은 두부가 회남왕 유안의 발명품이라고 주장하기 시작했다. 이런 주장에는 언제나 중국, 그리고 한족이 중심이 되어야 한다는 중화주의의 오만이 깔려 있는 게 아닐까 싶다. 또 다른 한 가지는 중국인 특유의 허세다. 회남왕 발명설은 남송 시대에 나왔다. 바로 한족이 북방 유목민에게 쫓겨 남쪽으로 밀려갔을 때다. 이는 서역의 영향을 애써 부인하려는 중국인들의 허세인 것은 아닐까?

중국 역사를 보면 대부분 흉노를 비롯한 북방 유목민은 거친 오랑캐일 뿐이고 그들이 살았던 서역 역시 사막의 황폐한 야만의 땅으로 그려진다. 무력만 강했을 뿐 문화는 발달하지 못한 민족이었기에 문물이 중원에서 서역으로 한 방향으로만 전해진 것처럼 이야기한다. 음식 문화 또한 마찬가지다. 하지만 실제로 서역이 중원에 비해 문화적으로 뒤처진 지역이었을까? 오히려 당나라 이전까지는 실크로드를 통해 서역의 앞선 문물이 중원으로 전해진 것이 더 많다고 볼 수 있다. 호떡과 두부로 대표되는 음식 문화야말로 오랜 세월에 걸쳐 이뤄진 한족의 역사 왜곡 사례일 수 있다.

동서 교류가 만들어낸 소주, 배갈

세계 역사상 가장 거대한 제국을 건설했던 나라는 몽골 제국이다. 13세기부터 시작해 14세기 중반까지 아시아와 유럽에 걸쳐 광대한 영토를 차지했던 연합국이다. 몽골 제국이 역사에 남긴 영향은 이루 다 헤아릴 수 없을 정도로 다양하다. 그중에서도 서양 천문학과 지리학, 동양의 기독교 전파와 중국의 종이, 화약, 나침반의 서양 전파 등 아시아와 유럽을 잇는 동서 문물 교류를 빼놓을 수 없다. 널리 알려진 거창한 문화유산 이외에도 우리가 사용하는 언어와 먹는 음식에 이르기까지, 몽골 제국이 남긴 흔적은 아직까지도 일상생활에 고스란히 남아 있다.

예를 들어 우리말 '한참'의 어원에서도 몽골 제국의 영향을 찾을 수 있다. 사전적 정의는 '시간이 상당히 지나는 동안'이지만, 그 어원은 원나라의 역참 제도로, 역참과 역참 사이의 거리에서 비롯된 말이다. 역참은 빠른 교통이나 통신을 위해 가축을 키우고 관리하면서 사람과 가축이 쉴 수 있도록 마련된 숙박 시설로, 몽골 제국 교통망의 근간이다. 우리나라 대표 증류주인 소주와 중국술인 백주는 물론 미국의 햄버거, 홍콩의 딤섬 역시 몽골 제국, 특히 역참 제도와 직간접적으로 관련이 있다.

문화 교류의 기반이 된 원나라의 역참 제도

몽골 제국이 역사에 남긴 가장 큰 업적은 동서 문화의 교류라고 할 수 있는데 그 배경에는 유라시아의 광활한 영토를 거미줄처럼 연결한 역참 제도가 있다. 그 네트워크는 얼마나 짜임새가 있었으며 어떤 파급 효과를 가져왔을까?

몽골 제국은 일정한 지역마다 역참을 설치해 그곳에 사람과 말을 함께 두고, 전해진 소식을 다시 다른 이웃 역참에 전하도록 했다. 육상 교통 통신로인 육참陸站뿐만 아니라 수상 교통로인 수참水站도 있었는데, 수참은 선박을 통해 교통하고 통신하는 운송체제였다. 육참은 주로 가축을 활용했는데 가축 형태에 따라 말을 이용한 마참, 소를 이용한 우참, 당나귀를 둔 여참, 노새의 나참, 양의 양참, 개를 둔 구참 등이 있었다. 북방의 눈이 많은 곳에서는 개를 운송 수단으로 삼은 구참을, 고원의 산간 지방에서는 노새와 당나귀를 둔 나참과 여참을 활용했다고 하니, 현지 상황까지 고려한 얼마나 효율적인 교통 체제였는지를 짐작할 수 있다.

역참 제도는 칭기즈칸(1167?~1227)의 뒤를 이은 오고타이칸 (1185~1241)이 체계적으로 정비했고 이어 중원을 차지해 원 세조가 된 쿠빌라이칸(1215~1294)이 역참 조례를 발표하면서 완비됐다고 하는데, 이는 몽골 제국을 공간적·시간적으로 연결했고 군사와 경제의 물류 체제를 구축하는 기반이 됐다.

역참 제도가 유라시아 대륙 전체를 꼼꼼하게 연결했다고 하지만 몽골 제국 전역에 얼마나 많은 역참이 건설되었는지를 종합적으로 알려주는 자료는 없다. 전체를 파악할 수 있는 자료가 남아 있지 않기 때문이다. 다만 원나라에는 역참이 약 1500여 개소, 역참에 배치된 말과 노새가 5만 마리, 소가 9000마리, 수레가 4000량, 배가 6000척 규모로 파악되니 그 제도가 얼마나 치밀하게 짜여 있었는지 짐작할 수 있다.

하지만 이는 일괄적으로 파악된 숫자가 아니라 원나라 법률 제도에 관한 공문서를 수집해 편찬한『경세대전』을 토대로 집계한 자료다.『경세대전』역시 명나라 중기 이후 거의 흩어져 없어졌고 그 일부를『영락대전』등에서 엿볼 수 있는 정도다.

『경세대전』중에서 몽골어로 역참을 뜻하는 '참치站赤' 조항에 의하면 원나라 역참은 동으로는 고려, 동북으로는 지금의 흑룡강 하류인 여진족 방어 초소 눌한奴兒干, 북으로는 키르기스, 서로는 일한국, 남으로는 월남인 안남安南과 미얀마인 면국緬國에까지 뻗어 있다고 한다. 예를 들어 다양한 역참 노선 중에서 만주와 고려를 잇는 노선은 북방의 주요 간선으로 북쪽으로는 흑룡강성, 남쪽으로는 고려 개경(개성)까지 이어지는데, 이 노선에 모두 135개의 역참이 있고 노선에서 관리하는 역마가 6515필, 수레가 2621량, 소가 5259두, 개가 3000마리였다.

몽골 제국의 역참은 당시 몽골 제국을 방문한 유럽인에게도 깊은 인상을 심어줬다. 마르코 폴로(1254~1324)는 『동방견문록』에서 역참을 '얌jamb'이라고 부르면서 도로를 따라 30킬로미터에 하나씩 설치됐으며, 전령사들이 사용하는 이런 숙소station는 크고 멋진 건물인데 방마다 좋은 침대가 있고 원하는 것을 구할 수 있을 뿐만 아니라 왕이 와서 이용하더라도 좋은 숙박 시설이라 할 거라고 소개했다. 일부 숙소는 400마리의 말을 이용할 수 있다고 했다. 도로를 벗어난 초원이나 사막에도 숙소가 있는데 이런 곳은 역찬과 역참 사이의 거리가 60킬로미터에 이른다고 적었다.

중국에도 역참 제도와 비슷한 역원 제도가 과거부터 있었다. 하지만 역원 제도는 사신과 관리들의 이동에 주로 활용됐던 수준에 불과했다. 이와 달리 몽골 제국의 역참 제도는 그 규모가 방대하고 촘촘할 뿐만 아니라 물자와 인력의 운송까지 담당하는 포괄적 운송 체제였다.

사실 유목을 하던 몽골인은 농경민족으로부터 물자를 사야 했다. 직물과 생필품을 모두 외국에서 구입해야 했기에 역참 제도는 단지 군사적 목적이나 통신 수단뿐만 아니라 경제 활동의 근간이 됐다. 당연히 몽골 제국과 원나라는 역참 제도를 통해 상업이 발달할 수밖에 없었다. 그렇다면 역참 제도에 따른 상업 발달은 원나라에 어떤 영향을 미쳤을까? 그 파급 효과를 단적으로 엿볼 수 있는 것 중 하나가 원나라 때의 증류주인 소주다.

사치 금지 품목, 소주

한반도에 증류주인 소주가 처음 전해진 것은 고려 말인 14세기 후반으로 추정된다. 『고려사』에 우왕 원년인 1375년에 처음으로 소주라는 술이 보인다는 기록이 있다. 우왕은 즉위하던 해 2월, 교서를 내렸다. 요즘 사람들이 검소함을 알지 못하고 사치스럽게 낭비하며 재물을 함부로 쓰고 있으니 지금부터는 소주와 화려한 수를 놓은 비단, 금이나 옥으로 만든 그릇 등의 물건 모두 사용을 금지한다는 내용이었다. 그러면서 비록 혼인을 하는 집이라도 명주와 모시만 사용하여 사치를 금하고 근검절약하는 풍속을 만들라는 메시지를 전했다.

그러니 우리나라에서 소주를 마시기 시작한 시기는 14세기 후반이고, 또 사치 풍조를 막기 위해 비단과 금, 옥의 사용을 금지할 때 소주도 항목에 포함됐으니 당시 소주가 매우 고가였음을 짐작할 수 있다.

소주는 우리나라에서 독자적으로 개발한 술이 아니다. 세계적으로 소주를 비롯한 증류는 아랍에서 만들어져 전 세계로 퍼졌는데 아시아의 동쪽 끝에 위치한 우리나라에는 원나라 때 중국을 거쳐 14세기 중후반에 전해졌다. 그렇다면 중국에서는 소주와 같은 증류주가 언제부터 등장했을까?

중국에서 증류주인 소주, 현대 명칭으로 백주에 대한 기록이 처음 보이는 문헌은 원나라 때의 요리책인 『거가필용사류전집』이다. 저자가 알려져 있지 않은 이 요리책은 원나라 성종 때인 14세기 초에 쓰인 것으로 추정되는데 여기에 '남번소주법南番燒酒法'이 나와 있다. 남쪽 나라의 소주 만드는 법인데 현지에서는 '아리걸阿里乞'이라고 한다고 덧붙였다.

이어 원나라 황실 어의가 1320년 무렵에 집필한 요리책 『음선정요』에 다시 증류주에 관한 기록이 보인다. 좋은 술을 증류시켜 이슬을 거두어 아라길阿剌吉을 만드는데 아라길은 열이 많고 몹시 독하다고 소개했다. 그리고 원나라 말기의 문헌으로 14세기 중반에 편찬된 『지정집』에도 아이기阿爾奇라는 증류주 만드는 법이 적혀 있는데, 이 책에서는 이 술이 서역西域에서 왔으며 지금은 만천하에 퍼져 있다고 소개했다. 또한 명나라 때 의학서인 『본초강목』에는 소주가 옛날 방법이 아닌 새로운 방법으로 만든 술인데 소주 제조법은 원나라 때부터 시작됐다고 나온다.

발효주를 증류해서 만드는 술인 소주에 대한 원과 명나라 문헌을 종합해보면, 아리걸, 아라길, 아이기라고 부르는 술의 제조가 원나라 때부터 시작됐으며 이르면 13세기 말에 중앙아시아인 서역을 통해 전해졌음을 알 수 있다. 문헌에도 서역을 통해 전해졌다고 했을 뿐만 아니라 아라길, 아리걸이라는 이름 자체가 모두 아랍어 '아락^{arak}'을 한자로 음역한 것으로, 아랍어로는 '땀, 이슬^汗'이라는 뜻이다. 소주, 백주 이외에 증류주를 나타내는 또 다른 용어인 '이슬 로^露' 자를 쓰는 노주^{露酒}와 의미가 같다.

13세기 말에 전해진 증류주는 14세기 중반에 이미 중국 전역은 물론 고려에까지 전해졌을 정도로 만천하에 퍼졌다. 또한 원나라 황실의 요리책에 만드는 법이 수록돼 있는 것을 볼 때 소주가 아주 귀한 술이었을 것으로 추정된다.

증류주, 최첨단 기술의 집약체

막걸리, 맥주, 포도주와 같은 발효주가 자연발생적으로 만들어진 것에 비해 증류주를 만들기 위해서는 당시 고도의 과학적 지식이 필요했다. 최초의 증류 기술은 기원전 2000년경 메소포타미아에서 시작됐을 것으로 추정하는데, 목적은 술이 아닌 향수와 향료 제조였던 것으로 보인다.

증류주의 기원에 관해 명확한 근거를 제시하는 학설은 없다. 중국에서 시작됐다는 설도 있고 이탈리아에서 나왔다는 설도 있지만, 보통은 아랍에서 발달해 전 세계로 퍼졌다는 설이 일반적이다. 아랍을 증류 기술 전파의 진원지로 보는 이유는 8세기 이후 아랍 문헌에 알코올의 어원이 된 아랍어 '알코올Al Kohl'이 자주 보이는 데다 이 무렵 아랍에서 연금술이 크게 발달했기 때문이다.

연금술은 흔히 주술적 수단을 이용해 비금속을 황금과 같은 귀금속으로 바꾸는 황당한 기술로 잘못 알려져 있지만, 정확하게는 하나의 물질을 어떤 작용을 통해 다른 물질로 바꾸기 위한 연구다. 일종의 화학반응이라고 할 수 있는데 8~9세기 아랍에서는 이런 연금술 연구가 활발했고, 이를 통해 염산, 황산, 소다 같은 물질이 만들어졌다. 증류주인 알코올 역시 연금술을 통해 개발된 것으로 본다.

알코올의 발전과 관련해 거론되는 인물로는 8세기에 활동했던 자비르 이븐 하이얀(721~815)이 있다. '화학의 아버지'라 불리는 연금술사인 자비르는 증류 실험을 통해 순수한 물질을 얻을 수 있음을 증명한 최초의 학자로 꼽힌다. 그리고 10세기 아랍의 의사 알라지(865?~925?)는 직접 알코올을 만들어낸 의사이자 연금술사로 알려져 있다.

아랍에서 만든 증류주가 동양으로 전해져 중국은 물론 고려에까지 퍼진 것은 14세기 중반 이후로 본다. 그렇다면 증류주가 서쪽으로 전해져 유럽에 퍼진 시기는 언제일까? 유럽에서 증류주에 관한 기록은 13세기 말과 14세기 초에 보인다. 13세기 말 독일인 의사인 알베르투스 마그누스(1193~1280)가 최초로 증류 과정을 명확하게 적은 기록이 있고, 14세기 초 이탈리아에서 활동한 의사이자 연금술사인 아르날두스 드 빌라노바(1240?~1311?)가 수많은 아랍의 의학 서적을 번역하면서 증류주를 '아쿠아 비테Aqua Vitae'라고 불렀다. 아쿠아 비테는 생명의 물이라는 뜻으로 이름을 통해서 당시 유럽에서의 증류주의 지위를 짐작할 수 있다.

유럽에 아랍의 증류주가 소개된 것은 동양과 마찬가지로 13세기 말에서 14세기 초이지만, 널리 퍼지기 시작한 것은 15세기 무렵이다. 처음에는 주로 수도원의 수도승과 연금술사, 의사 사이에서 의료용으로 증류주를 만들었지만 15세기 후반에 이르러 진과 위스키, 브랜디와 같은 증류주를 의료 목적이 아닌 상업용으로 만들기 시작했다.

그렇다면 동양과 서양에서 증류주 제조 기술이 널리 퍼진 시기에 약 1세기의 시차가 생긴 이유는 무엇일까? 정치, 경제, 군사, 문화를 포함해 여러 이유를 꼽을 수 있겠지만 그중 몽골 제국의 역참 제도가 한몫한 것으로 보고 있다. 상업적 교류가 활발해지면서 잘 발달된 아랍의 연금술과 증류 기술이 빠르게 아시아로 전파될 수 있었다는 해석이다.

발효주에 비해 알코올 도수가 훨씬 높은 독주인 증류주의 전파가 무슨 의미가 있을까 싶지만, 당시 증류 기술은 최첨단 화학 기술이었고 고부가가치 산업 기술이었다. 14~15세기 무렵의 증류주는 단순한 술이 아니라 의약품이었기 때문이다.

실제로 『조선왕조실록』에도 단종이 즉위하던 해인 1452년, 부친상을 당해 심신이 허약해진 단종에게 중신들이 "주상께서 나이가 어리시고 혈기가 부족한 데다 날씨가 덥고 무더우니 소주燒酒를 드시라"고 권하는 대목이 보인다. 명나라 때의 『본초강목』에도 소주는 적당량 마시면 한기를 물리치고 습한 기운을 가라앉히며 울적한 기분을 달래준다고 한 것으로 보아 술을 약으로 처방했음을 알 수 있다. 15세기 유럽에서 의사들이 증류주를 개발하고 의약품으로 활용한 것도 같은 이유다.

잘 정비된 몽골의 역참 제도는 소주와 같은 증류주의 발달과 함께 중국 음식 문화에 직간접적으로 상당한 영향을 끼쳤다. 일례로 역참이라는 교통 운송 시스템의 정비로 인해 원나라 수도인 대도(지금의 베이징)는 물론 중국 곳곳에 항저우, 양저우, 푸저우와 같은 거대 상업도시가 발달했고, 주점이라는 숙박업소를 비롯해 요식업이 출현했다. 요식업의 번창은 음식 문화에도 영향을 끼쳐 당나라 때 이후 다시 한 번 차 문화가 꽃피었다. 차와 함께 먹는 다과, 즉 딤섬의 발달 역시 역참 제도와 무관하지 않다. 또한 원나라 음식이 몽골 이외에 한족, 여진, 서역, 인도, 아랍, 터키의 음식 문화와 합쳐지면서 다양해진 것역시 빼놓을 수 없다.

정화함대와 명나라의
후추 무역

15세기부터 향신료 무역이 직접적인 동기가 되어 시작된 대항해 시대의 중심에는 후추가 있었다. 1492년 콜럼버스(1451~1506)의 아메리카 대륙 도착, 1498년 바스쿠 다가마(1469?~1524)가 아프리카 남단 희망봉을 돌아 인도에 이른 인도 항로의 발견, 1519년 스페인을 출발해 필리핀을 찍고 1522년 스페인으로 되돌아온 마젤란의 세계 일주가 모두 값비싼 후추를 비롯해 다양한 향신료를 찾아 떠났던 새로운 항로 개척 여행이었다.

그 결과 세상이 바뀌었다. 아메리카, 아프리카, 아시아가 유럽의 식민지가 됐고 근대 이후 현대까지 유럽 중심의 세계가 만들어졌다. 후추가 유럽 역사, 나아가 세계사를 바꾸어놓았는데, 그렇다면 동양에서는 후추가 어떤 역할을 했을까? 유럽인들이 당시 최고의 고부가가치 상품인 후추를 확보하기 위해 혈안이었을 때 동양에서는 어떤 일이 일어나고 있었을까?

동양, 특히 중국에서 후추가 서양 못지않게 귀하고 비싼 것은 마찬가지였고, 후추에 대한 열광 역시 서양보다 더하면 더했지 덜하지는 않았다. 그렇기에 중국에서도 15세기에 후추를 찾아 대항해를 했었고 후추를 비롯한 대량의 향신료를 확보했다.

그 결과 후추 덕분에 건국 초기의 명나라가 안정적 기반을 다질 수 있었지만, 후추로 인한 권력 다툼 때문에 나라가 도리어 쇠약해졌다. 동양에서도 후추는 역사를 바꾸는 역할을 한 것이다.

정화함대가 서쪽 바다로 떠난 이유

주원장이 1368년 명나라를 세운 후 30년이 지난 1398년, 태조 주원장의 손자인 건문제가 제2대 황제에 즉위했다. 이때 명 태조 주원장의 넷째 아들이며 건문제의 삼촌인 주체는 지금의 베이징 지역을 다스리는 연왕燕王이었다. 건문제는 황제에 오른 후 각 지역을 다스리는 왕들의 세력 약화를 시도했는데, 여기에 반발한 연왕이 정난의 변을 일으킨다. 연왕은 1402년 당시 수도였던 난징을 공격해 함락시킨 후 황제의 자리를 빼앗아 영락제가 됐다. 그리고 3년 뒤 환관 정화에게 서쪽으로의 동남아시아 항로 개척을 명령한다.

첫 번째 항해는 1405년 6월에 시작됐다. 정화는 대함선 63척에 병사 2만7800명을 태우고 지금의 베트남과 자바섬, 수마트라섬, 스리랑카, 콜카타를 항해한 끝에 2년 4개월 만에 중국으로 되돌아왔다. 그리고 곧바로 다시 항해를 떠나 1407년, 1409년, 1413년, 1417년, 1421년, 영락제가 죽은 후 인종에 이어 뒤를 이은 선종 황제 때인 1430년까지, 2~4년 간격으로 총 일곱 차례에 걸쳐 대항해에 나섰다.

정화함대가 서쪽 바다로 원정을 떠난 배경에 대해서는 여러 설이 있다. 명나라 역사를 기록한 『명사』에서는 이역 땅에 군사를 파견해 중국의 부강함을 과시하기 위이었다고 하고, 또 영락제가 정난의 변을 일으켜 황제가 됐을 때 행방이 묘연해진 건문제가 해외로 망명했다는 설 때문에 건문제를 찾으러 나섰다는 내용도 실려 있다. 물론 정치적으로 그런 목적이 있었을 수도 있겠지만, 최근에는 진짜 이유가 따로 있다고 본다.

1498년에 포르투갈의 바스쿠 다가마가 인도에 이르는 항로를 찾아 동방원정을 떠난 배경을 알려면 당시 유럽의 정치, 경제 상황을 이해해야 하는 것처럼, 1405년 정화의 대항해를 알기 위해서는 당시 중국 경제에 대한 약간의 배경지식이 필요하다.

정화함대가 첫 원정을 떠난 해는 명나라가 새롭게 건국된 지 37년째 되던 해다. 그 사이에 영락제가 건문제를 몰아내고 황제 자리를 빼앗는 내전이 있었고, 그 결과 수도를 난징에서 베이징으로 천도한다. 『명사』의 기록처럼 중국의 부강함을 대내외에 과시할 여력은 없었을 때다.

그렇기에 정화가 대항해를 떠난 이유는 정치적인 목적보다 경제적인 목적이 컸던 것으로 보인다. 명나라의 대외 무역 확대와 향료 무역을 통해 건국 초기인 명나라의 재정을 안정시키고, 당시 심각했던 인플레이션을 막기 위해 정화함대를 출범시켰다는 해석이다.

명을 건국한 후 주원장은 화폐 경제 제도를 도입한다. 나라를 세운 지 8년이 지난 1375년에 지폐인 대명보초를 발행했는데, 대명보초 1관ᄤ이 백은 1냥이었다. 그러니까 발행 당시에는 대명보초 1000관이면 백은 1000냥이나 금 250냥과 교환할 수 있었다.

그런데 1402년 영락제가 황제가 됐을 때는 대명보초의 화폐 가치가 크게 떨어져 1000관이 백은 12냥, 금 2.5냥으로, 발행 당시에 비해 무려 100배가 넘게 하락했다. 지금으로 치면 최초의 지폐 발행 후 30년이 채 안 돼서 물가가 100배나 뛰는 극심한 인플레이션에 시달렸던 것이다.

향신료로 극복한 경제 위기

이렇게 어마어마한 물가 상승을 막는 데 기여한 것 중 하나가 향신료였다. 명나라 조정에서는 동남아시아 각국의 사신들이 가지고 온 향신료를 구입해 이를 팔아서 초기의 화폐 가치 하락과 통화 팽창을 막았다.

명나라 때 중국의 무역은 조공 무역이었다. 흔히 조공 무역은 주변의 약소국이 중국에 특산물을 갖다 바치는 형태로 생각하지만, 이는 사실과 다르다. 중국 입장에서 조공은 적자 무역이었다. 조공으로 들어오는 물품보다 황제가 내주는 물품이 많아 수지가 맞지 않았다.

공식적으로는 그렇지만 실제로 그렇게 간단하게 이야기할 수 있는 문제는 아니었다. 사신들이 가져오는 물품은 공식적인 조공 물품 이외에 국왕의 별첨 품목, 사신이 스스로 가져온 물품, 그리고 기타 품목으로 구성되어 있었다. 이중에서 황제가 적자를 보는 공식 조공 물품보다 나머지 물량이 보통 10배 정도 더 많았다고 한다.

명나라 조정은 관청을 통해 이들 물품을 수매했는데 시장 가격보다 낮은 가격으로 사들이고 팔 때는 비싸게 팔아 막대한 이익을 남겼다. 후추를 예로 들자면 조공 무역으로 들어올 때의 후추 가격은 판매 가격의 50분의 1에 불과했으니, 명나라 조정이 사신과 국민을 상대로 50배가 넘는 장사를 했던 것이다. 나라 전체의 무역 수지는 적자여도 정부는 이익을 보는 구조였다. 영락제가 정화함대를 해외로 파견해 후추를 비롯한 향신료를 대량 구입하고, 또 명나라에 대한 조공 무역을 권유해 사신을 불러들이는 이중 전략을 쓴 것도 국내의 재정 위기를 타개하기 위함이었던 것으로 보인다.

정화는 무역 품목으로 당시 중국에서 생산되던 비단과 도자기를 갖고 나가, 향신료와 보석, 상아 등 다량의 사치품을 들여왔다. 그중에서도 가장 많은 비중을 차지했던 품목이 후추와 소목蘇木이라는 열대성 향신료였다. 15세기 이전까지 중국에서 후추는 서양 못지않게 귀하고 값비싼 향신료였지만, 정화함대를 통해 후추가 대량으로 들어오면서 영락제 이후에는 주체하지 못할 정도로 창고에 후추가 가득 찼다고 한다.

명나라 조정은 이에 따라 화폐 가치 하락으로 인한 물가 상승을 막기 위해, 지폐인 대명보초로 관원의 봉급을 지급하는 것을 줄이고 대신 정화가 대량으로 들여온 향신료로 봉급을 지급했다. 영락 20년인 1422년부터 문무관원의 봉급을 후추와 소목으로 지불하기 시작해 여름에는 화폐를 주고 겨울에는 후추와 소목 등을 줬다. 비율도 정해져 있어서 5품 이상은 70퍼센트, 5품 이하는 60퍼센트가 후추였다. 처음에는 베이징의 관원들에게만 지급하던 것이 1436년에는 군인들에게도 후추로 지불할 정도로 확대됐다. 그러다 정화함대의 항해가 중단된 후 38년이 지난 1471년 무렵, 창고에 보관된 후추가 부족해지면서 현물 지급이 정지됐다. 거의 50년 넘게 후추 등의 향신료로 재정을 유지했던 것이다.

정화함대가 가져온 후추는 이렇게 명나라 초기에 국가 재정을 든든히 다지는 데 엄청난 기여를 했다. 우선 후추가 화폐를 대신함으로써 지폐인 대명보초의 가치 하락으로 치솟는 물가를 잡았다. 그뿐만 아니라 영락제 연간에 있었던 1406년부터 시작된 자금성 건설, 1409년부터 계속된 북방의 몽골 토벌 전쟁, 그리고 남방의 윈난 토벌 및 월남 정벌 전쟁 등 여러 차례의 대규모 군사 행동에도 불구하고, 건국 초기의 명나라가 국가적인 재정 위기를 겪지 않은 데는 정화가 가져온 후추를 비롯한 값비싼 향신료가 큰 몫을 했다.

명나라의 쇠퇴를 불러온 후추

명나라의 기틀을 다지는 데 후추가 적지 않은 기여를 했지만, 동시에 명나라는 결국 후추로 인해 쇠퇴의 길을 걸었다. 후추가 환관과 관료의 갈등을 가져오고 당쟁의 계기가 되었던 것이다. 역시 정화함대에서 그 과정을 엿볼 수 있다. 명나라의 국력을 대내외에 과시했을 뿐만 아니라 엄청난 부를 창출한 정화함대는 1433년 일곱 번째 항해를 끝으로 중단됐다. 그 이유가 무엇이었을까?

정화함대의 항해 중단 배경에 대해서는 논란이 많지만, 정치사와 경제사적 측면에서 환관과 관료 세력의 대립이라는 시각으로 해석하는 견해도 있다. 넓은 의미에서는 대외 무역의 이권과 그에 따른 권력을 놓고 환관과 관료가 대립한 결과로 보고, 좁은 의미에서 정화를 비롯해 환관이 주도하는 관방 무역과 상인과 관리가 손을 잡은 사무역의 대립이 만든 결과라고 해석한다.

먼저 정화함대의 원정 초기에 값비싼 후추가 대량으로 들어오면서 국고 수입이 늘어나고 재정이 건실해진 것과 달리 거듭되는 원정과 계속 유입되는 후추로 인해 시장에 혼란이 생겼다. 예컨대 명 태조 주원장의 시대인 홍무 연간(1368~1398)에는 후추가 귀중한 진품이었고 가격도 비싸 100근에 백은 20냥이었던 데 반해, 정화함대의 7차 원정이 있었던 선종 때인 선덕 연간(1426~1435)에는 후추 100근이 백은 5냥으로 가격이 이전에 비해 4분의 1 수준으로 떨어졌다.

부자들의 향신료였던 후추가 이제는 일반 백성이 쓰는 일상용품이 된 것인데, 소비 측면에서는 바람직할 수도 있겠지만 문제는 이 무렵 관리의 급료를 후추로 지급했다는 데 있다. 쉽게 말해 후추 가격의 하락으로 앉은 자리에서 공무원 월급이 4분의 1로 줄어든 것이니 관료 사회의 반발이 심해질 수밖에 없었다.

또 정화함대는 해군이면서 정부 무역선이었으니 원정으로 인해 생기는 이익은 전부 국고로 들어갔다. 국가에는 이익이었지만 전통적인 무역 상인들에게는 돌아오는 것이 없었다. 대외 무역으로 번성한 것은 관방 무역이었을 뿐 오히려 민간 차원의 사무역은 통제를 받았기 때문이다. 이에 반발한 무역 상인들은 월급 대신 현물로 후추를 지급받아 직접적인 피해를 본 관료들과 결탁해서 목소리를 높였다.

정치적으로 보자면, 정화함대로 대표되는 관방 무역의 주도권을 정화를 비롯한 환관들이 장악했기에 환관들의 군사적·재정적 세력 확대에 대한 관료 계층의 견제도 작용했다. 그로 인해 정화함대를 출범시킨 영락제가 살아 있을 때는 목소리가 크지 않았던 국가 무역 독점을 반대하는 여론이 영락제 사후 힘을 얻기 시작했다. 결국 1430년 선종 때 소규모의 7차 항해를 마지막으로 정화함대의 장거리 원정 항해가 끝난 배경에는 이렇게 환관과 관료의 권력 및 이권 투쟁도 포함되어 있었다.

지구 한 바퀴 돌아 중국까지

영락제가 정화함대를 파견해 후추 확보에 열을 올렸던 것은 명나라 이전까지 중국을 포함한 동아시아에서도 후추가 엄청난 귀중품이었기 때문이다. 후추가 처음 중국에 전해진 시기는 서양에 비해서 한참 늦은 5~6세기 남북조 시대로 보는 게 일반적이다. 물론 문헌상으로 후추라는 이름이 처음 보이는 것은 훨씬 이전이다.『후한서』「서역전」에 후추에 관한 기록이 실려 있는데,『후한서』는 5세기 초 남조 송나라의 역사가 범엽(398~445)이 25년 광무제부터 220년 헌제 때까지 후한 196년의 역사를 기록한 책이다.

여기에서 그는 서역에 있는 천축국을 소개한다. 이 나라는 서쪽으로 대진大秦과 통하는데 대진에는 진귀한 물건이 많다면서 질 좋은 양탄자와 갖가지 향료, 벌꿀과 후추, 생강, 검은 소금 등이 나온다고 했다. 천축은 알고 있는 것처럼 인도의 옛 이름이고 천축과 교역한다는 서쪽의 대진은 한나라 때 로마를 일컫는 이름이다.

기록만 보면 후한 시대에 대진에 있다는 후추가 천축을 거쳐 한나라로 전해졌는지 여부는 알 수 없다. 다만 중국에서는 후한 시대에 후추의 존재를 알았고 후추를 서역, 그것도 멀고 먼 로마에서 나오는 진귀한 특산물로 여겼다는 사실은 확인할 수 있다. 로마는 물론이고 고대 그리스 시대 이전부터 퍼졌던 것에 비해, 중국에서는 후추의 존재가 상당히 늦게 알려진 셈이다.

후추가 본격적으로 전해진 시기를 5세기 이후 남북조 시대로 추정하는 것은『후한서』이전 후추에 대한 기록이 거의 보이지 않다가 이 무렵 역사서에 후추에 대한 이야기가 집중적으로 등장하기 때문이다.

예를 들어 당나라 때 서위와 북주의 역사를 기록한『주서』「이역전異域傳」, 북위에서부터 수나라까지 북조 여섯 왕조의 역사를 기록한『북사』「서역전」, 북위의 역사를 적은『위서』「서역전」, 그리고 수나라와 당나라의 역사책인『수서』와『구당서』「서역전」, 당나라 때 역대 왕조의 정치 제도를 적은『통전』과 백과사전류인『유양잡조』 등에 후추 이야기가 나온다. 생소한 역사책 이름을 잔뜩 나열한 이유는 후추 산지에 대한 기록 때문이다. 남북조 시대 이후 역사책에도 하나같이 후추는 서역에서 나온다고 실려 있다.

후추 산지는 인도 남서부와 말레이시아, 인도네시아 등의 동남아시아 일대다. 동남아시아 여러 곳에서 나온 후추가 인도 남서부 케랄라Kerala주로 모인 후 해상 실크로드를 타고 서양으로 전해졌다.

그런데 중국 역사서에서 후추가 나온다고 말한 서역은 지금의 중국 서북부 신장 지역을 포함한 중앙아시아와 그 서쪽이다. 물론 서역에는 천축도 포함되어 있지만 당시의 천축은 주로 파미르고원 아래 지역인 인도 동북부, 멀게 봐도 인도 중부 지역이다. 후추의 산지인 서남부까지는 거리상 한참 떨어져 있다. 그럼에도 중국 역사서에서는 후추의 산지를 서역으로 봤고 더욱 흥미로운 것은 서역 중에서 멀게는 로마, 그리고 페르시아의 특산품으로 여겼다는 점이다.

앞서 나열한 역사서 중『유양잡조』는 후추가 마가다국에서 나온다고 했는데 마가다국은 천축, 그러니까 인도의 또 다른 이름이다. 『후한서』『통전』은 천축이 교역하는 대진, 즉 로마의 특산물로 생각했다. 그 외 『위서』『주서』『북서』『수서』『구당서』 등에서는 모두 후추가 파사국에서 나온다고 했다. 바로 지금의 이란 일대인 페르시아다. 인도와 동남아시아가 원산지인 후추를 엉뚱하게 페르시아 특산물로 오해했던 것이다.

그 이유는 5세기 무렵의 후추가 실크로드를 통해 서역에서 중국으로 전해졌기 때문이다. 인도에서 남쪽의 해상 실크로드를 통해 페르시아로 들어간 후추가 역으로 북쪽의 실크로드를 타고 중앙아시아를 거쳐 중국으로 전해졌던 것이다. 천축국과 교역하는 서쪽의 대진국 특산품이라고 한 것을 보면, 극단적으로 인도에서 아랍을 거쳐 로마까지 갔다가 다시 페르시아를 거쳐 실크로드를 타고 중앙아시아를 통해 지구를 한 바퀴 돌아 중국으로 들어왔다는 이야기가 된다.

왜 이런 터무니없는 경로를 통해 후추가 중국으로 들어왔을까 싶지만 남북조 시대까지만 해도 중국은 아직 남방 교역로가 열리기 전이었다. 중원에서 중국 남방인 광둥 지역을 거쳐 동남아시아로 이어지는 길은 남북조 시대가 끝나고 중원이 다시 통일돼 강남 지역이 본격적으로 발전한 당나라 때부터 개척되기 시작했다. 그 결과 당나라 무렵부터 비로소 중국에서 후추가 다양한 용도로 쓰이기 시작했다.

불로장생의 선약에서 부정부패의 상징까지

흔히 서양은 식사가 육식 위주이기 때문에 후추가 필요해 금값에 버금가는 비싼 돈을 주고 동양에서 후추를 가져간 반면, 동양은 후추가 나는 지역인 데다 채식이 중심이 되어 서양처럼 후추 수요가 많지 않았다고 생각한다. 하지만 이는 잘못된 추측이다. 당나라 이전까지 중국을 비롯한 동북아시아에서는 서양보다 더 후추 구하기가 어려웠다. 구하기 힘들었던 만큼 동양에서도 서양과 마찬가지로 후추가 조미료보다는 약으로 쓰였다. 옛날 의사에게 후추는 건강을 지켜주는 신비한 약재였고 도인에게는 신선이 되기 위한 불로장생의 선약이었다.

도소주는 새해가 시작될 때 마시면 1년 내내 건강을 지킬 수 있다는 술로, 중국에서는 처음 전통 향신료인 산초를 넣어 만들었지만 서역에서 후추가 전해진 다음부터는 후추를 넣어 마셨다. 옛날에는 후추와 산초 모두 귀했던 데다 초기 증류주 역시 구하기 힘든 귀한 술이었던 만큼, 술에 후추를 탄 초주, 즉 도소주는 문자 그대로 약주였다.

남북조 시대는 도교가 유행했던 시기다. 그런 만큼 도사들이 많았는데 이들은 후추를 먹으면 양생에 도움이 된다고 믿었다. 후추를 태운 연기를 마시며 호흡을 하면 수명이 늘어난다고 생각했고 방중술에서도 후추는 더할 나위 없는 강장제 역할을 한다고 여겼다.

후추는 이렇게 다양한 용도에서 식품보다는 약으로 쓰였는데, 당나라 이후에 남방에서 들어오는 후추 양이 늘면서 후추의 용도에도 다소 변화가 생겼다. 특히 서역 음식이 유행하면서 서역 사람들처럼 후추를 조미료로 사용하기 시작했다. 중원 음식과 서역 음식의 가장 큰 차이점으로 향신료의 사용 유무를 꼽는 사람도 있는데, 당나라 때 양고기와 호떡을 비롯한 서역 음식이 유행하면서 중국에서도 향신료 사용이 늘기 시작했다.

예컨대 6세기 북위 때의 농업서이자 조리서인『제민요술』에는 양고기를 구울 때 소금, 파, 생강, 산초, 후추, 필발 등의 다양한 향신료를 사용한다고 나오고, 당나라 때의 책인『유양잡조』에는 요즘 사람들은 서역 음식인 고기를 먹는다면서 고기를 먹을 때는 모두가 후추를 사용한다고 적혀 있다.

그러나 당나라와 송나라 때까지만 해도 후추 값은 여전히 만만치 않았다. 동양에서 후추를 일반 백성이 조미료로 쓸 수 있게 된 것은 명나라와 청나라를 지나 거의 근대 무렵이다. 상징적인 비유겠지만 당송 시대의 후추 값은 후추가 같은 무게의 금과 가격이 같았다고 했던 서양에 못지않게 비쌌다.

이를테면 송나라 사람 도곡(?~970)이 쓴『청이록』에서는 후추를 '금환사자'라고 불렀다. 금환金丸은 황금알 덩어리이니 후추가 그만큼 귀하다는 의미로 비유했던 것이 아닐까 싶다. 후추가 얼마나 귀했는지 당송 시대에 부자들은 집안에 후추를 쌓아놓고 살았는데, 후추가 부를 가름하는 척도로 쓰이기도 했다. 송나라를 무대로 한 소설『금병매』에서는 여주인공 중 한 명인 이병아가 방 안 침대 아래 후추 80근을 감추어놓았다고 나온다, 이를 미터법으로 환산하면 48 킬로그램인데 당시 이 정도면 집 한 채를 살 수 있었다고 한다.

'후추 800가마'라는 말이 있다. 당나라 8대 황제인 대종 때 재상으로 원재라는 지독한 탐관오리가 있었다. 당나라를 대표하는 간신 중 한 명으로 자신의 지위를 이용해 재물을 긁어모았는데 뇌물을 받아먹은 것이 발각돼 죽임을 당했고 재산은 전부 몰수당했다. 이때 그의 집에서 후추만 무려 800가마가 나왔다고 한다.『금병매』에 나오는 후추 80근으로 집을 한 채 살 정도였으면, 당나라 때 후추 800가마가 어느 정도의 재물이었는지 얼추 짐작할 수 있다. 원재의 후추 800가마는 훗날 부정부패의 상징이 됐고, 조선에서도 부당하게 재물을 긁어모은 사람에 대해 원재의 후추를 예로 들며 탄핵했다.

이후 후추 수입량은 계속 늘어났고, 송을 거쳐 원나라 때에 이르면 그 양이 어마어마해진다. 마르코 폴로의『동방견문록』에 킨세이 Kinsay라는 도시 이야기가 나오는데 지금의 저장성 항저우다. 마르코 폴로는 당시 번성했던 항저우를 묘사하면서 원나라 황제인 쿠빌라이칸의 대신에게 직접 들었는데 항저우에서 하루에 43바리의 후추가 소비된다며 놀라는 장면을 기록했다.

항저우는 중국 남방 후추 무역의 중심지로 이곳 후추에 관한 기록은 조선의 문헌에서도 확인할 수 있다. 조선 성종 때 최부 (1454~1504)가 임지인 제주도를 떠나 한양으로 오다 풍랑을 만나 배가 난파돼 중국 저장성 영파까지 표류해 도착했다. 이때는 1488년 으로, 중국을 돌아본 후 보고서 형식의 기행문『표해록』을 썼다. 여기에 당시 항저우가 얼마나 큰 무역항이었으며 후추가 어떻게 거래 됐는지가 나온다.

항저우, 쑤저우, 푸젠, 광동 등의 지역에는 바다에서 장사하는 배들이 인도네시아 남쪽에 있는 나라인 짬파와 아랍인 회회국에서 후추, 홍목, 번향 등을 구입하느라 배가 끊이지 않았는데, 열이 가면 다섯만 돌아온다고 했다. 이렇듯 살아 돌아올 확률이 50퍼센트 정도 밖에 되지 않는 험난한 뱃길을 거쳐 후추를 들여왔다.

정화의 대항해, 그리고 서양의 대항해 덕분에 동서양에서 모두 결국 후추 값이 떨어지고 만다. 14세기 말 중국의 후추는 100근당 은 20냥이었지만 15세기 초중반에는 은 5냥으로, 4분의 1 수준으로 하락한다. 서양도 마찬가지로 1499년 바스쿠 다가마가 세계 일주 끝에 후추를 가득 싣고 귀국하면서 리스본의 후추 가격이 베니스의 5분의 1 수준으로 떨어졌다. 급기야 19세기 유럽에서는 킬로그램당 6센트까지 폭락한 적도 있다.

후추는 이런 가격 하락 과정을 거치면서 한때 귀족과 부자가 아니면 꿈도 꾸지 못했던 사치 향신료에서 일반 백성도 먹을 수 있는 일상의 조미료가 됐다.

13억 인구 증가의 일등공신, 고구마

알다시피 중국은 세계 최대의 인구 대국이다. 중국 국가통계국 발표에 따르면 2016년 현재 중국 인구는 약 13억8000만 명으로 세계 인구의 5분의 1을 차지한다. 지구에 살고 있는 사람 열 명 중 두 명이 중국 사람인 셈이다.

그렇다고 먼 옛날부터 중국 땅에 어마어마하게 많은 사람이 살았던 것은 아니다. 중국 땅덩어리가 넓어진 것만큼이나 중국 인구가 증가한 데도 배경이 있다. 먼저 중국이 지금처럼 러시아, 캐나다, 미국에 이어 세계에서 네 번째로 넓은 영토를 차지하게 된 것은 청나라 때부터다. 18세기 중반 건륭제 때 중국 땅의 6분의 1에 해당하는 신장 위구르 지역을 차지했다. 신장新疆이라는 지역 이름도 원래는 위구르족이 살던 땅이었는데, 청나라의 새로운新 영토疆로 편입했다는 뜻에서 지은 이름이다. 중국 총면적의 8분의 1을 차지하는 티베트 역시 강희제(1654~1722) 때부터 책봉 관계로 청나라의 간섭을 받아왔고, 1951년 중국에 완전히 합병되면서 티베트西藏 자치구로 중국 영토가 됐다.

청나라 때 중국이 지금 영토의 상당 부분을 차지하게 된 것처럼, 인구가 기하급수적으로 늘어난 것도 청나라 무렵이다. 물론 신장 위구르 지역과 티베트의 정복을 통해 영토를 넓히면서 주민 수가 늘어나기도 했지만 그런 물리적 요인은 그다지 크지 않다. 신장이나 티베트는 인구 밀집 지역이 아니기 때문이다. 청나라 때 중국 인구가 폭발적으로 늘어난 데는 또 다른 이유가 있었다. 복잡하기 짝이 없는 인구 증가 원인을 한마디로 간단하게 정리할 수는 없지만, 뜬금없게도 그 배후 중 하나로 지목되는 게 바로 고구마다.

중국으로 전해진 고구마

고구마가 중국에 처음 전해진 것은 명나라 말기인 1593년 무렵으로 본다. 콜럼버스가 1492년 아메리카 대륙의 서인도제도에 도착해 현지 작물인 고구마를 처음 스페인으로 가져온 후 거의 100년 만의 일이다. 콜럼버스는 카리브해의 아이티섬에서 낯선 뿌리 작물인 고구마를 발견해 스페인으로 가져왔지만, 품종이 개량되기 전인 당시의 고구마는 더운 아열대 지방에서 자라는 작물이었기 때문에 16세기 말까지 유럽에서는 농작물로 널리 퍼지지 못했다.

스페인과 포르투갈은 자신들의 땅에서 고구마를 제대로 키우지 못하자 그 종자를 인도와 필리핀을 비롯해 동남아시아 여러 나라로 가져와 퍼뜨렸다. 새로 개척한 식민지에서의 식량 확보를 위한 목적이었다.

이후 고구마는 여러 경로를 통해 중국에 들어왔는데, 그 경로 중 하나가 청나라 사람 천쓰위안이 쓴 책 『금서전습록』에 자세히 나온다. 16세기 말, 명나라 신종 때 중국 남쪽의 푸젠성에 진진용陳振龍이라는 사람이 살았다. 집안이 전통 있는 명문가가 아닌 중인 집안이었기에 벼슬길에 나서기가 쉽지 않았던 데다가 당시 푸젠성에서는 장사를 해 돈을 버는 것이 유행이었다. 진진용 역시 일찌감치 공부를 접고 어려서부터 장삿길에 나섰다. 대만과 마주보고 있는 푸젠성은 명나라 때부터 바다를 통해 해외로 나가는 관문이었기에 그 역시 당시 여송국으로 알려진 필리핀을 오가며 장사를 했다.

그러던 어느 날, 진진용이 고향에서는 보지 못했던 새로운 작물을 발견했다. 생김새는 마 혹은 토란과 비슷한 것이 맛은 달착지근해서 입맛에 맞았고, 두 개만 먹어도 밥을 먹은 것처럼 배가 부르고 든든했다. 게다가 메마른 땅에서도 쉽게 잘 자랐기 때문에 이 낯선 작물을 고향으로 가져가 팔면 큰돈을 벌 수 있을 것 같았다.

하지만 고구마를 필리핀 영토 밖으로 가지고 나가는 게 문제였다. 당시 필리핀을 식민지로 삼으며 고구마를 전파한 스페인 관리들이 고구마 종자가 외국으로 새나가는 것을 엄격하게 금지했기 때문이다. 지금의 육종 산업처럼 옛날에도 종자는 그 자체로 소중한 자원이었고 재물이었기에 국외 반출을 철저하게 막았던 것인데, 진진용은 스페인 관리의 눈을 피하기 위해 한 가지 꾀를 냈다. 마치 고려 말 문익점이 원나라에서 목화씨를 붓 뚜껑에 몰래 숨겨 들여온 것처럼 고구마 줄기를 밧줄처럼 엮은 후 그 속에다 고구마 종자를 감춘 것이다. 이렇게 필리핀 루손섬을 떠난 그는 일주일 동안의 항해를 거쳐 고향인 푸젠성으로 무사히 돌아와 고향 땅에 고구마를 심었다. 혹시 풍토가 달라 고구마 종자가 잘 자라지 않으면 어쩌나 걱정했는데, 기우와 달리 푸젠성의 기후와 토양에 잘 맞았는지 고구마는 무럭무럭 자랐다. 이때가 명나라 신종 때로 1593년 무렵이다.

얼마 지나지 않아 푸젠성에 큰 기근이 들었다. 이때까지만 해도 진진용이 사는 지역 주변에서만 고구마를 심었을 뿐 푸젠성 전체로 널리 퍼지지는 못했다. 그런데 가뭄이 들면서 백성이 굶주림에 시달리자 지금의 푸젠성 성장쯤에 해당되는 푸젠 순무 김학증金學曾이 고구마가 가뭄에도 잘 자란다는 소문을 듣고는 진진용 집안의 도움을 받아 고구마 재배법과 고구마 종자를 퍼뜨려 기근으로 배고픔에 시달리던 백성을 구했다.

덕분에 푸젠성 일대에 고구마가 널리 퍼졌다. 백성은 자신들을 굶주림에서 구해준 푸젠 순무 김학증에게 고마움을 표시하기 위해, 그의 성을 따서 고구마에 '금서金薯'라는 이름을 붙였다. 고마운 수령인 '김씨의 고구마'라는 뜻도 되지만 배고픔을 면하게 해준 금처럼 귀한 고구마라는 뜻도 되고, 금빛처럼 누런 마라는 의미도 된다. 푸젠성 주민들이 지은 금서라는 이름에는 이렇게 이중 삼중의 의미가 담겨 있다.

흉년이 들었을 때 쌀 대신 양식도 되고 게다가 맛까지 좋은 고구마였지만 17세기를 지나 18세기 초까지만 해도 푸젠성을 벗어나 중국 전역으로 널리 퍼지지는 못했다. 교통이 불편한 데다 재배 기술이 발달하지 못했기 때문이다. 고구마가 중국에 널리 퍼진 것은 18세기 중반 이후 건륭제 무렵으로, 이와 관련해 전해지는 이야기가 있다.

고구마로 기근을 극복하다

청나라 최고 전성기를 이룩한 건륭제는 89세까지 살았는데 변비로 고생이 심했다. 어느 날 황제가 궁궐 주방인 어선방을 지나는데 맛있는 냄새가 풍겼다. 곁에 있던 내시에게 어떤 요리이기에 이렇게 냄새가 좋은지 묻자 내시가 고구마 굽는 냄새라고 대답했다.

건륭제가 군고구마를 먹어보니 맛이 좋아서 종종 간식으로 먹었는데 고구마 덕분인지 변비가 사라지고 정신까지 맑아졌다. 그리하여 황제가 고구마를 보고 '인삼보다도 좋다'고 했다는데, 이 말이 민간에 전해지면서 사람들이 고구마를 '땅에서 나는 인삼'이라는 뜻에서 '토인삼土人蔘'이라고 부르게 됐다. 예전 중국 할머니들이 손자 손

녀에게 고구마를 구워주며 들려주던 이야기라고 하니, 근거 있는 말은 아니다. 그런데 중국 할머니들은 왜 엉뚱하게 건륭제와 고구마를 연결시켜 이야기를 지어냈을까?

그럴 만한 배경이 있다. 중국에 대기근이 들었을 때 건륭제가 구황 식품으로 고구마를 널리 전파한 덕분에 수많은 사람이 흉년에도 굶어 죽지 않고 살아남을 수 있었다. 그래서 학계에서는 18세기 후반과 19세기에 걸쳐 일어난 급속한 중국 인구 증가에 고구마가 일조한 것으로 보기도 한다.

건륭 연간에 산둥성을 중심으로 중국에 연이어 기상재해가 잇달았다. 건륭 11년인 1746년, 황허강이 범람하면서 산둥성에 엄청난 홍수가 발생했다. 이듬해에는 반대로 극심한 가뭄이 들었다. 5월까지 비가 한 방울도 내리지 않다가 6월에는 때아닌 서리가 내리면서 농사를 완전히 망쳤다. 땅에 뿌려놓은 종자까지 몽땅 얼어 죽었을 정도였다. 건륭 13년인 1748년에는 메뚜기 떼가 몰려왔다. 펄 벅(1892~1973)의 소설 『대지』에 나오듯, 하늘을 새까맣게 뒤덮을 정도로 메뚜기 떼가 몰려다니면서 풀과 나뭇잎까지 먹어치웠다. 이렇게 10년 중 9년에 걸쳐 갖가지 수재와 가뭄, 병충해 피해가 번갈아 발생했다. 굶어 죽는 사람이 속출했고, 배를 곯다 못해 아이를 팔아 열흘을 먹고 마누라를 팔아 닷새를 견디다 급기야는 자기 자신을 종으로 팔아 하루를 연명하는 지경으로까지 발전했다. 산둥성의 피해가 제일 심했지만 허난성과 허베이성을 비롯해 여러 성에서 번갈아가며 재난이 발생하면서 중국 땅 전체가 기근으로 몸살을 앓았다.

이 무렵 청나라 정부에서 구황작물로 주목한 것이 고구마였다. 명나라 말기에 푸젠성에서 흉년이 들었을 때 이미 고구마가 배고픔에 시달리는 백성을 구한 적이 있었기에, 명나라 말 유명 학자인 서광계가 고구마 재배 기술서인 『감서소甘薯疏』를 저술하는 등 고구마 보급에 힘쓰기는 했다. 하지만 고구마는 더운 지방에서 자라는 작물이었기에 아직 허난성이나 허베이성, 산둥성을 비롯해 중국 중부의 화베이 지방으로까지 퍼지지는 못했다.

그러다 청나라 때 연이은 재난을 계기로 고구마 보급에 적극 나서게 됐고, 그 중심에 있었던 사람이 중국에 최초로 고구마를 전했다는 진진용의 자손이었다. 마침 6대손인 진세원이 고향인 푸젠성에 뿌리를 두고 바다를 통해 저장성과 산둥성에서 무역을 하고 있었기에 푸젠성에서 고구마 종자를 가져와 산둥성에 심었다. 건륭 21년에는 천쓰위안이 아들들과 함께 허난성에 고구마를 퍼뜨렸고 이듬해에는 세 부자가 베이징 부근, 서울로 비유하자면 분낭쯤 되는 지역인 통주通州에 고구마를 전했다.

해마다 푸젠성에서 종자를 가져와 심었기에 고구마 재배에 불편이 많았던 만큼, 추운 지방에서의 고구마 재배법을 적은 『금서전습록』을 쓰면서 고구마 보급에 정성을 기울였는데, 이때 천쓰위안의 나이 80세였다. 이렇게 고구마 전파에 힘을 기울인 덕분에 건륭제 이후 고구마는 흉년에는 양식을 대신하는 구황 식품으로, 평소에는 도시에서 부자와 가난한 사람 가릴 것 없이 모두가 즐겨 먹는 간식이 됐다.

청나라 인구 증가의 비밀

고구마가 중국의 식량 문제 해결에 크게 기여했고 그 결과 인구가 증가했다고 하는데, 그렇다면 청나라 때 중국 인구는 도대체 얼마나 증가했을까?

통계 방법의 차이로 기록에 따라 다르고 연구 논문에 따라 큰 격차를 보이지만, 명나라 초기인 15세기 초 영락 연간의 인구는 대략 6700만 명이었을 것으로 추산한다. 지금 우리나라 남북한 인구를 합친 정도다. 혹은 학자에 따라 1억 명 내외로 보는 경우도 있다. 하지만 250년이 지난 명나라 말에도 인구는 그다지 늘지 않았다. 대규모 전란을 겪으면서 인구가 오히려 줄어들기도 했다. 청나라 군대가 만리장성을 넘었을 무렵의 인구 역시 1억 명 정도로 추산한다.

그랬던 인구가 크게 늘어난 것이 18세기다. 명나라 잔존 세력이 일으킨 반란이었던 삼번三藩의 난을 진압한 이후, 청나라의 기틀을 잡은 강희제 때부터 청나라 최고 전성기를 이룬 건륭제 때까지 이른바 최고의 태평성대라고 하는 강건성세康乾盛世 무렵이다.

강희제 때만 해도 1억 명 정도였던 인구가 대기근을 겪고 난 후 건륭 27년(1762)에는 2억 명, 그 후 약 30년이 지난 건륭 55년(1790)에는 3억 명을 돌파했다. 그리고 19세기 중반인 도광제 14년(1834)에는 4억3000만 명이 됐으니, 100년 사이에 인구가 2배 이상 늘어난 셈이다.

이 무렵 중국 사람들은 갑자기 아이를 많이 낳기 시작했는데 제일 큰 이유는 전쟁이 없었기 때문이다. 청나라 초기에 있었던 삼번의 난 이후 청나라 말 태평천국의 난까지, 약 170년 동안 중국에는 별다른 전쟁이 일어나지 않았다. 외적과의 큰 전쟁은 물론이고 특별한 내란조차 없었기에 인구가 크게 늘어날 수 있었다.

또 하나는 이 무렵 농업 생산성이 크게 높아졌다는 점이다. 전쟁이 사라진 덕분에 무기 제조에 쓸 쇠로 농기구를 만들었고, 황무지를 개간하면서 작물 수확이 늘었다. 그 와중에 고구마가 결정적인 기여를 했다. 농업 생산성이 높아졌다는 말은 이 무렵 중국인의 주식인 쌀과 밀의 생산량이 획기적으로 늘어났다는 것이 아니라, 이 기간 중남미에서 전해진 작물인 감자, 고구마, 옥수수, 땅콩 등이 중국에 널리 퍼지기 시작했다는 의미다.

이들 작물은 벼나 보리, 밀과는 달리 논밭이 아닌 논두렁, 밭두렁에 심어도 잘 자랐고, 심지어 산간벽지에도 심을 수 있었다. 또 성장기간이 짧은 고구마 같은 경우 중국 남부에서는 사모작도 가능했기에, 가뭄이 들어 벼나 밀 재배를 망쳐도 재빨리 고구마를 심으면 굶주림에서 벗어날 수 있었다. 게다가 고구마나 옥수수 열매는 사람이 먹지만 넝쿨이나 줄기는 비료로 쓸 수 있고 가축에게 사료로 먹일 수도 있었다. 덕분에 이 무렵 중국에서는 돼지 사육도 크게 늘어났다. 고기 생산량이 늘어나니 식량이 더욱 풍부해진 것은 이에 따른 당연한 결과였다.

이밖에도 사람 머릿수에 따라 세금을 매기는 인두세 등 조세 제도의 개혁을 비롯해 중국의 폭발적 인구 증가의 원인은 수없이 많다. 하지만 분명한 점은 전쟁이 없고 먹을 것이 풍부해지니 아이를 많이 낳게 됐다는 것, 그리고 대단할 것 없는 고구마가 18세기 중국의 식량 증산과 기아 문제 해결에 한몫했다는 것이다.

몽골 귀족의 접대 음식, 훠궈

중국식 샤브샤브인 훠궈는 빨간 색깔만큼 매운 동시에 입안이 얼얼해지는 독특한 맛의 육수와 설렁탕처럼 뽀얗고 담백한 육수가 조화를 이루는데, 여기에 고기와 채소를 비롯한 갖가지 재료를 데쳐 먹는 요리법이 매력적이다. 우리나라에는 약 10여 년 전쯤에 처음 들어왔는데 지금은 훠궈 전문점이 심심치 않게 눈에 띌 정도로 낯설지 않은 음식이 됐다.

훠궈가 중국에서 널리 퍼진 지는 그다지 오래되지 않았다. 물론 훠궈의 기원을 멀리는 5000년 전의 상나라와 주나라에서 찾기도 하고, 한자인 '솥 정鼎' 자가 물을 끓여 고기를 익히거나 데쳐 먹는 그릇이었으니 훠궈의 역사가 그만큼 오래됐다는 주장도 있다.

하지만 훠궈가 대중화된 역사는 길지 않다. 중국이 본격적으로 개혁 개방을 추진하던 1990년대까지만 해도 몇몇 지역의 명물 음식에 지나지 않았던 것이 중국 경제 발전이 궤도에 오른 2000년에 들어서야 중국 전역으로 퍼져 인민의 사랑을 받는 음식으로 발전했다. 심지어 지금은 우리나라를 비롯해 일본과 동남아시아에 이르기까지 여러 나라에서 인기를 끄는 음식이 됐다. 중국식 샤브샤브인 훠궈, 과연 어떤 매력이 있기에 이렇게 빠른 속도로 퍼져나가는 걸까?

맛 자체야 사람 따라 입맛이 다르니 논외로 치더라도 훠궈라는 음식이 발달한 내력에는 흥미로운 점이 있다. 훠궈는 종류가 다양하지만, 전골냄비 가운데를 빨간 육수의 홍탕과 뽀얀 육수의 청탕으로 나누어 두 가지 맛을 동시에 맛보도록 만든 원앙훠궈가 가장 대중적이다. 흔히 이런 훠궈를 충칭훠궈라고도 하는데, 정확하게는 빨간 육수의 홍탕만이 충칭훠궈이고 뽀얀 육수의 청탕은 지역적으로 말하면 베이징훠궈다.

베이징식 청탕과 충칭식 홍탕의 조합은 맛을 떠나 훠궈의 매력이자 특징이고 동시에 한계이기도 하다. 이는 청나라 역사와 음식 문화가 만들어낸 극과 극의 조합이기 때문이다.

가난한 막일꾼의 한 끼, 홍탕

훠궈 중에서도 제일 독특하고 이색적이어서 인기가 높은 홍탕은 사실 최악의 조건에서 생겨난 음식이다. 홍탕인 충칭훠궈의 기원에 대해서는 여러 설이 있는데, 청나라 말기 도광제 때 발달했다는 설도 있고, 청나라 멸망 이후 중화민국 시절인 1920년대에 비롯됐다는 설도 있다.

그중 가장 일반적인 것은 양쯔강과 자링강嘉陵江이 만나는 쓰촨성 충칭의 부둣가에서 일하던 노동자, 특히 배를 밧줄에 묶어 흐르는 양쯔강 물결을 거슬러서 소처럼 배를 끌고 올라가는 선부들이 먹었던 음식이 홍탕의 기원이라는 설이다. 한마디로 노동자 중에서도 가장 비참하고 가난했던 막일꾼들의 음식이었단 얘기다.

하루 벌어먹고 살기도 힘든 이들이었으니 제대로 된 고기를 사먹을 돈이 있을 턱이 없었다. 때문에 내다 버리다시피 하는 소 창자와 천엽, 그리고 오리 내장 등 부스러기 고기를 긁어모아 잠깐 쉬는 틈에 펄펄 끓는 육수에 데쳐 먹고는 서둘러 일하러 갔던 것인데, 이런 전통이 남아 있기에 지금도 충칭훠궈의 재료로 소의 천엽과 내장 등이 인기가 높다고 한다.

돼지고기를 많이 먹는 중국에서 충칭훠궈만큼은 소고기 위주로 먹는데, 여기에도 역시 이유가 있다. 충칭훠궈를 처음 만들어 먹었던 사람이 강물을 거슬러 몸으로 배를 끌고 가는 막일꾼이었다면, 이들에게 부스러기 고기를 판 사람은 돼지고기를 먹지 않는 가난한 소수민족이었다. 그 정체는 바로 쓰촨성과 이웃한 간쑤성에서 소를 키우며 살았던 이슬람 문화권의 회족回族이다. 충칭에서 소를 도축해 팔고 난 후 버리기 직전의 마지막 남은 부위인 창자와 천엽까지

막일꾼들에게 팔아넘겼던 것이다. 이렇듯 충칭훠궈인 홍탕에서는 밑바닥 막일꾼과 가난한 소수민족이 살기 위해 몸부림쳤던 흔적이 엿보인다.

충칭훠궈의 육수가 새빨갛고 얼얼한 홍탕으로 발전한 것도 이와 관련이 있는 것으로 추측된다. 충칭훠궈 역시 쓰촨 음식이라 기본적으로는 매운맛이 특징이다. 쓰촨성은 끈적거리고 후텁지근한 날씨 탓에 땀이 뚝뚝 떨어질 만큼 매워야 오히려 입맛을 찾을 수가 있다. "쓰촨 사람은 음식이 맵지 않을까 두려워한다"는 말이 생겼을 정도다. 여기에 더해 강한 향신료를 쓰지 않으면 먹지 못할 정도로 음식 재료가 형편없었던 것도 충칭훠궈가 홍탕으로 발전한 이유다.

베이징 귀족의 요리, 청탕

베이징을 중심으로 발달한 청탕은 홍탕과는 여러 면에서 대조적이다. 종잇장처럼 얇게 썬 양고기를 뽀얀 육수에 흔들어 데쳐 먹는 청탕은 청나라 궁중의 잔치 요리에서 발달해 민가로 퍼졌다.

청탕의 기반이 되는 음식이 베이징의 전통 겨울 음식인 '솬양러우涮羊肉'다. '씻을 쇄涮' 자를 써서 양고기를 육수에 흔들어 씻듯이 데쳐 먹는다는 이름의 요리다. 일설에 의하면 청나라 광서제 연간(1874~1908)에 베이징의 양고기 요릿집 주인이 자금성의 환관을 매수해 궁중에 비법으로 내려오는 육수 배합 비율을 훔쳐 대중화시켰다고 한다.

솬양러우의 기원도 여러 설이 있지만, 원 세조 쿠빌라이 때 만들어졌다는 설이 널리 알려져 있다. 원의 대군이 장거리 이동으로 허기와 피로에 지쳐 있었다. 휴식도 취할 겸 양을 잡아 요리를 하려는데 마침 적군이 기습했다. 그러자 다급하게 고기를 얇게 썰어 육수에 흔들어 익혀 먹고 나가 싸운 것이 양고기 휘궈인 솬양러우의 유래다. 물론 문헌적 근거는 없고 누군가가 만들어낸 이야기로 추정된다. 다만 중국 북방에서 발달한 양고기 휘궈라는 점에 비춰볼 때, 몽골 음식과 깊은 관련이 있어서 이런 이야기가 나왔을 것으로 보인다.

솬양러우는 청나라 전성기를 이룩한 건륭제가 경로 우대 잔치, 이른바 세상에 만한전석으로 알려진 천수연千叟宴 잔치를 열었을 때도 선보인 요리다. 휘궈 상을 500개 차려놓고 3000명의 참석자가 동시에 먹었다고 하는데, 여기서 한 가지 이상한 점이 있다. 청나라 황실은 만주족 출신으로, 만주족은 주로 돼지고기를 먹었고 양고기에는 익숙하지 않은 민족이다. 『진서』「동이전」을 비롯한 여러 역사서에도 관련 내용이 실려 있다.

"숙신肅慎은 일명 읍루라고 하는데 소와 양은 기르지 않고 돼지를 많이 키운다. 그 고기를 먹으며 그 가죽으로 옷을 입고 그 털로 옷감을 짠다."

읍루와 숙신은 여진족과 그 후손인 만주족의 조상이다. 만주 숲속에 살았던 이들은 유목민과는 달리 소와 양을 키우지 않았고, 명나라 이전까지 주로 양고기를 먹던 중국에서 명청 시대에 돼지고기가 널리 퍼지게 된 배경과도 연결된다. 그렇다면 양고기 훠궈인 솬양러우는 누구를 위한 요리였을까?

청나라는 누르하치(1559~1626)가 후금을 건국한 후, 부근의 몽골족과 연맹을 맺고 혼인을 통해 동맹을 다졌다. 홍타이지(1592~1643)가 1635년 내몽골을 평정하면서 내몽골은 직속 관할로 조정에서 관리를 임명하며 직접 통치했지만, 외몽골 여러 부족은 외번外藩으로 독립 부족이 됐다. 청나라는 몽골과 티베트 부족 우대 정책을 폈는데, 특히 몽골 부족의 왕공 귀족과는 혼인을 통해 인적 관계를 맺으며 형제의 관계를 유지했다. 중원의 한족을 통치할 때 만주족만으로는 역량이 부족했기에 몽골의 지원이 필요했기 때문이다. 이렇듯 몽골과 각별한 관계를 유지하는 동시에 몽골과 한족의 직접적인 통상과 교류를 금지해 두 민족을 분리하는 정책을 폈다. 해마다 정월 15일이면 황제가 자금성의 보화전으로 사돈 관계인 몽골의 왕족과 귀족을 초대해 인사를 나누는 잔치인 친번연을 열었다.

솬양러우는 이때 몽골 왕족을 대접하려고 차린 요리다. 청나라 황실의 만주족에게는 익숙하지 않았지만 몽골 왕족을 위한 배려의 음식이자 우정의 요리였던 것이다. 한족을 견제하기 위해 손잡은 만주족과 몽골족이 궁중에서 동맹을 다짐하며 먹었던 요리라고 할 수 있다.

중국식 샤브샤브, 즉 원앙훠궈는 이렇게 충칭과 베이징에서 각각 발달한 지역 음식이 홍탕과 청탕이라는 이름으로 합쳐지면서 생겨난 음식이다.

중국 대륙을 넘어 우리나라를 비롯해 아시아 각국에서도 인기를 얻고 있는데, 그 비결은 맛을 포함해 극과 극이 만나서 만들어내는 조화가 아닐까 싶다. 음식뿐만 아니라 중국의 역사 발전에도 분명 이런 측면이 없지 않다.

3장

오해와 진실을 밝히는 음식

양고기의 나라, 고대 중국

중국인은 돼지고기를 많이 먹고 좋아한다. 하지만 중국 역사를 통틀어보면 이야기가 달라진다. 돼지고기를 본격적으로 먹기 시작한 것은 명청 이후부터다. 그러니 길어야 600년 남짓이다. 물론 이전에도 돼지고기를 먹었지만 서민과 하층민이 먹는 음식이었고, 돈 많은 사람들과 지위가 높은 상류층에서는 별로 먹지 않았다.

반면 중국인의 양고기 사랑은 뿌리가 깊다. 먼 옛날부터 지배 계층의 식탁을 차지했는데, 기원전 11세기 주나라 때부터 송나라를 거쳐 14세기 중반 원나라 때까지 2500년이 넘는 긴 세월 동안 중국인의 입맛을 사로잡았다.

양고기냐 돼지고기냐는 단순히 입맛의 차이나 식성 변화의 문제가 아니다. 양과 돼지의 음식 문화, 그 속을 들여다보면 중국의 또 다른 역사를 볼 수 있다.

한자로 본 양에 대한 중국인의 사랑

고대 중국에서 양을 얼마나 소중하게 여겼는지는 다양한 고사성어와 한자 풀이에서도 확인할 수 있다.

예를 들어 '진수성찬珍羞盛饌'은 푸짐하게 잘 차린 맛있는 음식이라는 뜻이다. 진수珍羞와 성찬盛饌이 합해져 만들어진 단어인데 어원이 각각 다르다. 먼저 성찬은 풍성한 음식을 말하는데, 『논어』 「향당」 편의 "성찬을 대접받을 때는 반드시 얼굴빛을 가다듬고 감사를 표시해야 한다有盛饌, 必變色而作"는 말에서 나왔다. 진수는 한나라 때 문인 장형이 남양의 연회 풍경을 묘사한 글에 나오는 '진수낭간, 충일원방珍羞琅玕, 充溢圓方'이라는 표현에서 따왔다. 진수는 귀한 음식, 낭간은 옥돌을 뜻하는데, 옥쟁반에 진귀한 음식을 올리니 향기로운 냄새가 사방에 퍼진다는 뜻이다.

옥쟁반에 놓인 진귀한 음식이 과연 무엇이기에 진수성찬이라는 말이 생겼을까 싶은데, '수羞'라는 글자에 답이 있다. '수羞'라는 한자에는 '바치다'라는 뜻과 '맛있는 음식'이라는 뜻이 있는데, '양羊'과 손 모양을 본떠서 만든 글자인 '축丑'이 합쳐진 회의문자다. 그러니까 손으로 양을 들어 올려 바치는 모양이 맛있는 음식이라는 뜻의

'수' 자가 된 것이다. 양을 그만큼 소중하게 여겼기 때문이다. 또 하나, 이 글자는『주례』에 나오는 글자이니 주나라 때부터 쓰기 시작했을 것으로 본다. 주나라 사람들이 양을 어떻게 생각했는지를 엿볼 수 있는 대목이다.

한자 중에서 양이 들어가는 글자는 십중팔구 좋은 뜻이다. 중국에서는 꿈에 양을 보면 행운이 깃든다고 하는데 한자에도 그런 의미가 있다. '상서로울 상祥' 자는 '양羊'과 '보일 시示' 자로 이뤄져 있으니 양이 보이면 좋은 일이나 복 받을 일이 생긴다는 뜻이다. '아름다울 미美' 자 역시 양羊이 크면大 좋고 아름답다는 의미에서 만들어졌다. 한나라 때의 한자 사전인『설문해자』에서는 이를 두고 큰 양은 살이 쪄 맛있기 때문이라고 풀이했다. '착할 선善' 자 역시 양과 관련이 있다. 양羊을 사이에 두고 '말씀 언言' 자 두 개가 마주 보고 있는 모습言言이 착할 선인데, 두 사람이 서로 양처럼 대화를 나누는 모습에서 만들어진 한자다. 양처럼 이야기를 한다는 것은 서로 다투거나 감정 상할 일 없이 부드러운 소리만 나눈다는 것이니 심성이 착하다는 뜻이다. '옳을 의義' 역시 양羊과 '나 아我' 자로 이뤄진 글자다. 나의 마음 씀씀이를 양처럼 착하고 의리 있게 가진다는 뜻에서 옳다는 의미로 쓰이는데,『설문해자』에서는 나의 좋은 점으로 예의를 다해 행동하는 모습이라고 풀이했다. 곱다, 신선하다는 뜻의 선鮮 역시 양羊과 생선魚으로 이뤄졌으니 물고기가 부드러운 양고기처럼 맛이 좋다美味는 의미에서 신선하다는 뜻이 됐다.

양과 관련된 한자 사례는 이외에도 부지기수다. 그리고 이들 글자

대부분은 한나라 이전, 갑골문자를 썼던 상나라 이후 만들어진 글자로 춘추 시대를 포함해 주나라 때 생겨난 글자들이다. 역시 양을 바라보는 주나라 사람들의 따뜻한 시선이 느껴진다.

주나라의 가축 서열, 소 다음에 양

주나라 때 양의 위상을 가축의 서열에서도 알 수 있다. 중국에서 가축을 본격적으로 사육하기 시작한 건 주나라 무렵부터다. 주로 소와 말, 양과 돼지, 개와 닭 여섯 가지 동물을 키웠다. 잡아서 고기를 먹으려는 목적이 아니라 제사에 바칠 제물로 쓰기 위해서였다. 하늘과 조상께 바치는 제물이었으니 제사를 주관하는 사람의 신분에 따라 동물의 종류가 달랐다.

주나라 때 예법을 정리해놓은 『예기』에 따르면, 천자는 대뢰大牢, 제후는 소뢰小牢로 제사를 지낸다. 지붕宀 속에 소牛가 들어가 있는 모습의 한자 뇌牢는 가축을 키우는 울타리라는 뜻으로, 천자는 큰 울타리에서 키우는 가축으로 제사를 지내고 제후는 작은 울타리에서 키우는 가축을 제물로 쓴다는 의미다. 제사가 끝난 후에는 참석한 사람들이 음복을 하며 나누어 먹는 것이 순서다. 그러니 천자가 주관하는 제사에 참석한 사람들은 소고기를 먹었을 것이고 제후가 올리는 제사에 참석한 사람들은 양고기나 돼지고기를 먹었을 것이다.

춘추전국 시대 좌구명이 쓴 『국어』에서는 이를 더 구체적으로 구분해놓았다. 천자는 소와 양, 돼지로 제사를 지낼 수 있고 제후는 소, 재상은 양, 대부는 돼지까지 쓸 수 있다. 그리고 선비는 생선, 평민은 채소로 지낸다고 했으니, 신분에 따라 제사 때 차릴 수 있는 제물에 차이를 둔 것은 물론 먹을 수 있는 고기의 종류도 달랐음을 알 수 있다.

고대에는 소고기, 양고기, 돼지고기를 먹을 자격이 있는 사람만 먹었다는 소리인데, 기원전 1세기 무렵 한나라 때의 문헌인 『염철론』에서도 이를 확인할 수 있다.

"옛날 평민은 조악한 현미와 거친 채소를 먹었고 사대부가 잔치를 베풀거나 명절, 제사 때가 아니면 술과 고기를 먹지 못했다. 제후도 소와 양을 함부로 잡지 않았고 사대부는 쓸데없이 돼지와 개를 죽이지 않았다. 그런데 지금은 무릇 돼지 한 마리가 어른 남자의 연중 수입이고 좁쌀 열다섯 말은 남자 반달 치 식량임에도, 마을 논밭에서 함부로 도축하며 곡식을 갖고 가 야외에서 고기를 먹고 돌아온다."

『염철론』은 기원전 81년 한나라 조정에서 전매 제도 등의 철폐를 놓고 벌인 논쟁을 기록한 문헌인데, 위 글은 당시의 세태를 주나라 때와 비교하며 무절제한 낭비 풍조를 비판한 것이다.

옛 문헌을 종합해보면 주나라에서는 양고기를 먹을 수 있는 자격이 돼지고기나 개고기를 먹을 수 있는 자격보다 한 단계 높았음을 알 수 있다. 그렇다면 약 2500년 전 주나라에서는 왜 양고기를 이렇게 귀하고 좋은 고기로 취급했던 걸까?

유목민이 사랑한 음식

〈回回回回回回〉

여러 해석이 가능하지만 많은 학자가 주나라 때부터 양 문화가 두드러지기 시작한 배경을 중국 고대사와 관련지어 설명하고 있다.

양고기는 일반적으로 유목민의 음식이다. 그렇기에 주나라 지배층이 최소 유목민이거나 농사를 짓더라도 유목과 관련된 부족이라고 해석한다. 양고기를 즐겨 먹는 사람들이 당시의 정치, 경제, 사회, 문화를 주도했기 때문에 양고기가 귀한 취급을 받았다는 주장이다. 주나라는 상나라에 이어 들어선 나라다. 상나라는 황허강 유역에서 물고기를 잡고 조개를 주우며 농사를 짓던 동이족이 세운 나라인 반면, 주나라는 화하족이 서쪽의 유목민과 연결해 세운 나라다.

그러므로 기원전 11세기에 있었던 상과 주의 교체는 양羊으로 상징되는 서쪽의 유목 세력과 조개貝로 대표되는 동쪽의 황허강 유역의 농경 세력이 충돌한 결과로 볼 수 있다. 양을 키우고 그 고기를 먹으며 옷을 지어 입은 세력이 지배 계급이 되면서, 이때부터 양으로 하늘에 제사를 지냈고 양고기를 최고 진수성찬으로 꼽았으며 양과 관련된 것은 다 좋다는 식으로 글자를 만들었다는 것이다. 반면 조개를 중시했던 상나라 사람들은 주나라와의 전쟁에 패하면서 땅을 빼앗긴 채 망국의 백성으로 떠돌아다니며 조개를 화폐로 삼아 장사를 하면서 살았다. 그래서 장사하는 사람을 상나라 사람이라는 뜻에서 '상인商人'이라고 부르게 됐다.

이외에도 중국 고대사에 대한 학설은 여럿이지만, 주나라 사람들이 양과 밀접한 관계가 있는 것만은 틀림없는 듯하다. 사마천의 『사기』에 나오는 주나라 왕족의 계보를 봐도 그렇다. 주를 건국한 부족은 희씨姬氏 성의 씨족인데, 주의 시조인 후직은 이름이 '기'이고, 어머니 이름은 강원이다.

후직은 신화에서는 농사를 짓는 신이지만 하나라에서는 농사를 관리하는 직책이기도 했다. 조상이 농사를 지으며 정착 생활을 했음을 상징하는 부분이다. 후직이 죽은 후 그 아들 부줄은 정치가 쇠퇴하자 일에 힘쓰지 않다가 벼슬을 잃고 융적戎狄의 땅으로 달아났다. 이들은 융적의 땅에 살다가 부줄의 손자인 공유 때 그 땅을 떠나 위수를 건너 빈이라는 곳에 정착했다고 전해진다.

융적은 중원을 중심으로 서쪽 오랑캐인 서융과 북쪽 오랑캐인 북적을 일컫는 말로, 모두 유목 생활을 하는 지역이다. 이는 주나라 시조의 뿌리가 황허강 상류 황토고원의 농경민이긴 하지만, 그 땅을 떠난 후에는 오랜 세월 양을 치는 유목 지역에 살았음을 상징한다. 공유가 자리를 잡았다는 빈이라는 지역은 지금의 간쑤성과 산시陝西성의 경계선이 있는 곳인데, 현재 이 지역은 농사와 유목을 병행하지만 여전히 유목이 큰 비중을 차지하는 곳이다.

공유가 빈에 정착해 주나라의 토대를 닦은 지 약 300년이 지난 후, 공유의 후손이며 주 문왕의 할아버지인 고공단보가 다시 융적의 압박을 피해 중원으로 내려오면서, 지금의 산시陝西성 서안에서 약 100킬로미터 떨어진 주원이라는 곳에 도읍을 정하고 자리를 잡는다. 이후 문왕 때 서안 부근의 풍읍으로 자리를 옮기고 서쪽의 패자라는 뜻의 서백西伯이 됐는데, 특히 만년에 강태공의 도움을 받아 동쪽으로 세력을 계속 확장하면서 상 왕조를 위협했다. 그리고 문왕의 뒤를 이은 무왕이 마침내 상을 멸망시키면서 주 왕조가 시작됐다.

주나라를 건국한 부족은 분명 짧지 않은 세월 동안 양을 중시하는 유목 지역에 살았던 부족이다. 그들은 유목민과 대립도 했지만 긴밀하게 협력도 했다. 그 관계를 상징하는 부분을 주의 시조, 기의 어머니 이름인 강원姜原, 문왕을 도와 주의 기틀을 다진 강태공姜太公의 이름에서 찾기도 한다. 강姜이라는 성씨는 신농씨가 강수姜水라는 곳에 살았기 때문에 생긴 성씨라고 전해지는데, 한편으로는 양羊과 여女가 합쳐져 만들어진 한자로 유목민과 관련이 있다고도 해석된다. 강원이나 강태공이 모두 유목민의 후손으로 주나라 부족이 유목민과 협력해 번성했음을 상징한다는 풀이다.

중국 고대사, 특히 주나라 역사는 화하족이 동이족의 상나라를 물리치고 중원을 차지했다고 보는 것이 일반적인 관점이다. 흔히 한족의 조상이라 하는 화하족의 기원을 놓고도 논쟁이 벌어지지만 중원의 농경민족과 서북의 유목민이 결합한 종족으로 보는 견해도 있다. 음식 문화라는 관점에서 보면, 양을 중시했던 주나라 지배 계층의 뿌리가 유목민과 관련이 있다는 견해와 일치하는 지점이다.

복숭아밭에서
도원결의를 한 이유

유비, 관우, 장비는 복숭아밭에서 하늘에 맹세하고 의형제를 맺었다. 소설 『삼국지』 첫 장에 나오는 '도원결의' 장면이다.

"큰일을 의논하는 자리에서 장비가 집 뒤 복숭아 동산에 꽃이 한창이니 내일 이 동산에서 천지에 제사를 지내고 셋이 의형제를 맺어 한마음으로 협력하기로 한 뒤 일을 도모하자고 했다. 유비와 관우가 동의하여 이튿날 도원에 검은 소, 흰 말, 종이돈 등 제물을 차려놓고 제를 지내며 맹세했다."

세 사람이 도원결의를 한 장소는 장비가 살았던 탁군이다. 현재 지명으로는 베이징에서 서남쪽으로 자동차로 한 시간 남짓 거리에 있는 허베이성 탁주다. 지금은 이곳에서 복숭아밭을 찾아보기 힘들지만, 예전에는 복숭아밭 천지였다고 한다. 그러니 단순하게 생각하면, 때는 봄날이고 주변은 온통 복숭아밭이었기에 그곳에서 의형제를 맺는 의식을 한 걸 수도 있다.

하지만 중국인의 의식 구조에서 형제의 의를 맺는 장소로 사과밭이나 배밭, 대추밭이나 감밭은 어울리지 않는다. 천지에 제사를 지내고 하늘에 맹세하는 의식이었기에 오직 복숭아밭이 적합하다. 성이 서로 다른 세 사람이 형제의 의를 맺었다는 결의結義가 핵심인데, 후세 사람들이 그에 못지않게 복숭아밭이라는 장소, 즉 도원桃園을 강조하는 이유다.

도원결의에서 『서유기』까지

도원결의의 배경을 봐도 그렇다. 사실 이 이야기는 역사책에는 보이지 않는다. 정사인 진나라 때 진수의 『삼국지』는 물론이고 주석을 단 『배송지주裴松之注』에도 도원결의 장면은 없다. 복숭아밭에서 결의했다는 장면이 처음 보이는 것은 삼국 역사를 배경으로 한 민담을 모아 판본으로 엮은 『삼국지평화三國志平話』다. 여기에 나오는 일화를 각색해 원말명초에 나관중이 소설 『삼국지』를 썼다. 송나라 민담에서 발전한 이야기인 도원결의에는 유비, 관우, 장비라는 영웅호걸을 바라보는 중국인의 시각은 물론 복숭아에 대한 중국인의 특별한 감정이 담겨 있다.

중국에서 복숭아가 평범한 과일이 아니라는 사실은 문학작품 곳곳에서 발견할 수 있다. 도원결의뿐만 아니라 동진 때의 시인 도연명이 쓴『도화원기』에 나오는 무릉도원의 전설도 그런 예다.

"무릉의 어떤 사람이 고기를 잡아 생활했는데 내를 따라가다가 길을 잃고 복숭아 꽃나무 숲을 만났다. 냇물의 좌우 수백 보에 걸쳐 복숭아나무 외에는 잡나무가 없고 향기로운 풀들만이 산뜻하고 아름다우며 꽃잎들이 펄펄 날리고 있었다. 어부가 매우 이상하게 여기면서 앞으로 나아가 복사꽃 숲이 끝나는 곳까지 가보자고 했다. 숲이 다하는 곳에 물이 흐르고 문득 산 하나가 나타났다. 그곳에는 좋은 밭과 연못이 있고 뽕나무와 대나무가 있으며 길은 사방으로 뚫려 있고 닭이 울고 개 짖는 소리가 들렸다. 사람들이 왕래하며 씨 뿌리고 농사를 지었는데 남녀가 입은 옷은 바깥세상과 같았고 모두가 기뻐하며 즐거워했다."

이렇듯 무릉도원은 중국인들이 생각하는 이상향이다. 중국 사람들은 신선들이 사는 곳, 이상적인 마을에는 반드시 복숭아나무가 있다고 생각했다.

고전 소설『서유기』의 복숭아도 예외는 아니다. 손오공이 훔쳐 먹고 벌을 받은 복숭아는 여신인 서왕모가 사는 곤륜산에서 나는 복숭아로, 먹으면 3000년을 산다는 천상의 과일이다.『삼국지』의 도원결의, 도원명의 무릉도원, 그리고『서유기』의 복숭아는 모두 하늘과 연결돼 있다.

복숭아에 담긴 수많은 상징성

문학작품 속의 복숭아뿐만이 아니다. 현대까지 알게 모르게 이어져 내려오는 풍속에서도 복숭아는 중국인들에게 특별한 의미를 갖는다. 지금은 중국에서도 시골에나 가야 볼 수 있을 정도로 거의 사라진 풍속이지만, 옛날 중국인들은 섣달그믐이면 도부桃符라는 부적을 대문에 내다 걸었다. 복숭아 부적이라는 한자 뜻 그대로 복숭아나무로 만든 판자에 울루와 신도라는 신의 얼굴을 그리거나 글씨를 써놓은 것인데, 새해를 맞아 나쁜 기운을 쫓는 액땜의 의미가 담겨 있다. 이 풍속에는 여러 배경이 있지만, 기본적으로는 복숭아나무에 귀신을 쫓는 신비한 힘이 있다는 믿음이 깔려 있다.

새해의 의미가 있는 입춘에 '입춘대길 건양다경立春大吉, 建陽多慶'이라고 쓴 입춘첩을 붙이는 풍속 역시 복숭아나무 판자를 붙이는 도부에서 비롯된 것이라고 주장하는 중국의 민속학자도 있다. 역시 복숭아나무가 갖는 신비한 힘이 그 배경인데, 이런 이유에서 중국 역시 우리와 마찬가지로 제사상에는 복숭아를 놓지 않는다. 복숭아가 귀신을 쫓아내는 만큼 혼령이 된 조상님이 복숭아가 무서워 찾아오지 못할 수 있기 때문이다. 이렇듯 중국에서 복숭아는 귀신을 쫓는 축귀이자 액땜의 상징물이다.

지금도 중국에 남아 있는 풍속이지만 중국인은 새해가 되면 연화年畵라는 그림으로 벽을 장식한다. 화교가 운영하는 우리나라 중국 음식점에서도 이를 쉽게 볼 수 있는데, 그림 소재는 주로 축복과 길상의 상징물이다. 재물 신으로 받드는 관우 그림도 있고, 재물과 복을 몰고 온다는 어린 남녀 동자인 금동옥녀金童玉女 그림도 있다. 혹은 재물의 상징인 잉어를 그려놓기도 하는데, 여기에는 복숭아 그림도 빠지지 않는다. 이때 걸리는 복숭아 그림에는 장수와 축복, 액땜을 비롯한 다양한 상징적 의미가 담겨 있다.

『서유기』에서 복숭아를 먹으면 3000년을 산다고 한 것처럼 중국에서 복숭아는 장수의 상징이기도 하다. 때문에 복숭아를 '수도壽桃'라고 부르기도 한다. 중국인들은 아이 생일이 되면 복숭아 모양으로 만든 만두나 과자를 선물하고, 환갑잔치에 복숭아 모양의 떡을 쌓는다. 전통 결혼식에서는 복숭아 모양으로 종이를 오린 전통 문양의 전지剪紙를 붙여놓는데, 이는 복숭아가 장수의 상징이자 생명의 상징인 만큼, 결혼식장에서는 다산의 뜻으로 해석되기 때문이다. 아이를 많이 낳고 부부가 행복하게 해로하라는 의미다. 예전에는 병문안을 갈 때 주로 복숭아 통조림을 들고 갔는데, 여기에도 역시 복숭아에 담긴 장수와 액땜, 그리고 생명력의 회복이라는 민속적 의미가 담겨 있다고 풀이한다.

반대로 복숭아가 들어가는 단어는 대부분 음란물이 된다. 도색桃色은 문자 그대로 복숭아색이라는 뜻이지만, 도색 사진, 도색 잡지, 도색 영화를 비롯해 음란물은 모두 도색으로 치부된다. 복숭아꽃 팔자를 타고났다는 도화살은 바람기가 많은 음란한 여자를 뜻하니, 과거에는 기생이나 첩이 되는 바람직하지 못한 팔자로 꼽았다.

복숭아가 엉뚱하게 음란물의 상징이 된 데는 여러 해석이 있고 복숭아의 생김새를 그 이유로 꼽기도 하지만, 근본적으로 복숭아를 생명력의 원천으로 봤기 때문이다. 생명의 근원 가운데 성적인 부분만 강조하다 보니 음란으로 이어진 것이다.

생육, 길상, 장수의 상징이 된 복숭아

복숭아가 상징적인 의미를 갖는 건 중국에서뿐 아니라 한국과 일본에서도 마찬가지다. 그렇다면 이렇게 다양한 상징성을 띠게 된 이유는 무엇일까?

학자들은 중국 고전에 수록된 전설과 신화에서 그 뿌리를 찾는다. 먼저 복숭아를 먹으면 불로장생한다는 이야기의 뿌리로는 『한무제내전』을 꼽는다. 곤륜산에 사는 신선인 서왕모가 무제에게 복숭아를 주었는데 무제가 먹어보니 달고 맛있었다. 무제가 씨를 뱉어 땅에 심으려 하자 왕모가 이 복숭아는 3000년에 한 번 열매를 맺는데 지상의 땅은 박하여 자라지 못하니 심어봤자 살지 못한다고 말했다. 한 무제와 관련된 설화를 모은 이 책의 저자는 알려져 있지 않지만 후한 때 반고가 썼다는 설, 진나라 때 갈홍이 썼다는 설이 있다. 그렇다면 1~4세기에 중국에 떠돌았던 설화가 반영됐을 것이다. 『서유기』에서 손오공이 먹었다는 선계의 복숭아를 비롯해 사람들이 복숭아를 불로장생의 상징으로 삼게 된 배경이 여기서 비롯된 것으로 보인다.

복숭아를 다산의 상징이며 생명력의 원천이자 나아가 여체의 신비가 깃든 과일로 보는 역사는 뿌리가 더 깊어 춘추 시대 이전 주나라의 노래인 『시경』 「도요桃夭」에 그 원형이 실려 있다.

"싱싱한 복숭아나무여, 붉은 꽃이 화사하네. 시집가는 아가씨여, 집안을 화목하게 하리/ 싱싱한 복숭아나무여, 탐스러운 열매 열렸네. 시집가는 아가씨여, 집안을 화목하게 하리/ 싱싱한 복숭아나무여, 푸른 잎이 무성하네. 시집가는 아가씨여, 집안을 화목하기 하리."

이 시는 아리따운 아가씨가 시집가서 아이를 낳아 자손이 번성하는 과정을 복숭아꽃이 피어 열매를 맺는 과정에 비유하며, 생명의 환희를 노래한 것이다. 지금으로부터 약 2500~3000년 전에 살았던 사람들이 복숭아를 바라봤던 시각이 반영되어 있다.

앞서 언급한 것처럼 오늘날에도 제사상에 복숭아를 제물로 놓지 않는 등 알게 모르게 귀신이 복숭아를 무서워한다는 믿음이 남아 있다. 1세기 한나라 때 왕윤이 쓴 『논형』을 보면 고대 중국 신화를 인용한 다음과 같은 이야기가 실려 있다.

"창해에 도삭산이 있는데 그 위에 큰 복숭아나무가 있다. 구불구불 구부러진 것이 삼천리를 뻗었다. 가지 동북쪽에 문이 있어 모든 귀신이 그 문으로 출입한다. 그 문에 두 명의 신이 있는데 한 명은 신도, 다른 한 명은 울루라고 한다. 두 신은 천제의 명에 따라 문을 지키며 귀신을 감시하는데 해악을 끼치는 귀신이 있으면 끈으로 묶어 호랑이에게 먹이로 던져주었다."

이렇듯 다양한 문헌에 복숭아 상징의 원형이 실려 있는데, 궁극적으로 그 뿌리는 고대 중국 신화집인 『산해경』에 실린 신화에서 찾는다. 『산해경』 곳곳에서 복숭아와 관련된 이야기가 보이는데 그중 핵심이 고대 전설 속의 거인 과보 신화다.

"과보가 태양과 경주를 했는데 해질 무렵이 됐다. 목이 말라 황허강과 웨이수이강의 물을 마셨는데 물이 부족해 북쪽 호수의 물을 마시러 가다가 도착하기 전에 목이 말라 죽었다. 이때 지팡이를 버렸는데 그것이 변해 등림鄧林이 됐다."

내용만 보면 황당무계하기 그지없지만 이를 풀이하면, 과보라는 신이 죽었고 죽은 신의 몸을 퇴비로 삼아 지팡이가 나무로 부활해 숲을 이룬 것이 등림이라는 것이다. 등림은 좋은 나무들로 이뤄진 숲을 말하는데, 보통 복숭아밭을 등림이라고 한다. 도화원이 신들이 노니는 숲, 신선의 숲이 된 이유이자 덩샤오핑의 장녀인 화가 덩린鄧林을 비롯해 중국인들이 등림이라는 이름을 많이 쓰게 된 배경이기도 하다.

『산해경』에 나오는 내용을 종합하면, 복숭아는 신들이 사는 곳에서 사는 나무로 부활을 상징한다. 복숭아가 생명의 상징이 되는 이유다. 이렇듯 복숭아 문화에 일관되게 흐르는 것은 생명 의식이다. 이러한 중국의 복숭아 문화는 고대 중국의 토템 신앙과 생식기 숭배의 연장선에서 비롯됐다고 볼 수 있다. 복숭아의 생물학적 특성과 신화적·문화적 상징성을 빌려 민속신앙이 출발하면서 복숭아가 생육, 길상, 장수의 상징이 된 것이다.

서양은 사과가 신의 과일

〿〿〿〿〿〿〿

중국에서 복숭아가 신선의 과일, 불로장수의 열매인 것처럼 서양에서는 사과가 신의 영역에 속하는 과일이다. 사과는 아담과 이브가 살았던 에덴동산에서 자라는 과일이었고, 먹으면 선과 악을 구분할 수 있는 능력이 생긴다고 했다.

뉴턴은 나무에서 사과가 떨어지는 모습을 보고 중력의 법칙을 생각해냈고, 철학자 스피노자는 내일 지구가 멸망하더라도 오늘 한 그루의 사과나무를 심겠다고 했다. 백설공주가 먹고 정신을 잃었던 과일 역시 사과였고, 빌헬름 텔도 하필이면 아들 머리 위에 사과를 올려놓고 화살을 쏘아 명중시켰다.

이렇듯 서양에서는 모든 과일이 기승전 사과로 통한다. 유럽인들은 그전에 없던 낯선 과일이 전해지면, 일단 사과라고 이름을 붙이고 봤다. 남미가 원산지인 파인애플이 처음 전해지자 유럽인은 솔방울^{pine}을 닮은 과일^{apple}이라고 해서 파인애플이라고 불렀다. 오이, 멜론, 감자의 이름도 한때는 땅에서 나는 사과$^{earth\ apple}$였다. 멜론의 어원은 고대 희랍어 멜로페폰^{melopepon}인데, 멜로는 애플^{apple}, 페폰^{pepon}은 익었다는 뜻이다. 그러니까 멜론은 잘 익은 사과, 즉 열매라는 뜻에서 비롯됐다. 감자와 애플의 관계는 프랑스어에 남아 있다. 프랑스어로 감자는 '폼드테르$^{pomme\ de\ terre}$'인데, 폼^{pomme}은 사과 혹은 열매라는 뜻이고 테르^{terre}는 땅, 대지라는 뜻이니, 프랑스에서 감자는 땅에서 나는 사과 혹은 열매라는 의미였다. 동양이 원산지인 오렌지도 마찬가지인데, 독일어로 오렌지는 '아펠시네^{Apfelsine}'이며 이는 중국에서 건너온 사과라는 뜻이다.

유럽 여러 나라에서 낯선 과일에 모두 사과라는 이름을 붙인 것은 사과가 고대 서양에서 가장 흔했던 과일이었기 때문이다. 그러니 '애플'은 사과라는 특정 과일이 아닌, 식물에서 열리는 모든 열매를 뜻하는 단어라고 볼 수 있다.

중국을 포함한 동양에서도 비슷하다. 새롭고 낯선 과일에는 대부분 복숭아라는 이름을 붙였다. 견과류인 호두는 '서역^胡에서 전해진 복숭아^桃'라는 뜻에서 호두가 됐고, 앵두는 앵무새가 즐겨 먹는 복숭아라는 의미에서 앵도^{櫻桃}다. 키위의 한자 이름은 미후도^{獼猴桃}인데 원숭이가 좋아하는 복숭아라는 뜻 정도가 되겠고, 지금은 다른 한자를 쓰지만 포도^{葡萄}는 '갈대에서 열리는 복숭아를 닮은 열매'라는 뜻에서 포도^{蒲桃}였다. 포도의 어원은 고대 페르시아인 부다와^{budawa}를 음역한 깃이라고 하지만 한자로 이름을 지을 때 복숭아와 연결시켰다는 점에서 서양 사과와 중국 복숭아의 위상을 짐작할 수 있다.

이렇듯 고대 유럽에서는 사과가, 그리고 고대 동양, 특히 중국에서는 복숭아가 절대적인 상징성을 지니고 있었다. 쉽게 따서 먹을 수 있는 생존을 보장해 주는 열매였기에, 과일의 대명사로 자리매김한 게 아닐까? 그 덕택에 천상의 열매이고 신의 열매이자 불로장생의 과일이 된 게 아닐까 싶다.

계륵으로 본
조조의 진짜 모습

우리가 아는 중국은 중국의 본모습이 아닐 수도 있다. 예컨대 중국인을 두고 느리다는 의미의 '만만디'라고 하는데, 중국을 경험한 사람들은 이에 동의하지 않는다. 한국인처럼 성질 급한 사람 눈에도 중국인은 그보다 더 급해서 '콰이콰이快快'한 면이 있다.

우리가 알고 있는 중국에 대한 이미지는 누군가가 만들어낸 허상일 수도 있다. 춘추전국 시대 공자가 살던 중국이나 이태백과 두보가 노래하던 중국과 지금의 중국을 착각한 걸 수도 있고, 역사적으로 중국이 만들어낸 시각을 무비판적으로 받아들였기 때문일 수도 있다.

많은 사람으로 하여금 만두를 제갈공명이 만들었다고 믿게 만든 것처럼『삼국지』도 그런 허상을 만들어내는 데 기여했다. 예를 들어 조조에 대한 평가가 그렇다. 조조는 나관중이 쓴 소설『삼국지』에서는 천하의 간웅으로, 승자의 기록이라고 할 수 있는 정통 역사서인 진수의『삼국지』에서는 불세출의 영웅으로 묘사되고 있는 게 사실이다. 역사관의 차이일 수도 있지만 교묘한 왜곡도 있다. 대표적인 것 중 하나가 유명한 일화인 계륵 이야기다.

계륵에 담긴 조조의 진심

조조는 유비와의 한중 전투에서 싸울 수도 없고 그렇다고 물러서기도 어려운 난감한 심정을 계륵鷄肋, 즉 닭갈비라고 표현했다. 상황을 정확하게 이해하기 위해, 나관중의『삼국시』에서 계륵과 관련된 대목을 정리하면 이렇다.

위의 조조가 촉의 유비와 한중 땅을 놓고 싸움을 벌였을 때다. 한중으로 진격하자니 유비의 수비 때문에 고전을 면치 못하겠고 군사를 거두어 물러가자니 촉나라 병사의 웃음거리가 될 것 같아 조조는 결정을 내리지 못하고 있었다. 저녁 식사 때가 되자 당번 군관이 닭국을 가지고 들어왔다. 조조가 국에 담긴 닭갈비를 보며 생각에 잠겨 있는데 하후돈이 장막을 열고 들어와 야간 암호를 정해달라고 청했다. 이에 조조는 입에서 나오는 대로 '계륵'이라고 했다. 하후돈이 당직 사령을 불러 오늘 밤 암호는 '계륵'이라고 하자, 이 말을 전해 들은 행군주부 양수가 병사들에게 곧 철수를 할 것이니 군장을 꾸리라는 명령을 내렸다. 양수가 철수 준비를 하는 것을 보고 하후돈이 물었다.

"공은 무엇 때문에 짐을 싸는 겁니까?"

양수가 대답하기를, "오늘 밤 암호를 계륵, 즉 닭갈비라고 했으니 위왕이 하루가 지나지 않아 퇴각을 하실 생각인 것 같습니다. 닭갈비라는 것은 먹자니 먹을 고기가 없고 버리자니 그래도 맛이 남아 있습니다. 오늘의 처지가 진격하자니 승리할 자신이 없고 물러나자니 사람들의 웃음거리가 될까봐 두려운 형국이니, 차라리 돌아가느니만 못한 상황입니다."

이 말을 들은 하후돈이 "공이 마치 위왕의 뱃속을 들여다보고 있는 것 같습니다"라며 역시 짐을 꾸리니 진중에 짐을 꾸리지 않는 장병이 없었다.

이날 밤, 조조는 마음이 심란해 쉽게 잠을 이룰 수 없어 진지를 시찰하러 나섰는데, 하후돈의 군영에 도착해보니 병사들이 모두 짐을 꾸리고 돌아갈 준비를 하고 있었다. 급히 하후돈을 불러 그 까닭을 묻자 양수가 대왕의 뜻을 미리 알고 설명을 해주었기 때문이라고 대답했다.

조조가 양수를 불러 물으니 양수가 계륵의 뜻을 설명했다. 조조는 "네가 감히 없는 말을 만들어 병사들의 사기를 떨어뜨리는구나"라고 크게 화를 내며 양수의 목을 베 군문에 걸어놓으라고 명령했다.

여기까지가 소설에 나오는 내용이다. 전쟁터에서, 그것도 적군이 바로 눈앞에 있는데 최고 사령관의 명령도 없이 철군할 것이라 지레짐작해 미리 군장을 꾸린다는 것은 용납할 수 없는 행위다. 그것도 혼자만 짐을 꾸린 것이 아니라 부대 전체가 철수 준비를 하는 상황으로 번졌으니, 군기를 흐렸다는 죄목으로 양수의 목을 벤 것에 대해 조조를 무조건 비난할 수는 없을지도 모른다.

하지만 소설의 다음 대목을 읽어보면, 조조가 양수를 참수한 배경에 사적인 감정이 전혀 없었다고 한다면 그건 거짓말이다. 양수는 원래 재주가 많고 자유분방한 사람이어서 그간 여러 차례 조조의 심기를 건드렸던 것이다.

하루는 조조가 정원을 짓는 공사 현장을 방문해 설계 도면을 보더니 대문에 활活이라는 글자를 써놓고는 아무 말도 하지 않고 돌아갔다. 사람들이 그 뜻을 몰라 걱정을 하다가 양수를 찾아가 물으니 양수가 말했다. "문門에다 활이라는 글자를 써넣었으니 바로 넓을 활闊을 나타내는 것으로, 승상이 정원의 문이 지나치게 크다고 지적한 것입니다."

양수의 풀이를 듣고 사람들이 문을 작게 고쳤다. 조조가 다시 공사 현장을 찾아와 문이 작아진 것을 보고 기뻐하며 어떻게 자신의 뜻을 눈치챘느냐고 물었다. 좌우에서 양수가 승상의 뜻을 알려줬다고 하자 조조는 겉으로는 양수의 비상한 머리를 칭찬했지만 속으로는 양수를 꺼리는 마음이 생겼다.

또 다른 일화도 있다. 하루는 북쪽 요새에서 우유를 말린 치즈 비슷한 음식을 한 상자 보내왔다. 이를 받아본 조조가 상자에다 직접

일합一盒이라고 써서 식탁 위에다 놓았다. 양수가 이를 보더니 거침없이 숟가락으로 치즈를 떠서는 사람들과 나누어 먹었다. 조조가 이유를 묻자 양수가 '일합一盒'을 풀면 '일인일구一人一口', 즉 한 사람당 한 입씩 먹으라는 뜻이므로 숟가락으로 떠먹었다고 대답했다. 조조가 겉으로는 웃었지만 양수를 더욱 꺼리게 됐다.

양수가 지나치게 자신의 총명함을 과시한 점도 있으니 조조의 입장에서는 기분이 나빴을 수 있다. 그렇다고 해도 재능이 뛰어난 부하를 시기하고 질투했을 뿐만 아니라, 결국은 꼬투리를 잡아 죽이기까지 했으니, 무능한 리더의 전형으로 보일 수밖에 없는 대목이다.

양수를 처형한 진짜 이유

이게 정말 사실이라면, 어떻게 이런 인물이 결국 유비와 손권을 제치고 천하를 통일하는 초석을 다질 수 있었을까?

일반적으로 소설은 유비를 부각시키고 그의 정통성을 강조하려다 보니 조조를 필요 이상으로 깎아내렸다는 평가를 받는다. 계륵의 고사도 마찬가지다. 양수를 죽일 수밖에 없었던 조조의 속마음이 닭갈비의 고사를 통해 철저하게 왜곡됐다는 것인데, 실제 역사적 사실과 당시 정황으로 판단해보면 조조가 양수를 죽인 배경에는 다른 사람들이 미처 헤아리지 못했던 또 다른 깊은 뜻이 숨어 있다.

일단 정통 역사책인 진수의 『삼국지』에는 계륵과 관련된 이야기가 나오지 않는다. 당연히 양수가 왜 죽었는지, 또 언제 죽었는지에 대한 기록조차 없다. 『삼국지』「위서·무제기」는 한중 전투의 기록으로, 하후연과 유비가 양평에서 전투를 벌일 때 3월에 조조가 장안을 떠나 한중의 곡창 지대인 사곡에 도착했고, 유비가 험준한 지형을 이용해 수비했다는 정도로만 적혀 있다.

계륵에 관한 내용은 훗날 삼국지에 주석을 단 『배송지주裴松之注』가 적어 넣었다. 『배송지주』는 "『구주춘추九州春秋』에 이르기를 왕이 계륵이라는 암호를 내리자 관속들이 그 뜻을 몰랐는데 주부인 양수만이 스스로 장비를 꾸렸다. 이유를 묻자 양수는 '무릇 닭갈비라는 것이 버리기에는 아깝지만 먹기에도 별 소득이 없으니 한중에 비유한 것이다. 왕의 뜻이 돌아가려는 것이다'라고 했다. 5월에 군사를 이끌고 장안으로 돌아갔다"라고 주석을 달았을 뿐이다.

나관중의 소설 『삼국지』는 『배송지주』의 주석을 바탕으로 한 것인데, 『배송지주』는 5세기 남조 시대의 송나라 역사가로 황제의 명을 받아 진수의 책에 주석을 달아 보완한 인물이다. 참고로 『배송지주』가 인용한 『구주춘추』는 삼국 시대 직후인 서진 때의 역사가 사마표가 후한 말기, 즉 삼국 시대를 주름잡았던 군벌들의 활동 사실을 기록한 책으로 원본은 소실됐다고 알려져 있다.

그러니까 진수의 『삼국지』를 비롯한 정통 역사책에는 소설 『삼국지』와는 달리 양수가 왜 죽었는지에 대한 기록이 없는 셈이다. 다만 많은 역사학자는 조조가 양수를 처형한 진짜 이유에는 자신이 죽은 뒤의 위나라의 기반을 굳건히 다지려는 깊은 뜻이 담겨 있다고 해석한다. 소설에서처럼 양수가 자신의 재능을 지나치게 과시하며 출싹거리다 조조의 질투를 받아 죽은 것이 아니라 권력 투쟁 과정에서 희생됐다는 것이다.

양수가 처형당할 무렵, 조조는 자신을 이어 위나라를 다스릴 후계자로 조비를 책봉해놓은 상태였다. 그런데 동생인 조식이 형의 자리를 넘봤다. 이때 조식에게 여러 차례 지혜를 빌려준 사람이 바로 머리가 비상하다는 양수였다. 소설에도 조식이 양수의 비상한 재능을 높이 평가해 만나면 담론을 펼쳤는데, 날이 밝는 줄도 모르고 밤새 대화를 나누었다는 장면이 나온다. 조조는 양수가 조식을 도와 태자인 조비를 해치려는 것을 알고 점점 더 양수를 경계했다. 그러다 급기야는 죽이게 된 것인데, 양수가 처형당한 진짜 이유는 단지 그의 머리가 비상했기 때문만은 아니었다. 조식의 참모가 되어 지혜만 빌려주는 정도였다면 굳이 죽임까지 당하지는 않았을 것이다.

조조 입장에서는 조비의 권력 기반을 확실하게 다지기 위해 양수만큼은 반드시 처형해야 했는데, 그 이유는 바로 양수의 배경에 있었다. 양수는 박학다식하고 말솜씨도 좋아 조조가 문서와 장부를 담당하는 관직인 주부主簿로 삼았는데, 본인이 똑똑했을 뿐만 아니라 집안 자체도 손꼽히는 명문가였다.

양수의 조상은 한고조 유방을 도와 한나라 건국에 큰 공을 세웠기에 제후에 봉해진 인물이다. 먼 조상뿐만 아니라 고조부인 양진, 증조부 양병, 조부 양사, 부친 양표가 모두 삼공의 지위에 올랐고, 후한 말기 양수의 집안은 『삼국지』에 나오는 원술 가문과 맞먹을 정도였다고 한다. 양수 개인의 총명함을 떠나 배후에 막강한 세력을 업고 있는 이런 인물이 셋째 아들인 조식과 결탁했으니 태자인 조비에게는 엄청난 위협이 될 수밖에 없었다.

게다가 그는 당시 명문세가였으며 한때 조조와 라이벌이었던 원술 가문과도 혈연으로 이어져 있기까지 했다. 양수는 원술의 조카로 원문에는 생甥이라고 적혀 있어 조카인지 외손자인지 분명치 않지만, 나이로 볼 때 원술의 조카일 가능성이 높다. 보통 원술의 여동생이 양수의 아버지인 양표에게 시집을 와 양수를 낳은 것으로 본다.

『삼국지』「위서열전」에도 이런 이유로 양수가 처형당했다고 나온다. 조식이 조조의 총애를 잃고 있는 상황에서 자칫 왕자들 사이에 싸움이 일어날 경우, 조식의 편에 선 양수는 요주의 인물이었다. 양수의 재능이 아깝지만 처형할 수밖에 없었던 것은 이미 양수가 조비와 조식의 후계자 싸움에 깊이 개입했기 때문이라는 이야기다.

조식의 날개를 제거해 후계자 조비의 통치 기반을 확고하게 하려는 조조의 생각을 나관중은 소설에서 엉뚱하게 왜곡해놓았는데, 양수는 누구보다도 자신이 처해 있는 상황을 잘 알고 있었기에 죽을 때도 "생각보다 늦게 처형을 당한다"는 말을 남겼다고 한다. 그리고 양수가 죽고 100여 일이 지난 후 조조가 사망하고 조비가 왕위에 올랐으니 조조 역시 재능이 뛰어난 양수의 처형만큼은 최대한 뒤로 늦추고 싶었던 것이 아닐까 싶다.

참고로 소설『삼국지』에서는 한중 공략에 대해 조조가 계륵처럼 먹자니 먹을 것이 없고 버리자니 아까워 우유부단하게 결단을 내리지 못한 것으로 묘사했지만 실제는 달랐다. 조조는 한중 공략이 어려워지자 천하의 요새이며 식량 창고인 한중을 과감하게 포기하고 철군을 결정했다.

계륵의 진짜 이야기를 통해 본 조조. 과연 난세의 간웅이었을까, 치세의 영웅이었을까? 계륵의 진실을 통해 이제는 우리에게 익숙해서 당연하게 여기게 된 중국이 아닌, 중국의 진짜 모습을 보려는 노력을 해야 할 때가 아닌가 싶다. 우리 옆에 있는 중국이 점점 커지고 있다.

제갈공명의
만두 발명설

『삼국지』를 읽다 보면 음식 이야기가 심심찮게 보인다. 제갈공명이 만두를 만들었다는 이야기도 그중 하나다. 하지만 나관중이 쓴 『삼국지』는 어디까지나 소설이다. 삼국 시대의 역사적 사실을 소재로 스토리를 지어낸 것이다. 『삼국지』의 내용 가운데 70퍼센트는 실제지만 30퍼센트는 사실과 다른 창작이라고 한다. 만두의 유래도 마찬가지다.

제갈공명이 남만을 정복하고 돌아오는 길에 노수라는 큰 강을 건너려는데 갑자기 거센 풍랑이 일었다. 하늘이 노했기 때문에 산 사람을 제물로 바쳐 하늘을 달래야 한다는 말에 밀가루 반죽에 고기를 싸서 사람 머리 모양으로 만들어 강물에 던져 제사를 지냈다. 그러자 풍랑이 가라앉아 대군이 무사히 강을 건넜다는 것이 소설의 내용이다. 만두라는 이름도 원래 남만 오랑캐의 머리처럼 빚었기 때문에 '만두蠻頭'였는데, 음식 이름치고는 너무 끔찍해 훗날 '만두饅頭'로 바뀌었다고 한다.

이 이야기는 모두 허구지만 단 하나, 역사적 사실과 정확하게 일치하는 부분이 있다. 바로 만두가 삼국 시대에 처음 만들어졌다는 사실이다. 제갈공명이 만든 것은 당연히 아니고, 처음 만든 사람이 누구인지는 아무도 모른다. 만두가 삼국 시대 무렵에 생겼다는 사실은 중국 역사에서, 나아가 동양의 생활사에서 중요한 의미가 있다.

천자와 부자들만 먹는 요리

중국은 만두와 국수의 나라다. 그런 만큼 보통 중국인들은 만두와 국수가 중국에서 처음 만들어져 세계로 퍼져나갔다고 말한다. 심지어 이탈리아의 스파게티도 『동방견문록』을 쓴 마르코 폴로가 원나라를 다녀간 후 전파했다고 말하는 사람도 있다. 중국에서 만두와 국수가 발달한 것만은 분명하다. 그런데 조금 이상한 부분이 있다.

빵과 국수, 그리고 만두는 모두 밀가루를 반죽해 만든다. 서양에서 최초의 빵은 고대 이집트에서 만들어졌다. 원시적 형태겠지만 기원전 10세기 이전으로 추정한다. 그리스인들과 로마인들도 빵을 먹었다. 중국에서 한나라가 세워지기 이전의 일이다.

그런데 같은 밀가루 음식임에도 중국인들이 국수와 만두를 먹은 시기는 훨씬 늦다. 우리가 아는 국수는 당나라 내지는 송나라 때 처음 생겼다. 만두 역시 한나라가 망한 후, 그것도 삼국 시대가 거의 끝나갈 무렵에야 만들어졌다. 만두라는 이름의 음식은 제갈공명이 죽은 지 50년쯤 지난 3세기 말의 진晉나라 사람 속석이 쓴 『병부』라는 문헌에 처음 나온다. 「떡의 노래」라는 글이다.

봄의 시작은 음양이 교차하는 때로 추운 기운이 사라지고 따뜻해지는 시기이기에, 이때를 맞춰 만두饅頭를 차려놓고 하늘에 제사를 지낸다는 내용이다. 복잡하게 표현해놓았지만, 한마디로 새해 첫날인 설날에 만두로 제사를 지냈다는 것이다. 그런데 여기서 쓴 만두의 한자가 상당히 낯설다. 우리가 알고 있는 한자가 아니라 '늘일 만, 아름다울 만饅' 자를 썼다. 아름다운 음식이라는 뜻인 것 같은데, 왜 이렇게 표현했을까?

비슷한 시기에 만두와 관련된 또 다른 기록이 있다. 진晉나라 때 하증(199~278)이라는 재상이 있었다. 엄청난 부자인 데다 미식가로 소문난 인물이다. 식도락으로 얼마나 이름을 날렸는지 『진서』에서 별도의 열전으로 다뤘을 정도다.

『진서』의 「하증전」에는 하증이 증병蒸餠을 먹는데 그 끝이 열 십十자로 갈라져 있지 않으면 손을 대지 않았다고 나온다. 증병은 밀가루를 쪄서 먹는 것으로, 고기나 채소를 소로 넣지 않은 만두, 즉 지금 중국에서 먹는 만터우와 비슷한 음식이다. 끝이 십자 모양으로 갈라지려면 숙성이 제대로 되고 알맞은 온도에서 적정 시간 쪄내야 하는 만큼 당시 엄청 정성을 들여 만든 음식이다. 만두의 일종인 증병을 먹었다는 하증은 199년에 태어나 278년에 사망했으니 속석보다는 조금 빠르고 제갈공명과는 비슷한 시대를 살았다. 속석의 만두와 하증의 증병은 만두가 삼국 시대 말 혹은 진晉나라 초기에 탄생했음을 보여준다.

그런데 삼국 시대에 등장한 만두는 당시 아무나 먹을 수 있는 음식이 아니었다. 만두는 새해 하늘에 제사를 지낼 때 썼던 제물이었고 천자가 제사를 주관했다. 제사를 마친 후에는 음복으로 만두를 먹었다. 밀 자체가 제왕이나 어마어마한 부자가 아니면 엄두도 낼 수 없는 곡식이었던 것이다.

한나라 관리의 직책 중에는 아예 천자한테 밀로 된 음식을 만들어주는 벼슬까지 있었다. 『한서』「백관공경표」에 탕관湯官이라는 직책이 보이는데, 글자 뜻 그대로 풀이하면 국 끓이는 관리라는 뜻이다. 담당 업무와는 관계없는 단순히 벼슬 이름일 수도 있겠지만, 일반적으로는 국수나 만두 같은 밀가루 음식인 탕병湯餅 담당 관리였을 것으로 해석된다.

밀가루가 만두가 되기까지

한나라 때 천자나 부자가 만두를 먹었고 심지어 밀가루 음식 담당 관리까지 별도로 두었던 건 밀과 밀가루가 그만큼 귀했기 때문이다. 대개 중국에서 밀가루 음식을 먹기 시작한 것은 빠르면 기원전 3세기 이전의 전국 시대 말, 늦으면 기원전 2~기원전 1세기 무렵의 한나라 때로 본다.

실제로 밀가루 음식을 뜻하는 병(餠)이라는 한자가 처음 보이는 것도 이 무렵이다. 전한 시대 말기의 학자인 양웅(기원전 53~기원후 18)이 쓴 한자 사전인 『방언』에 처음 보이는데, 밀반죽으로 만든 수제비 혹은 밀반죽으로 빚은 경단이라고 풀이해놓았다. 중국에서 현재 이 한자는 쌀가루가 됐건 밀가루가 됐건 가루로 만드는 음식을 뜻하지만, 당시만 해도 아직 쌀을 먹지 않았던 북방의 한나라에서 비롯된 글자이니 밀가루 음식을 의미하는 것이었는데, 국수건 만두건 모든 면식이 여기서 비롯된 것으로 본다.

중앙아시아가 원산지인 밀은 물론 한나라 이전에 전해졌다. 하지만 밀가루 음식이 한나라 때 등장한 건 밀이 밀가루가 되려면 껍질을 벗겨서 빻아 가루로 만드는 복잡한 과정을 거쳐야 하기 때문이다. 현재 발견되는 실물 자료만 봐도, 중국에서 맷돌과 같은 연마 도구가 만들어진 것은 한나라 초기다.

사실 밀(소맥)(小麥)이 중국에 전해진 것도 생각보다 오래되지 않았다. 춘추 시대 무렵으로 추측되는데, 이 무렵 중국 땅에 살던 사람들이 주로 먹었던 곡식으로는 기장, 조, 토란이 있다. 왕과 귀족은 기장, 평민은 좁쌀을 먹었고 밀은 특별한 날에 천자나 부자들이 먹는 곡식이었다. 아직 맷돌이 발명되지 않았을 때이니 밀을 주로 끓여서 밥이나 죽으로 먹거나 볶아서 먹었다.

그런데 기원전 2세기에 한 무제의 명으로 서역에 간 장건이 그곳 들판에서 왕이나 부자들만 먹는 곡식인 밀을 대량으로 재배하는 모습을 봤으니, 놀라지 않을 수 없었을 것이다. 이런 놀라움은 『사기』와 『한서』에 호들갑스럽게 기록되어 있다.

실크로드가 열리면서 중국에 서역의 밀이 빠른 속도로 전해졌고, 동시에 맷돌을 비롯한 연마 도구와 제분 기술이 전해지면서 밀가루가 만들어졌다. 그 결과 기원전 1세기 무렵에 수제비 비슷한 밀가루 덩어리인 병餅이라는 음식이 등장했다. 2세기 무렵에는 밀가루를 새끼줄처럼 길게 만든, 국수의 원형이라고 할 수 있는 삭병索餅이 보이고 3세기 삼국 시대 말기에 드디어 만두가 등장했다.

흥미로운 사실은 지금 우리가 쓰는 한자를 보면 밀이 중국에 전해진 과정과 밀을 접한 당시 사람들의 반응을 알 수 있다는 것이다. 바로 밀을 뜻하는 한자 '맥麥'과 '밀가루 면麵'을 통해서다.

먼저 『시경』의 주나라의 노래를 보면, 우리에게 밀을 내어주신 것은 하늘이 백성을 두루 키우려는 것이라는 구절이 있다. 기원전 11세기에 주나라를 건국했다는 전설적 시조이며 후대 사람들이 농업의 신으로 받든 후직의 공덕을 노래한 시다. 밀을 하늘이 내려준 곡식으로 여겼으니 밀에 대한 옛사람들의 생각을 짐작할 수 있겠는데, 한나라 때의 한자 사전인 『설문해자』에 재미있는 풀이가 나온다.

맥麥은 '올 래來' 자 아래에 '천천히 걸을 쇠夊' 자로 이뤄진 글자다. '래'는 온다는 뜻으로 풀이하지만 옛날에는 전혀 다른 의미, 즉 밀이라는 뜻이었다. 줄기 양옆으로 이삭이 패어 있는 곡식을 나타내는 상형문자다. 그러니까 밀麥이 천천히 전해진夂 것이 바로 밀과 보리라는 뜻의 맥麥 자다. 실제로 밀은 중동에서 시작해 중앙아시아를 지나 서역을 거쳐 중원으로 머나먼 길을 돌아서 천천히 전해졌다. 풀이해보면 '맥'이라는 한자에 이런 의미가 고스란히 담겨 있다.

밀가루를 뜻하는 면麵 자도 마찬가지다. 우리는 이 글자를 국수라는 뜻으로 쓰지만 정확한 의미는 밀가루다. 『설문해자』에도 면은 밀가루라고 나온다. 면이 왜 밀가루인지는 옛날 한자인 '면䴛' 자를 보면 분명해진다. 이 글자는 맥麥 자와 '가릴 면丏' 자가 합쳐진 글자인데 밀 낱알을 갈아서 본래의 낱알이 보이지 않게 가렸다는 의미다. 서역에서 밀이 전해지고 이어 맷돌을 비롯한 연마 도구가 전해지면서 밀 낱알이 밀가루로 변하는 과정을 지켜보는 옛사람들의 경이로움이 글자에 반영된 것이 아닌가 싶다.

이렇게 만들어진 음식이 『삼국지』에 나오는 만두였으니 밀과 분식, 그리고 만두는 천자의 음식이 될 수밖에 없었다. 하지만 밀을 더욱 곱게 갈아 면발이 기다란 국수를 뽑고, 밀반죽을 평평하게 펴 그 속에 고기와 채소를 넣어 지금의 만두처럼 찌려면, 500~1000년의 세월을 더 기다려야 한다. 지금 우리가 즐겨 먹는 만두와 국수가 그렇게 만만하게 우리 입속으로 들어온 것은 아니다.

송강 농어에 담긴
남북조의 역사

역사상 중국에서 제일 맛있는 생선은 아마 송강의 농어인 듯싶다. 고향의 농어가 먹고 싶다며 높은 벼슬까지 팽개치고 낙향한 사람도 있고, 온갖 진수성찬에 입맛이 길들여진 황제조차 농어회를 먹고는 맛있다며 젓가락을 놓지 못했다.

'순갱노회蓴羹鱸膾'라는 말이 있다. 순蓴은 순채라는 채소, 노鱸는 생선 농어로 고향에서 먹던 순챗국과 농어를 생각한다는 뜻이다. 고향을 그리워하는 마음, 혹은 재물이나 권력에 연연하지 않고 자기 뜻대로 인생을 산다는 의미로 쓰인다. 이는 3세기 말, 위진 시대의 진晉나라 재상 장한이 가을바람이 솔솔 불어오자 고향의 순챗국과 농어가 생각난다며 벼슬을 버리고 고향으로 훌쩍 돌아가버린 데서 생긴 말이다.

얼핏 들으면 이렇게 멋진 말이 없고 장한 역시 호연지기로 가득 찬 인물 같지만 내막을 알고 보면 이야기가 달라진다. 진나라가 망하는 과정과 그 후 중국이 오호십육국 시대로 접어들면서 시작된 혼란의 역사가 '순갱노회'라는 말 속에 고스란히 녹아 있기 때문이다. 순갱노회, 그 진실은 과연 무엇일까?

순갱노회의 진실

농어를 먹겠다고 고향으로 돌아간 장한의 고사는 『진서』「장한열전」에 나온다. 장한은 낙향을 결심한 뒤 친구 고영에게 이런 말을 한다.

"지금 천하가 어지럽고 전란이 하루도 그칠 날이 없다. 무릇 명성이 멀리 사해에 떨쳐 있는 사람은 자리를 떠나고 싶어도 쉽지 않겠지만 나는 본래 숲속에서 사는 것이 어울리는 사람으로 이 시대에 별로 기대하는 바가 없다. 당신도 나아갈 때와 물러날 때를 잘 헤아려 뒷일을 잘 살펴보기 바란다." 그러자 고영이 장한의 손을 잡고 처연하게 말하기를, "나 역시 당신과 함께 남산의 고사리를 캐며 삼강三江의 물을 마시며 살고 싶다"고 한다.

작별 인사가 비장하기 짝이 없는데, 결심을 굳힌 후 가을바람이 불기 시작하자 장한은 고향의 농어와 순채가 먹고 싶다는 핑계로 미련 없이 벼슬을 버리고 고향으로 돌아갔다. 얼마 후 조정에서 정변이 일어났다. 장한이 모셨던 주군이 죽임을 당했고 주변의 관리들도 무사하지 못했다. 장한만 벼슬을 버리고 고향으로 돌아온 덕분에 살아남았으니, 순갱노회라는 말은 벼슬보다 맛있는 음식이 더 좋다는 낭만이나 인생을 초연하게 바라보는 달관의 경지와는 거리가 멀다.

진나라는 265년, 『삼국지』에 나오는 사마중달의 손자 사마염이 조조의 손자인 위 원제 조환을 몰아내고 세운 나라다. 290년, 초대 황제였던 사마염이 죽자 내분이 일어났고 어린 혜제가 뒤를 이었는데, 황태후 양씨가 선황의 뜻이라는 핑계를 대며 자신의 아버지 양준을 재상에 앉히고는 국정을 농단했다. 그러자 정치적 야심이 컸던 혜제의 부인, 황후 가씨가 가만있지 않았다. 황제의 친인척이며 지방 제후인 왕들과 손을 잡고 양씨를 몰아냈다. 이때 시작된 것이 진나라를 혼란으로 몰고 간 팔왕의 난이다.

먼저 황후 가씨는 여남왕 사마량, 초왕 사마위와 손잡고 황태후 양씨 일족을 몰아낸 후, 구실을 만들어 사마량과 사마위도 죽였다. 그리고 스스로 국정을 맡으니 이번에는 가씨 세상이 됐다. 이후 301년 혜제의 당숙뻘인 조왕 사마륜이 군사를 일으켜 황후 가씨 일당을 죽이고 혜제를 폐위시킨 후 스스로 황제가 됐다. 하지만 곧 다른 친척인 제왕 사마경과 성도왕 사마영의 공격을 받아 자살했고, 쫓겨난 혜제가 다시 황제 자리에 앉았다. 물론 실권은 혜제의 복위를 도운 제왕 사마경이 잡았다.

이때의 제왕 사마경이 장한의 주군이다. 장한은 제나라 땅인 오군 吳郡 사람으로 재주가 뛰어난 데다 인물이 호방하고 작은 일에 구속 받지 않아 널리 이름이 알려졌다고 한다. 그렇기에 사마경이 권력을 잡자 장한을 낙양의 조정으로 불러 동조연이라는 직책을 맡겼다. 동 조연은 승상 밑에서 각 부의 사무를 담당하며 문관과 무관의 인사 를 관장하는 주요 관직이었다. 인사권을 갖는 자리였으니 실세 중 의 실세였고 반대로 정적에게는 숙청의 대상이었다. 이렇게 어지러 운 세상에 인사를 담당하는 주목받는 보직을 맡았으니 가시방석에 앉아 있는 기분이었을 것이고, 그래서 고향 농어와 순채가 그립다는 핑계로 미련 없이 벼슬을 버리고 떠났던 것이다.

실제로 장한이 고향으로 떠난 후 낙양에서는 사마경을 상대로 장 사왕 사마예司馬乂가 다른 왕자(성도왕 사마영, 하간왕 사마옹)들과 손잡 고 군사를 일으켜 정권을 다투었는데, 이 과정에서 사마경은 죽었고 그 측근들도 대부분 무사하지 못했다. 다시 사마예를 몰아낸 이는 동해왕 사마월이었다. 사마월은 한때 손잡았던 다른 왕자들을 죽이 고 혜제의 뒤를 이어 회제를 황제로 삼으며 실권을 잡았다. 이때가 306년으로 16년에 걸친 내란이 막을 내린다.

하지만 진나라 건국 시조인 무제를 중심으로 숙부와 아들, 조카 등의 친척 관계였던 여덟 명이 서로 물고 물리면서 다투는 와중에, 이민족인 북방의 흉노와 선비의 군대를 용병으로 끌어다 쓰면서 나 라는 약해졌고 무기력해졌다. 이후 용병으로 싸우며 진나라의 허약 한 모습을 직접 눈으로 본 북방의 이민족과 지방 세력들이 각자 나

라를 세우면서, 중국 전역이 100년 넘게 혼란에 빠진 오호십육국 시
대를 맞게 된다.

벼슬도 버린다는 송강 농어의 비밀

장한은 고향의 농어를 핑계 삼아 정치 싸움으로 어지러운 정국을
피해 낙향한 덕분에 정변에 휘말리지 않고 살 수 있었다. 직업 선택
의 자유가 있는 오늘날에도 고향 음식이 먹고 싶다는 이유로 사표
를 내면 정신 나갔다는 소리를 듣기 십상이다. 평양감사도 자기 싫
으면 그만이라지만, 군주의 한마디에 목숨이 오가는 4세기 초의 난
세에 고향의 농어가 생각난다며 사직서를 썼다는 것이 아무래도 이
상하다. 송강 농어가 얼마나 맛있으면 위기 상황의 정국에서 중요
직책을 맡은 고위직 관리가 사직서를 낼 만한 구실이 됐을까?

옛날 중국이라면 충분한 핑곗거리가 됐을 것 같다. 깜빡 숨이 넘
어갈 만큼 송강 농어를 좋아한 사람이 한둘이 아닌데 그중 첫 번째
인물이 바로 조조다.

삼국 시대 조조가 송강 농어를 먹고 싶어하다가 도사에게 희롱당
하는 장면이 소설 『삼국지』에도 나온다. 좌자左慈는 어려서부터 도
술을 배워 귀신을 부릴 줄 알았다. 조조가 어느 날 잔치를 열어 진수
성찬을 차렸는데 마침 송강의 농어가 빠졌다. 송강은 오나라에 속한
땅이다. 조조가 송강의 농어를 먹고 싶다고 하자 좌자가 걱정 말라

며 자기가 바로 구해오겠다고 큰소리쳤다. 그러고는 구리 쟁반에 물을 떠오라고 한 뒤 낚시를 드리우고는 바로 농어를 낚아 올렸다. 조조가 이번에는 촉의 생강이 떨어졌다고 하자 좌자가 또 도술로 생강을 구해왔다. 이는 소설뿐만 아니라 역사책에도 수록돼 있는 이야기다. 『후한서』「방술열전」에는 좌자가 도술로 농어를 구했다는 장면만 보이는데, 사실 좌자는 조조를 옆에서 보필했던 참모였다. 이를 나관중이 슬쩍 끌어다 조조를 희롱하는 도인으로 둔갑시킨 것이다.

송강 농어에 넋을 잃고 입맛을 다신 사람으로 수양제도 빼놓을 수 없다. 6세기 말 천하를 통일한 수양제가 수도인 장안을 떠나 남쪽으로 순시 여행을 하던 중 오군에 도착했다. 수양제가 왔다는 소식을 들은 현지 관리가 송강에서 농어를 잡아 회를 뜨고 곁들여 먹을 양념장을 만들어 바쳤는데, 맛을 본 수양제가 입을 다물지 못한 채 "이것이 바로 동남 지방에서 유명하다는 금제옥회로구나"라며 젓가락을 놓지 못했다고 한다. 옥회는 송강 농어의 생선살이 옥처럼 하얗다고 해서 지어진 이름이고 금제는 금빛처럼 빛나는 양념장으로, 앞서 말한 귤껍질로 만든 양념이다. 당나라 때의 『수당가화』와 송나라 때의 『태평광기』에 관련 내용이 실려 있다.

이렇듯 진나라의 장한은 물론이고 조조와 수양제, 그리고 송나라 때의 미식가로 유명한 소동파 역시 적벽부에서 송강 농어를 노래했으니, 옛날 중국의 권력자와 시인 묵객들이 하나같이 송강 농어를 한 번 먹어보는 것을 소원으로 삼았을 정도로 송강 농어의 맛이 뛰어났던 모양이다.

그런데 이런 중국의 기록을 읽다 보면 이상한 부분이 보인다. 우리나라에서는 농어를 여름에 맛있는 생선으로 분류한다. 반면 송강 농어는 가을을 최고로 꼽는다. 나라가 다르니 계절 따라 느끼는 입맛이 다를 수 있다 치더라도 이해가 안 가는 부분이 있으니, 바닷물고기인 농어가 중국에서는 민물인 송강에서 잡힌다는 것이다.

송강松江은 소주 부근을 거쳐 지금의 상하이 쑹장구를 지나 바다로 흘러가는 강이다. 사실 송강 농어(학명 T. Fasciatus)는 우리가 알고 있는 바닷물고기 농어와는 다른 물고기다. 바다와 강을 오가는 회유성 어류지만 일반적으로 강에서 잡히는 민물고기이며, 바닷물고기인 농어보다 크기도 훨씬 작아 어른 손바닥에 놓일 정도다.

조조에서부터 수양제, 장한과 소동파까지 수많은 권력자와 문인들이 호들갑을 떨었으니, 조선의 선비들도 송강 농어의 정체가 궁금했던 모양이다. 이에 정약용을 포함한 조선의 학자들이 『아언각비』 등의 여러 문헌에서 정체를 밝혀놓았는데, 한강을 비롯해 우리나라 여러 강의 하구에서 잡혔던 '꺽정이'가 바로 송강 농어라고 한다.

꺽정이는 지금은 보호종이지만 예전 우리나라에서는 비교적 흔한 생선이었다. 똑같은 물고기인데 고려와 조선의 선비는 그다지 눈길도 주지 않았던 반면, 중국에서는 요란을 떨었던 이유가 궁금하다. 입맛의 차이였을까 아니면 문화의 차이였을까. 그것도 아니면 희소성 때문이었을까?

참고로 중국에서는 송강 농어가 역사적으로 워낙 유명한 생선이다 보니, 지금도 상하이 등지에서는 농어 요리를 특산물로 선전하고 심지어 송강 농어라며 광고까지 한다. 하지만 오늘날 중국의 농어 요리는 송강 농어가 아니라 바닷물고기 농어다. 송강 농어는 국가 2급 보호동물이어서 포획 및 판매가 금지돼 있다. 그러니 이제는 진짜 송강 농어라면 먹는 것 자체도 위법인 셈이다.

송강 농어와 관련된 고사는 조선 시대 이래로 지금까지 우리나라 역사책과 문학에서도 적지 않게 인용되고 있는 이야기다.

순갱노회의 고사는 장한의 멋과 낭만, 그리고 호연지기를 말할 때나 농어회의 맛을 품평할 때 주로 거론되지만, 내막을 한 꺼풀 벗겨 속을 들여다보면 그 내용이 완전히 달라질 수 있다. 송강 농어의 사례는 빙산의 일각일 뿐이다. 우리가 아는 상당수의 중국 고사가 실제와는 다르게 알려져 있는 경우가 적지 않다.

동지팥죽과
양쯔강 민초의 삶

우리나라에서는 동짓날 팥죽을 먹는다. 왜 팥죽을 먹는지, 어디서 어떻게 시작된 풍속인지 그 배경도 들어서 대충 알고 있다. 귀신이 팥의 붉은색을 무서워하기 때문에 팥죽을 먹어 액땜을 한다는 것인데, 그 뿌리는 6세기 무렵의 중국 문헌인『형초세시기』에서 찾는다.

"공공씨共工氏에게 재주 없는 아들이 있는데 동짓날 죽어 역귀가 됐다. 붉은 팥을 무서워했기에 동지에 팥죽을 끓여 귀신을 물리치는 것이다."

미개한 사람들이 믿었던 미신 같지만, 자세히 살펴보면 미신보다는 과학에 가깝다. 그리고 그 안에서 5~6세기 위진남북조 시대 사람들의 생활상도 엿볼 수 있다.

양쯔강의 홍수와 전염병

동지팥죽을 통해 중국 역사를 들여다보려면 『사기』에 나오는 복날의 기원처럼 『형초세시기』의 의미를 먼저 알 필요가 있다. 중국, 나아가 동양 최초의 세시기라는 『형초세시기』는 형초荊楚 지방에서 행해지는 24절기의 풍속과 당시 사람들의 활동, 절기에 얽힌 전설과 설화 등의 기원을 기록한 책이다. 예를 들어 단오에 관한 기록에서는 단오에 쑥을 뜯어 문에 걸어놓는 것은 나쁜 독기를 쫓아내기 위함이라고 했는데, 예전에 우리나라에서 단오에 쑥떡을 먹은 유래 역시 여기서 찾아볼 수 있다.

『형초세시기』는 6세기 남북조 시대, 양나라 종름(500?~563?)이 썼고 7세기 두공섬이 주석을 달아 보충했다. 499년에 태어나 563년에 사망한 종름은 원래 조상 대대로 허난성 덩저우에 살았다. 그러나 종름이 태어나기 약 200년 전인 4세기 초, 서진 말기에 난리를 피해 양쯔강 중류 지역으로 이사를 왔다. 종름이 살았던 형초 지방은 지금의 후베이성 전체와 후난성 북부 지역이다. 양쯔강 중류인 만큼 토지가 비옥하고 물산이 풍부해 6세기 무렵에는 황허강 유역의 시안, 뤄양 등의 중원과 함께 양쯔강을 중심으로 한 남방 문화의 중심지였다.

형초 지역은 역사적으로도 뿌리가 깊은 땅이다. 춘추전국 시대에는 초나라가 있었던 지역이고 한 문제가 전국을 13주로 나눌 때 형주도 그중 하나였다. 한나라 말 삼국 시대에 유비가 이곳을 근거지로 삼았을 때는 이미 전국의 10대 상업 도시에 들어갔을 정도로 번성한 지역이기도 했다. 따라서 형초 지방의 중심지인 형주는 동진을 비롯해 남조 시대 내내 그리고 수나라와 당나라가 중국을 다시 통일한 후에도 수도인 장안(시안)과 함께 남쪽의 수도 역할을 했다. 우리나라로 치면 서울에 대응하는 부산쯤 된다고 하겠다.

　그러니 동지팥죽의 유래인 "공공씨 아들이 팥을 무서워했고 죽어서 역귀가 됐고 어쩌고저쩌고……"라는 『형초세시기』의 내용은 단순하게 미개한 지역의 원주민이 미신에 빠져서 하는 허튼소리로 치부할 수가 없다. 오히려 이 말이 상징하는 진짜 의미를 파악해야겠는데, 이를 위해서는 먼저 공공씨와 그 아들의 정체부터 알아야 한다.

　공공씨의 존재에 대해서는 다양한 해석이 가능하다. 일단 전설상으로는 옛날 중원에 나라가 세워질 무렵, 그러니까 하, 은, 주 시대에 황허강 중류 지역인 허난성 일대를 다스렸던 씨족장으로 본다. 황허강의 치수에 성공해 주나라 임금이 된 우에 대적했지만, 우임금이 황제 부족을 이끌고 제압했다고 한다. 의미를 풀이하면 황허강의 홍수를 다스렸다는 말이 된다. 신화적으로는 공공씨 자체가 황허강을 다스리는 동시에 홍수도 일으키는 강의 신이다.

　반면 재주가 없다고 하는 공공씨의 아들 역시 상징적 의미가 있다. 아버지와 달리 물을 다스리는 능력도 없이 인간에게 해코지만 했기 때문이다. 이런 아들이 하필 동짓날 죽어 역귀가 됐다. 역귀는 전염병을 옮기는 귀신이다. 정리하면 강의 신 공공씨가 분노해 홍수를 일으켰고 그로 인해 재주 없는 아들이 전염병을 옮겼다는 소리가 된다.

형초 지방은 양쯔강 중류 지역이다. 옛날부터 홍수가 잦았던 곳으로 유명한 양쯔강 중류 지역은 연간 평균 강수량이 1800~2000밀리미터인 데다 집중 폭우가 쏟아지기 때문에 오늘날에도 홍수로 인한 피해가 엄청난 곳이다.

종름이 살았던 6세기 무렵의 홍수에 대한 기록은 없지만,《런민일보》에 따르면 청나라 동치 9년인 1870년, 홍수로 후베이성 일대 30개 현이 쑥대밭이 된 적이 있었다. 1931년과 1935년에도 양쯔강에 대홍수가 있었는데 이때 사망자 수만 각각 14만 명과 8만 명이었다. 비교적 최근인 1998년의 대홍수는 20세기가 끝나갈 무렵이었음에도 공식 발표된 사망자 수가 4150명이었고 직접적인 경제 손실만 2551억 위안에 달했다.

양쯔강의 홍수는 이렇게 고질적이었는데, 제방 시설이 훨씬 더 잘 갖춰졌을 현대에도 피해 규모가 이 정도였으니, 『형초세시기』가 나올 무렵인 6세기에는 홍수로 인한 피해가 얼마나 컸을지 어렵지 않게 상상할 수 있다.

게다가 홍수에 자연스럽게 뒤따르는 것이 전염병이다. 방역 시설이 전무했을 6세기에는 홍수를 겪은 후 전염병이 필연이었을 것이기에, 그 두려움이 홍수를 일으키는 강의 신인 공공씨의 재주 없는 아들이 죽어서 역귀가 됐다는 말로 표현된 것으로 보인다. 뒤집어보면 일반 민초들은 홍수에 가진 것을 몽땅 떠내려 보내고 전염병에 시달리며 힘든 삶을 살았다는 것인데, 동지에 먹는 팥죽에는 이런 고난을 극복하려는 백성의 생활이 반영되어 있는 셈이다.

왜 하필 팥죽이었을까?

『형초세시기』에는 역귀가 된 공공씨 아들이 생전에 붉은 팥을 무서워했기에 동지에 팥죽을 끓여 귀신을 물리친다고 나온다. 여기서 특히 주의 깊게 볼 부분이 있다. 우리는 지금 귀신이 팥의 '붉은색'을 무서워하기 때문에 동지팥죽을 먹는다고 하지만, 『형초세시기』에서 역귀가 무서워하는 것은 붉은 '팥'이다. 붉은색에 방점을 찍으면 주술적 해법이 되지만, 팥에 강조점을 두면 영양학적 해결책이 된다.

동짓날은 양력으로 12월 21일 또는 22일 무렵이다. 겨울 중에서도 가장 추울 때다. 형초 지방은 양쯔강 유역인 만큼 기온은 많이 떨어지지 않아도 습도가 높아 한기가 뼛속을 파고드는 것처럼 오슬오슬 추운 곳이다. 이럴 때 뜨거운 팥죽을 먹으면 한기를 쫓아 추위를 이겨내고 동시에 겨울철 부족했던 영양을 보충할 수 있다. 더군다나 역귀는 전염병을 옮기는 귀신인 만큼 몸이 따뜻하고 영양 상태가 좋으면 병을 예방하고 이겨내기가 더 쉽다. 동지팥죽에는 이렇게 액운을 막는 주술적 의미와 전염병을 치료하고 예방하는 영양학적 이유가 모두 담겨 있다.

그런데 왜 하필이면 팥죽이었을까? 정확한 이유를 알 수는 없지만 팥죽을 통해 5~6세기 중국의 시대 상황을 다양한 관점에서 볼 수 있다. 『형초세시기』에는 10월 초하루에 기장죽을 먹는다고 나온다. 기장은 북방에서 주로 먹는 음식이다. 10월 상달은 3세기 이전 진나라의 새해가 시작되는 날이었다. 북방 사람들은 이 명절날에 깨죽과 팥밥을 먹는다고 적혀 있다. 형초는 양쯔강 유역이지만 북방 사람은 황허강 유역에 살던 사람들이다. 『형초세시기』에 적힌 동지와 10월 상달의 세시풍속에는 엄청난 숫자의 난민이 오호십육국 시대 혹은 남북조 시대에 북쪽의 난리를 피해 남쪽으로 내려와 진나라의 새해 첫날이나 동지 같은 명절을 지냈다는 사실이 반영되어 있다.

또 한 가지, 5~6세기 무렵에는 일반 백성에게 팥이 최고의 영양식이었을지도 모른다. 6세기는 아직 벼농사 지역인 중국 남방에도 쌀이 널리 퍼지지 못했을 때다. 그러니 일반 백성한테는 칼로리가 높은 팥이 특별 영양식 역할을 했을 것으로 짐작된다. 실제로 팥은 당시 의사들이 병을 치료하는 묘약으로 활용하기도 했다. 『형초세시기』를 쓴 종름과 비슷한 시기를 살았으며 같은 양나라 사람인 도홍경은 『신농본초경』에서 팥은 부기를 가라앉히고 고름을 없애준다고 했으니 전염병 역귀를 물리치는 데는 안성맞춤이었을 것이다.

끊임없이 이어지는 북방의 전란에 쫓겨 남쪽으로 내려간 피란민, 때마침 쏟아진 폭우로 범람한 양쯔강, 전쟁과 자연재해의 와중에 퍼진 전염병. 북방 음식인 팥죽 한 그릇으로 상달과 동짓달의 시름을 달래며 새해의 안녕과 무사를 기원하는 모습이다.

지금은 재미 삼아 먹는 동지팥죽 한 그릇이지만 그 속에는 1500년 전 형초 지방에 살았던 사람들의 고난과 생활상이 고스란히 녹아 있다.

최초의 합격 기원 음식,
돼지족발

한국, 중국, 일본에는 오랜 역사와 전통을 자랑하는 합격 기원 음식이 있다. 우리나라에서 시험에 붙기를 빌며 먹는 음식은 단연코 엿이 으뜸이다. 언제부터인지는 모르지만 꽤 오래전부터 엿을 먹으며 합격을 빌었던 것 같다. 아마 과거 제도가 있었던 조선 시대 이래로 이어져 내려온 풍속이 아닐까 싶다.

일본의 전통적인 합격 기원 음식은 찹쌀떡이다. 그중에서도 배가 불룩하게 단팥을 꽉 채워넣은 찹쌀떡, '다이후쿠모찌大福餅'를 먹으며 합격을 빌었다. 중국은 지역에 따라 다소 차이가 있지만, 일반적으로는 중국인들이 추석에 먹는 것과 같은 월병이나 나무 잎사귀에 찹쌀밥을 싼 '쭝쯔粽子'를 먹는다. 이때 먹으면 장원 급제한다는 뜻에서 월병은 장원병, 쭝쯔는 장원쭝이라 부른다.

나라마다 다른 합격 기원 음식의 유래에는 각각의 사연과 기원이 있다. 하지만 음식을 먹으면서까지 합격을 빌고 빌었던 절실한 마음은 세 나라가 모두 동일하다. 그런데 서양에서는 합격 기원 음식이 보이지 않는다. 동양 고유의 풍속이라고 할 수 있겠는데, 그렇다면 동양인은 언제부터 음식에다 시험 통과의 소망을 담아 먹기 시작했으며 최초의 합격 기원 음식은 무엇이었을까?

과거 시험 보는 날엔 돼지족발

남아 있는 기록은 없으니 전설처럼 전해지는 이야기를 토대로 추측해보면, 아마 당나라 선비들이 과거 시험을 보러 갈 때 먹었다는 돼지족발이 최초가 아니었을까 싶다.

당나라 때는 과거 시험이 끝나 장원 급제자가 나오면 붉은색 먹으로 급제자의 이름과 답안지 제목을 적어 당나라 수도였던 장안에 있는 대안탑에다 붙였다. 이렇게 장원 급제자의 이름과 시제를 붉은 글씨로 적은 대자보를 '주제朱題'라고 했다. 중국어로는 '주티'다.

그런데 이 주티朱題와 돼지족발을 뜻하는 '주티猪蹄'가 발음이 같다. 그렇기에 과거를 보러 가는 당나라 선비들이 돼지족발을 먹으며 장원 급제해 자기 이름과 답안 제목이 붉은색 먹으로 쓰여 대안탑에 내걸리기를 소원했다는 것이다.

실제로 당나라 때부터 이어져 내려온 풍속인지는 알 수 없지만 지금도 중국 일부 지방에서는 시험 볼 때 합격을 빌며 돼지족발을 먹는다. 돼지족발의 유래가 진실인지 확인할 방법은 없지만, 당나라 때 과거에 급제하면 붉은색으로 이름과 시제를 적는 주제라는 제도가 있었던 것은 사실이다.

돼지족발을 먹으며 장원 급제를 빌었다는 이야기는 재미로 듣는다 치더라도, 왜 하필 당나라를 시대 배경으로 삼았을까 싶은데 거기에는 나름 이유가 있다. 이는 중국의 과거 제도가 당나라 때 정착된 배경과 관련이 깊다. 당시 대다수 선비에게 장원 급제가 얼마나 간절하고 절실했을지 보다 쉽게 이해할 수 있다.

과거 제도는 수나라 때부터 시작됐다고 보는 것이 일반적이다. 관점에 따라 수 문제를 시초로 보기도 하고 양제 때부터 실시됐다고 보기도 한다. 북주의 뒤를 이어 581년에 수나라를 건국한 문제는 연호를 개황으로 바꾸고 7년째 되던 해인 587년, '세공삼인歲貢三人'이라는 인재 채용 방식을 정례화했다. 이는 황제의 명으로 각 주에서 해마다 세 명의 인재를 추천하면 이들이 중앙이 모여 시험을 치르도록 한 후 그중에서 인재를 뽑아 관리에 등용하는 방식이다. 누구나 과거를 볼 수 있는 것이 아니라 지방 관리의 추천을 받아야만 했다는 점에서는 예전과 차이가 없지만, 해마다 정기적으로 치르도록 했다는 점에서 과거 제도의 시초라고 볼 수 있다.

반면 과거 제도의 시작을 양제 때로 보는 관점은 양제가 황제가 된 대업 원년인 605년에 처음으로 진사과를 신설해 자격 조건이 되는 인재를 직접 시험을 통해 선발했다고 주장한다. 중국은 물론 한국, 베트남, 일본으로 퍼진 동양 과거 제도의 표준이 이때 만들어졌다.

과거 제도가 수나라에서 시작됐다고 하지만 그렇다고 이전에 공개적인 인재 채용이 없었던 것은 아니다. 시험에 의한 관리 등용은 한나라 이전부터 있었다. 한나라 때는 각 주에서 한 명의 인재를 추천받았는데 이때 추천받은 인물을 '수재秀才'라 했다. 또 각 군으로부터 약간 명을 추천받았는데 이들을 '효렴孝廉'이라 불렀다. 그리고 이들을 모두 중앙으로 불러 모아 이중에서 인재를 뽑아 관리로 선발했다.

삼국 시대가 끝난 후 위 문제 때는 구품중정제가 도입된다. 인재 추천권을 가진 관리가 출신 성분과 품성에 따라 민간에서 인재를 선발해 추천하면, 이들을 심사해 자격에 따라 9등급의 관리로 임명하는 제도다. 하지만 나중에는 귀족 세력과 지방 호족 세력이 인재 추천권을 독점하면서 인재를 발굴해 뽑는다는 당초의 의도와 멀어졌다.

과거 제도를 포함한 시험 제도는 겉으로는 덕망 있고 실력 있는 인재를 발굴해 관리로 중용하는 것이 목적이었지만, 한편으로는 지방 호족 세력을 견제하고 왕권을 강화하려는 목적도 있었다. 봉건 시대가 지나 중앙 집권이 강화되면서 호족 세력을 견제해야 할 필요성이 커졌기 때문인데, 수나라 때 다듬어진 과거 제도를 이후 당나라에서 정기적으로 시행해 자리를 잡았고 송나라 때부터는 완전 정착돼 관리 채용 방식으로 일반화됐다.

바꿔 말해 당나라 후기부터 과거에 의한 관리 선발의 비중이 높아지고 귀족들도 과거를 통해 관료가 되면서 이전 왕권과 권력을 나누어 가졌던 지방 가문의 세력이 약화됐다. 그 결과 송나라 때는 과거 제도가 정착됨과 동시에 문치주의를 바탕으로 가문에 의한 권력의 세습이 형식상으로는 사라지게 됐다. 명문 권력 가문 집안의 자손이 아니더라도 과거에 장원 급제하면 재상이 되고 출세할 수 있는 길이 열린 것이다.

기록상으로 최초 장원 급제의 주인공은 당고조 무덕 4년(621)에 실시한 진사과 과거 시험에서 일등을 차지한 손복가다. 과거 제도를 창안한 수나라에는 장원 급제자에 대해 남겨진 자료가 없다. 손복가는 지금의 허베이성 출신으로 수나라 때 말단 관리에서부터 관직을 시작했다. 수나라 말년에 만년현이라는 곳에서 법조 벼슬을 했는데 지금의 경찰서장쯤 되는 자리다. 역사서에 집안 배경이 나오지 않는 것을 보면 명문가 출신은 아닌 듯하다. 수나라가 망한 후 당나라 때 실시한 과거 시험에 참가해 장원으로 급제해 중앙 조정에 진출했고, 나라를 세운 지 얼마 안 된 고조 이연에게 언로를 열고 정사에 힘쓰라고 직언하면서 인정을 받았다. 이어 아들인 당태종 이세민 역시 손복가의 재능을 높이 사서 관직이 지금의 성장급인 산시陝西 자사에까지 올랐다.

명문 권력자 집안의 자제도 아닌 평범한 말단 관리 출신이 과거에 장원 급제한 이후에는 중앙으로 진출해 황제와 함께 정사에 참여하고 성장까지 됐으니, 과거 제도가 시행된 이후에는 똑똑하기만 하면 누구나 장원 급제를 통해 출세할 수 있다는 희망을 품었을 것이다. 금수저가 아닌 흙수저들에게는 음식 하나를 먹을 때도 합격의 소망을 담았을 만큼 장원 급제의 꿈이 간절하고 절실할 수밖에 없었다.

틀리면 먹물 먹기

과거 시험이 평민들에게는 이무기가 용이 될 수 있는 절호의 기회였던 것과 마찬가지로, 황제에게는 인재를 발굴해 관리로 중용함으로써 세습 호족의 세력을 견제해 왕권을 강화할 수 있는 기회이기도 했다. 과거 시험에 장원 급제하면 당장 관청이나 황제가 마련한 잔치가 줄줄이 이어졌고, 그 자리에서 신분이 달라졌음을 바로 느낄 수 있도록 극진히 대우했다. 당연히 선발 과정도 엄격했는데, 초창기에는 그 정도가 지나쳐서 개그의 소재로 삼을 만한 정도다.

지금은 거의 쓰지 않는 표현이지만, 예전에는 공부는 많이 했지만 별 볼 일 없는 지식인을 비꼬아서 말할 때 먹물깨나 마셨겠다며 비아냥댔다. 오징어 먹물도 아니고 붓글씨 쓰는 먹물을 마신다는 것이 가당치도 않지만, 이는 실제로 과거 시험을 제대로 보지 못하면 벌칙으로 먹물을 마셔야 했던 것에서 유래한 말이다.

남북조 시대 북제 때 있었던 일이다. 북제는 550년부터 577년까지 불과 27년을 존속했던 나라지만, 수나라에서 과거 제도가 시행되기 전에 벌써 옛 북위의 제도를 이어받아 인재 선발 고시를 실시했다. 각 군현에서 인재를 추천받아 황제 앞에서 시험을 치르는 수재와 효렴 같은 시험이었는데 이때 황당한 일이 있었다.

황제가 조정에 앉아 친히 시험을 주재했는데, 글씨를 제대로 못쓰는 자가 있으면 일으켜 세워 벌로 먹물 한 되를 마시게 했고, 글자 중에 문장이 제대로 안 될 정도로 탈자나 오자가 있으면 답안지를 추적해 역시 먹물 한 되를 마시도록 했다. 『수서』 「예의지」에 나오는 기록이니 먹물깨나 마셨겠다는 말이 그냥 생긴 말이 아니라 역사 기록에 근거를 두고 있음을 알 수 있다.

시험 응시자에게 먹물을 먹인 까닭은 단순히 실력이 안 되는 선비 망신 주기의 차원을 떠나서 관리 선발이 그만큼 엄격했음을 말해준다. 거기에 지방에서 인재를 추천할 때 글씨조차 제대로 못 쓰는 엉터리를 선발할 정도로 농간이 심했기 때문에 생겨난 현상이 아니었을까 싶다.

황제가 열어주는 축하 잔치

반면 과거 시험에서 장원으로 급제하면 파격적인 대접을 받았는데, 관청과 황제가 주도해 베푸는 잔치도 그중 하나였다. 과거 시험의 종류와 시대에 따라 차이가 있지만 역사적으로 일곱 개 잔치가 널리 알려져 있다. 녹명연, 경림연, 응양연, 회무연, 탐화연, 곡강연, 소미연으로 이중 소미연만 급제자 집안에서 마련하는 자축 잔치다.

먼 옛날 남의 나라의 과거 합격 축하 잔치지만 우리나라 과거 잔치에도 적지 않은 영향을 미쳤고, 또 이들 잔치를 통해 당시 장원 급제의 의미와 시대상도 엿볼 수 있다.

먼저 녹명연은 당나라 때 시작됐는데 황제 앞에서 보는 시험인 전시가 아닌 지방에서 보는 시험인 향시가 끝난 후에 급제한 사람들에게 베푼 잔치다. 향시에 방이 붙은 다음 날 과거를 주관한 지방 관청에서 현지 수령이 급제자와 그 지방 관리 및 유지들을 초청해 잔치를 베풀었으니 향시에 급제만 해도 벌써 우쭐한 기분이 들었을 것 같다. 경림연은 송나라 때 황제 앞에서 치른 전시에서 급제해 새롭게 진사가 된 인재를 위해 열었던 잔치로, 송 태조가 카이펑에 있는 황실 정원인 경림원에서 잔치를 베풀었기에 생긴 이름이다. 응양연은 청나라 때 무과 향시에 방이 붙은 인재를 위해 합격자와 감독관이 참석해 열었던 잔치로, 응양鷹揚은 매가 날아가는 모습을 상징하는 이름이다. 또한 회무연은 전시 중에서도 무과 급제자를 위한 잔치였다.

당나라 때 황제 앞에서 치른 전시에서도 장원 급제하면 잔치가 줄줄이 이어졌다. 그중에서도 첫 번째로 열린 축하연이 탐화연이다. 당나라 때의 세시풍속을 적은 『진중세시기』에는 탐화연이 진사가 되면 제일 먼저 곡강 기슭의 살구꽃이 만발한 행원에서 꽃을 꺾어 급제를 축하했던 잔치라고 풀이해놓았다. 꽃을 찾는다는 뜻의 탐화探花는 잔치 이름이기도 하지만, 진사과 전시에서 3등 급제자를 일컫는 명칭이기도 했다. 장원 급제가 진사, 2등이 방안, 3등이 탐화였다. 급제자들은 탐화연을 시작으로 문희연, 앵도연, 곡강연, 안탑제명 등의 잔치와 행사가 끊이지 않았는데, 도성을 떠나 고향으로 돌아갈 때까지 연회가 없는 날이 없을 정도였다.

장원 급제를 축하하는 잔치 중에서도 가장 으뜸은 당나라 수도 장안 동남쪽의 연못인 곡강曲江에서 열렸던 곡강연이었다. 당나라 때 과거에 급제해 방이 붙는 날이 마침 당나라 3대 명절 중 하나이면서 삼월 삼진날의 기원이 되는 상사일 무렵이었기에, 곡강에서는 명절 잔치와 신진 진사 축하 잔치를 비롯해 다양한 행사가 열렸다. 그중에서도 가장 화려했던 것이 장원 급제 축하 잔치로, 이 곡강연에는 황제가 직접 참가하는 것이 관례였다. 황제가 보낸 잔칫상 사이에서 황제, 공주, 대신들이 모두 모여 함께 곡강 주변의 풍광을 감상하고 궁중의 맛있는 음식을 맛보았다.

이 곡강연은 이후 점차 성격이 변하면서 흐르는 물에 술잔을 띄우고 술잔이 흘러 멈추는 곳에 앉은 사람이 벌주를 마신 뒤 시를 짓는 시 낭송회로 성격이 바뀌었는데, 이런 놀이를 '곡강유음曲江流飲'이라고 한다. 신라 때 유적인 경주 안압지가 바로 곡강유음의 흔적이다.

곡강연 중에서 유명한 잔치가 앵도연이다. 당 희종 때인 877년에 시작됐다니 비교적 나중에 시작된 잔치인데, 『당척언』에 따르면 유공의 둘째 아들이 급제한 것을 축하해 열었다고 한다. 앵두가 처음 열리는 때에 설탕과 유제품인 유락乳酪을 담아 새 봄과 장원 급제를 축하했다고 나온다. 앵도연은 후세에까지 지속돼 청나라 때도 이어졌고 바다 건너 조선에서도 장원 급제 축하 잔치로 자리 잡았다. 안탑제명은 곡강연이 끝난 후 이어진 행사로, 장원 급제한 진사가 수도 장안에 있는 대안탑에 자신의 이름을 써놓는 것이다. 이는 앞서 말한 돼지족발을 합격 기원 음식으로 먹게 된 유래가 됐다.

장원 급제를 자축하는 잔치로는 소미연이 유명하다. 이 잔치는 원래 8세기 초반 당나라 때 위거원이 재상으로 승진하자 황제와 동료 대신들을 집으로 초청해 자축연을 연 것에서 비롯됐다. 이후 유행을 해서 당나라 때 문헌인『봉씨견문록』에는 과거에 장원 급제를 하거나 승진을 하면 집집마다 자축연을 여는데 각종 진수성찬과 술을 준비하고 음악과 가무를 마련해 손님을 접대했다고 전한다. 소미연이라는 이름은 꼬리를 태우는 잔치라는 뜻이다. 등용문의 전설에서 잉어가 용이 될 때 꼬리를 태워 흔적을 없애는 것처럼 신분이 상승했으니 자리에 걸맞게 처신하라는 의미가 담겨 있다.

소미연은 그 시작이 승진 기념 자축연이었고 이어 장원 급제 자축연으로 발전했지만, 훗날에는 초호화판 잔치로 변질됐다.『변물소지』라는 문헌에는 소미연에는 보통 58가지의 산해진미를 차리는데 맛도 맛이지만 요리 하나하나를 정교한 조각물처럼 아름답게 장식해 미각과 시각을 모두 황홀하게 만들었다고 기록되어 있다. 예컨대 '수정용봉고'라는 요리는 1미터 높이로 떡을 쌓은 것인데, 마치 꽃이 활짝 핀 듯한 모습이고 겉에는 대추를 촘촘히 박아 장식해 화려하기가 그지없었다. '금은협화평절'이라는 음식은 게살을 발라서 꽃빵 사이에 끼워 층층이 쌓아 올린 것이고, '금령자'는 당시에는 서역에서 먹던 귀한 음식인 버터를 발라 황금빛 방울처럼 구운 요리다. 심지어 사람의 젖으로 닭고기를 삶은 '선인련'이라는 음식도 있었으니 세월이 흐를수록 도를 넘는 사치로 변질됐다. 소미연은 이후 초화화 잔치로 사회적 지탄을 받은 데다 잔치 비용 때문에 살림살이가 모두 거덜 났는지 한 세대를 유행하다 결국에는 중단됐다.

이렇듯 과거 시험의 일차 관문인 향시에만 붙어도 관청에서 잔치를 열어주고 장원 급제를 하면 황제가 직접 잔치를 베풀어줄 정도로 우대했으니, 수나라 때 시작된 과거 제도는 곧 자리를 잡아 당나라와 송나라를 거치면서 확실한 신분 상승의 기회가 됐다. 그리고 이는 무력에 바탕을 둔 호족 세력이 무너지고 문민정치가 이뤄지는 결정적 계기가 됐다.

장원 급제. 개인적으로 가문의 영광인 것은 물론이고 정신을 차릴 수 없을 정도로 연이어 열리는 축하 잔치에서부터 신분 변화를 실감할 수 있었으니, 자나 깨나 음식을 먹을 때조차 장원 급제의 꿈을 꾸지 않을 수 없었을 것이다. 지금은 재미 삼아 먹는 합격 음식 하나에도 꽤 깊은 역사가 담겨 있다.

두보가
소고기 과식으로 죽은 사연

당나라 대표 시인 이태백(701~762)과 두보(712~770)의 죽음은 그들의 시풍만큼이나 대조적이다. 시의 신선이라는 소리를 듣는 이태백은 낭만적 시풍처럼 술에 취해 세상을 떠났다. 반면 시의 성인으로 추앙받는 두보는 소고기를 과식해 사망했다. 두 사람 모두 위대한 시인의 죽음치고는 어처구니가 없어서 더 비극적이다. 특히 두보의 죽음은 황당하기까지 하다. 암담한 현실 속 세상을 비판하고 난리 속에서 헤어진 가족을 그리워하며 눈물짓던 두보였으니 쉰아홉 살의 나이로 세상을 떠난 그의 죽음은 어딘가 비장해야 할 것 같지만 현실은 그렇지 않았다. 그저 빈속에 소고기를 너무 먹어 죽었을 뿐이다.

두보가 후난성을 돌아다니다 뇌양이라는 곳에 머물 때였다. 그곳 호수의 섬에 있는 악묘嶽廟가 유명해 유람을 떠났는데 마침 폭우가 쏟아져 꼼짝없이 섬에 갇혔다. 물이 잔뜩 불어 열흘 동안 빠져나오지 못하면서 제대로 먹지도 못했다. 소식을 들은 현감이 배를 마련해줘서 돌아왔는데, 당나라 역사를 기록한 정사인 『구당서』와 『신당서』는 모두 그날 저녁 현감이 배편에 함께 보내준 소고기와 술을 먹고 두보가 세상을 떠났다고 기록하고 있다.

열흘 동안 제대로 먹지 못한 상태에서 소고기를 과식하여 체한 것이 직접적인 사망 원인이었다는 것인데, 그 사망 원인이 허망함을 넘어서 황당하다고까지 하는 이유는 두보가 먹은 것이 당시 먹어서는 안 되는 금단의 음식인 소고기였기 때문이다.

금단의 음식, 소고기

에덴동산의 선악과도 아니고 소고기가 왜 금단의 음식일까 싶겠지만, 당나라 때는 소고기를 함부로 먹을 수 없었다. 당나라뿐만 아니라 중국 역사에서 소는 함부로 잡거나 먹어서는 안 되는 동물이었다.

옛날부터 중국은 물론이고 우리나라나 일본 등의 동북아시아 국가에서 농사에 절대적으로 필요한 소를 함부로 잡지 못하게 한 것쯤은 누구나 알고 있을 것이다. 하지만 소고기를 놓고 법을 집행하는 관청과 소고기를 먹으려는 소비자 사이에 벌어진 '밀당'의 역사는 그렇게 간단하지 않았다. 소고기를 먹고 사망한 두보의 죽음을 일례로, 금단의 음식이었던 소고기의 역사와 소 도축 금지의 역사를 살펴보면 그 과정이 꽤나 복잡하다.

두보가 먹고 사망한 소고기가 불법으로 도축되고 유통된 소고기였는지의 여부는 지금 판단할 수 없다. 당나라 때 소를 함부로 도살하지 못했던 것은 사실이지만 또 그렇다고 소고기 자체가 완전히 금지됐던 것은 아니기 때문이다.

소고기를 먹을 수는 있었다. 다만 이유를 불문하고 살아 있는 소를 함부로 잡지는 못했다. 법적으로는 자연적으로 수명을 다해 병사한 소의 고기만을 먹을 수 있었다. 그러니 소고기가 흔할 리도 없거니와 늙거나 병들어 죽은 소의 고기가 썩 맛있었을 리도 없다. 상식적으로 현감이 당대의 유명한 시인 두보에게 당시 인기가 높았던 양고기, 하다못해 돼지고기를 제쳐두고 이런 소고기를 보냈을 것 같지는 않다. 싱싱하고 맛있는 소고기를 보냈을 텐데, 그렇다면 법 위반이다.

당나라 법령인 『당률』과 여기에 주석을 달아놓은 해설서인 『당률소의』를 보면 살아 있는 소를 함부로 죽였을 때의 처벌은 결코 가볍지 않았다. 관청의 소나 개인의 소를 의도적으로 도축할 경우 1년 반의 도형徒刑에 처한다고 나온다. 자기 소유의 소라도 함부로 잡으면 1년의 도형을 받도록 되어 있다. 내 집에서 내가 키우는 소도 함부로 잡아먹지 못하게 할 정도로 통제가 엄격했다.

도형이란 어떤 벌일까? 당나라 형법을 기록한 책에 따르면 다섯 가지 형벌에 해당되는 강제노역형을 일컫는다. 일종의 노예살이다. 복역 기간은 1년에서 3년까지 5등급으로 나누었으며 곤장 10대와 반년의 복역 기간을 한 등급으로 정했다. 내 소를 마음대로 잡아먹 었다고 곤장 10대와 1년의 강제 노동을 해야 했으니 지금 생각해보 면 가혹하기 짝이 없다. 하지만 소 도축을 처벌했던 역대 중국 왕조 의 법률 중에서 당나라 형법이 특별히 더 엄격했던 것은 아니다. 다 른 왕조에 비하면 오히려 가벼웠다고 할 수 있다. 다소 차이는 있지 만 역대 중국 왕조에서는 모두 소 도축을 엄하게 다스렸다.

중국의 소 도축 처벌법

소를 함부로 잡지 못하게 한 역사는 뿌리가 깊어서 3000년 전인 주나라 이전으로 거슬러 올라간다. 이 무렵의 소는 농사용이 아니라 하늘에 바치는 제물이었다. 그리고 제물로 바치는 가축은 신분에 따 라 차이가 있었다. 춘추전국 시대 이전 주나라 때는 천자와 제후만 이 소를 제물로 바칠 수 있었다. 왕이 아니면 소를 제물로 쓸 수 없 었으니 제사를 끝내고 음복으로 그 고기를 먹을 때도 소고기를 먹 을 수 있는 자격은 왕을 비롯한 최고 지배층에게만 있었다.

전국 시대로 접어들면서 소 도축은 더욱 엄격하게 제한됐다. 전국 시대는 중국에서 청동기 시대가 끝나고 철기 시대가 시작될 무렵이다. 철 쟁기의 등장과 함께 소가 농사짓는 데 없어서는 안 될 가축이 됐다. 주나라 때도 신분에 따라 제물로 바치는 가축의 종류가 정해져 있었기 때문에 소는 제후가 아니면 잡을 수 없었지만, 국가 기간산업인 농업 생산에 소가 절대적으로 필요해지면서 실용적인 이유로 소를 보호해야만 했다. 그 결과 중국 최초의 통일 왕조인 진秦나라 때부터 소가 법률로 보호받기 시작했고, 소 주인이라도 함부로 소를 잡아먹지 못하게 됐다.

그 최초의 기록이 기원전 81년 한나라 때 소금과 철의 전매 제도에 대한 논쟁을 엮은 『염철론』에 실려 있다. "진나라에서는 말을 훔치면 사형이고 소를 훔치면 가형枷刑에 처했다." 가형은 칼을 씌우는 형벌이다. 사극에서 죄인들이 칼을 뒤집어쓰고 앉아 있는 모습을 보면 얼핏 신체의 자유만 억압할 뿐 그다지 무겁지 않은 형벌처럼 보이지만 실상은 그렇게 만만한 형벌이 아니었다. 기록을 보면 칼에도 10등급이 있다고 나오는데 '숨 쉬기가 힘든 칼', '죽은 돼지가 부러운 칼', '죽여달라고 애걸하는 칼' 등 이름부터가 무시무시하다.

가형은 앉지도 눕지도 못하고 선 채로 고통을 받다가 하루를 넘기지 못하고 죽을 정도로 가혹한 형벌이었다. 실제 진나라의 가형이 어땠는지에 대한 기록이 없어 정확히 알 수 없지만, 말을 훔쳤다고 사형에 처하는 진나라 형법이 소를 훔쳤다고 가볍게 처벌했을 것 같지는 않으니 거의 사형에 가까운 벌이 아니었을까 싶다.

한나라도 마찬가지였다. 소 도축을 엄격히 금지해 위반할 경우 주살했으니 살벌하기 그지없다. 그러니 당나라 때 곤장을 맞고 1년 반

동안 강제 노동을 하는 것은 그에 비하면 아무것도 아니었다.

옛날이야 형벌이 필요 이상으로 엄격했다 하더라도, 중세로 접어든 10세기 이후 송나라 무렵에도 소를 사사로이 죽이면 갖가지 형벌을 받았다. 송나라 초기의 형법인『형통』에는 관청의 소가 됐건 개인의 소가 됐건 소를 죽인 자는 곤장 20대를 때리고 1년 동안 노역을 시킨다고 했으니 당나라 때보다 크게 완화된 것이 거의 없어 보인다.

송나라는 농업이 기간산업인 나라였으니 소 보호 정책이 엄격했다 치더라도, 유목민이기 때문에 가축의 고기를 많이 먹고 또 농업도 중시했지만 상업 정책에도 역점을 두었던 원나라 때 역시 소에 대한 보호 조치는 강화됐다. 그리고 이러한 소 보호 정책은 명나라와 청나라까지 이어졌으니 중국인들은 맞아 죽을 각오로 소고기를 먹었던 셈이다.

명나라 법전인『대명률』과 여기에 주석과 해설을 단『대명률집해부례』에도 자기가 기르는 소와 말이라도 함부로 죽이면 곤장 100대에 처한다는 조항이 명시되어 있다. 참고로 낙타와 당나귀를 함부로 죽일 시에는 곤장 80대라고 나온다. 명나라 법률을 이어받은 청나라의『대청률례』에도 똑같은 조항이 보인다.

그래도 소고기를 먹어야겠습니다

回回回回回回回

법 조항과 처벌이 이렇게 엄격했으니 그렇다면 중국에서는 이슬람교도가 돼지고기를 절대적으로 금기시하는 것처럼 실제로도 소고기를 먹지 않았어야 했다. 하지만 현실은 그렇지 않았다. 소고기를 과식해 사망한 두보를 비롯해 적지 않은 역사 속 인물이 버젓이 소고기를 먹었다. 그리고 역사서와 문학서에는 소고기로 인해 일어난 별별 황당한 사건들이 기록되어 있다. 이를 어떻게 해석해야 할까?

우리가 아는 인물 중에서 대놓고 소고기를 즐겨 먹었던 사람은 『삼국지』에 나오는 동탁이다. 후한 말기의 권력자로 소제를 강제로 폐위시키고 헌제를 옹립해 공포정치를 펴면서 후한의 멸망을 가속화시킨 인물이지만, 젊었을 때는 호방한 성격의 협객이었다.

소설 『삼국지』에는 나오지 않지만 진수의 『삼국지』를 비롯해 『후한서』「동탁열전」에는 동탁이 젊어서 서북방 강족의 천하를 다니며 여러 호걸과 사귀었는데 후에 고향에 돌아가 농사를 지을 때 당시 사귀었던 호걸들이 찾아오자 농사짓는 소를 잡아 잔치를 열어 손님에게 대접했다는 기록이 보인다. 이에 여러 호걸이 그의 호방함에 감동해 집으로 돌아가 여러 잡다한 가축 1000마리를 보내주면서 동탁의 이름이 세상에 널리 알려졌다고 한다.

동탁이 젊었을 때면 삼국 시대가 시작되기 전인 한나라 말기다. 그러니 법대로라면 농사짓는 소를 함부로 잡으면 사형에 처했을 때다. 그럼에도 동탁이 농사짓는 소를 잡아 손님을 대접했다는 역사 기록에서 몇 가지 사실을 유추해볼 수 있다.

첫째, 『후한서』의 기록에 의하면 동탁은 농서현 임조현 사람으로, 지금의 간쑤성 남부 지역에 해당된다. 중원에서 보면 강족이 사는 서북방 지역으로 중앙의 권력이 제대로 미치지 않는 곳이다. 둘째, 훗날 동탁이 황제를 폐위시키고 멋대로 공포정치를 폈던 만큼 젊었을 때도 법 따위는 개의치 않았던 인물이었음을 짐작할 수 있다. 셋째, 소 한 마리를 잡아 대접했다고 강족 호걸들이 감격한 것과 동시에 잡다한 가축 1000마리를 선물로 보냈을 정도이니 당시 소가 얼마나 귀했는지 알 수 있다.

소고기에 대한 사람들의 욕망이 얼마나 강렬했는지, 감시가 풀리고 법 집행이 제대로 이뤄지지 않으면 몰래 소를 잡아먹는 행위가 수시로 일어났던 것 같다. 송나라 때 법 집행 판례를 보면 소고기와 관련해 별별 기막힌 사건이 다 벌어진다.

가장 흔한 것이 남의 소를 잡아먹었으니 처벌해달라는 고소 고발 사건이다. 심지어 소를 죽이지 못하게 하니 소의 혓바닥만 자르거나 소꼬리만 잘라 먹다 잡혀 관청에 처벌을 요구하는 사례도 여러 차례 보인다. 몰래 도축하는 사람이 얼마나 많았는지 송 진종 때인 1003년에는 소 도축 및 소고기 식용 금지령이 다시 내려졌다. 사회 각층에서 농사짓는 소를 함부로 잡아먹는 사치스러운 음식 풍조가 만연했기 때문이라고 한다.

『수호지』를 통해 본 소고기의 의미

소 도살과 관련해 법이 엄격했음에도 소고기를 마구 먹었다는 내용의 집대성은 도적들인 양산박 호걸들의 이야기『수호지』에서 찾아볼 수 있다. 물론 이는 작가의 창작을 바탕으로 한 소설이다. 그렇다 해도 소 도축을 금지했던 시대 상황과 달리 소설 속 등장인물들이 수시로 소고기를 먹는 것은 잘 이해가 되지 않는다. 무송이 호랑이를 잡으러 가기 전 소고기 두 근을 먹고 간 것을 비롯해『수호지』에는 소고기 먹는 장면이 20여 차례 이상 보인다.

중국 문학계에서는 이를 놓고 논란이 분분하다. 먼저 소설 속 양산박 호걸들이 소고기를 먹은 장소는 대부분 도심에 있는 제대로 된 음식점이 아니다. 멀리 떨어진 외진 곳의 식당이거나 무허가 음식점 혹은 군대 주둔지 음식점이다. 참고로 송나라 때 군대에서는 소고기 도축이 허용됐다. 그리고 음식점 자체가 불법이라면 손님들이 많이 찾는 소고기를 내놓는 것이 전혀 이상하지 않다.

또 하나는 등장인물들이 양산박 호걸이라지만 기본적으로 법을 어긴 범법자들이라는 점이다. 조정에 대한 반항심으로 가득 찬 인물들이 법을 어기는 것쯤은 아무것도 아닌데, 하물며 소고기가 불법이라고 거리낄 이유가 없다는 것이다. 소설 속 소고기와 관련된 일화만 봐도『수호지』가 얼마나 반항적인 심리를 세밀하게 묘사했는지 알 수 있다는 해석이다. 다만 아무리 양산박 호걸이라 해도, 소설에서 저자인 시내암이 묘사한 것처럼 현실에서는 그렇게 대놓고 소고기를 먹지는 못했을 거라는 분석이 지배적이다.

그렇다면 실제로는 어땠을까? 형법 조항으로 보면 소 도축에 대해 매우 엄격했고 그런 만큼 소고기 먹는 것이 자유롭지 못했을 것 같은데, 현실에서 역시 소고기를 먹었다는 기록이 많이 보인다. 내용을 알면 어느 정도 이유를 짐작할 수 있다.

먼저 소고기를 먹었다는 기록이 등장하는 시기는 대부분 사회 혼란기다. 동탁이 살았던 한나라 말기가 그렇고 두보가 사망한 당나라 중반도 안사의 난 등으로 사회가 극도로 혼란했던 시기다. 11세기 송나라 진종 때나 『수호지』의 무대인 12세기 송나라 휘종 때도, 송나라가 전란에 시달리면서 공권력이 제대로 작동하지 못했을 때다. 법 조항이 아무리 엄격해도 제대로 집행은 되지 않았으니 이 시기에 특히 소고기 먹었다는 기록이 많이 보이는 이유다.

또 법이 아무리 무서워도 이익이 크기 때문에 소를 몰래 잡는 사람이 적지 않았던 것도 있다. 송나라 때 기록을 보면 당시 소고기 값이 엄청나게 비쌌다고 한다. 함부로 잡지 못하게 했으니 값이 비싸지는 건 당연한 결과이고, 그러다 보니 웃지 못할 일이 생겼다. 살아 있는 소 값이 죽은 소보다 싼 역전 현상이 벌어진 것이다. 암거래로 시장이 형성됐기에 농사짓는 데 필요한 살아 있는 소보다 고기로 먹을 수 있는 죽은 소 값이 훨씬 더 비싼 기현상이 벌어졌고, 허베이 성 등지에서는 소를 밀도살해 부자가 된 사람이 적지 않았다.

중국 속담에 '산은 높고 황제는 멀리 있다'는 말이 있다. 공권력이 미치지 못하는 곳에서는 무슨 일이든지 할 수 있다는 뜻이다. 법이 아무리 엄해도 돈이 됐으니 중국의 사회 혼란기에 소쯤은 얼마든지 도축할 수 있었다. 반대로 사회가 안정됐을 때는 소 도축을 금지하는 법이 비교적 제대로 시행됐던 것 같다. 그런 이유 때문이었는지 중국에서는 유독 소고기 요리가 발달하지 못했다. 그렇기에 역사적으로 유명한 중국의 소고기 요리는 찾아보기 힘들다.

중국은 겨울은 춥고 건조한 데다 길기 때문에 소에게 먹일 풀을 키울 목초지가 발달하지 못했고, 베이징을 비롯한 화베이 지방은 황토 지대가 많은 데다 밀농사 지역이기에 역시 사료를 마련하기가 힘들었다. 우리나라보다 중국이 소 도축에 더욱 엄격했던 이유다. 그렇기에 소고기는 중국에서 오랜 세월 금단의 음식이 될 수밖에 없었다.

12세기 송나라의 여름은 빙수 천국

중국의 여름은 덥다. 수도인 베이징은 북방에 위치해 건조한 기후 탓에 뜨겁게 덥지만, 지리적 중심부인 허난, 후베이, 후난성의 화중 지방은 찜통에 가깝다. 답답한 열기와 습도 탓에 꼼짝 않고 앉아 숨만 쉬어도 땀이 줄줄 흐른다. 그중에서도 장쑤성의 난징, 쓰촨성의 충칭, 후베이성의 우한은 중국의 3대 용광로다. 하지만 이곳 더위만 지독한 것이 아니다. 역대 도읍지였던 시안, 뤄양, 카이펑의 더위도 장난이 아니다. 마치 습식 사우나에 들어간 느낌이다.

중국이 지금처럼 발달하지 못했던 2002년 여름, 당시만 해도 옛 도시 뤄양에는 에어컨이 드물었다. 선풍기를 틀면 오히려 뜨거운 바람이 나왔기에 초저녁이면 사람들이 거리로 나왔다. 남자 열에 아홉은 웃통을 벗어 던진 채여서 거리에는 벌거벗은 군상들로 넘쳐났다. 고풍스러운 건물이 많았던 옛 도시 카이펑도 비슷했다. 황허강이 바로 옆에 흐르고 있어 습도가 이루 말할 수 없이 높았다.

옛날 중국 황제와 귀족들이 이렇게 덥고 습한 곳에서 어떻게 여름을 지냈을까 싶다. 높은 양반 체면에 서민처럼 웃통 벗고 지낼 수도 없고, 그래서 두보가 '속대발광욕대규束帶發狂欲大叫', 관복 허리띠 졸라매고 미친놈처럼 고래고래 소리라도 지르고 싶었다고 쓴 게 아닐까 싶지만, 실상은 지금 우리 상상과는 많이 달랐을 수 있다.

황제와 귀족들이 더위를 피하는 방법

과거 중국에서는 어쩌면 나름 냉방장치를 갖춘 곳에서 빙수와 아이스크림을 먹으며 21세기의 우리 못지않게 더위를 잊고 시원하게 지냈을지도 모른다. 물론 모든 사람이 그랬다는 것은 아니고 극소수의 황제와 귀족, 부자한테 해당되는 이야기다.

옛날에도 무더운 여름이면 제후와 귀족, 부자들은 다양한 방법으로 더위를 식혔다. 하지만 단순히 계곡을 찾아 찬물에 발 담그고 부채질하는 수준이 아니었다.

"한왕韓王은 여름이 되면 차가운 음식을 찾았다. 세자가 사재를 들여 얼음방을 만들고 국과 반찬을 저장했다가 차가워지면 왕에게 바쳤다."

이는 『천록각외사』라는 문헌에 실린 내용이다. 여기서 한왕은 기원전 4~기원전 3세기 무렵 전국 시대 한나라의 왕이다. 2300년 전 여름에 지금의 냉장고처럼 얼음 가득 채운 방을 만들어 음식을 보관했던 것인데, 특히 주목할 부분은 사재를 들여 얼음방을 만들었다는 대목이다. 기원전 4~기원전 3세기에 벌써 시장에서 얼음이 유통되고 있었다는 것이니 돈 있는 사람은 얼마든지 여름을 시원하게 날 수 있었다는 이야기다.

옛날 사람들은 여름에 굉장히 많은 얼음을 소비했다. 고구려와 싸워 살수대첩에서 대패해 멸망한 수양제도 여름이면 얼음 없이 살지 못했다. 당나라 때의 문헌 『미루기迷樓記』를 보면, 수양제가 말년에 주색에 빠져 미루라는 화려한 궁전을 짓고 아리따운 궁녀 수천 명과 음란하게 놀았던 이야기가 실려 있다.

수양제는 여름이면 물 100잔을 마셔도 갈증이 그치지 않았다. 의사가 황제 마음이 뜨거워 갈증이 멈추지 않는 것이니 얼음을 곁에 두고 지내도록 권했다. 그러자 궁녀들이 앞다퉈 시중에서 얼음을 구입해 쟁반에 올려놓고는 은총 입기를 기다렸다. 덕분에 시중 얼음 값이 폭등해 얼음 장사가 모두 천금을 벌었다.

요즘 호텔 연회장에서나 볼 수 있는 얼음 조각, 아이스카빙ice carving도 당나라 때 등장한다. 양귀비 덕분에 출세한 양귀비의 오빠 양국충과 그 아들은 분에 넘치는 부와 권력을 자제할 줄 몰랐다. 당나라 사람 왕인유가 현종 때의 풍문을 모아 기록했다는 『개원천보유사』에 양국충 일가의 피서법이 실려 있다.

해마다 여름 복날 무렵이면 양국충의 아들이 얼음산을 만든 후 주변에 좌석을 배치해 연회를 열었는데 자리에 앉은 손님들은 한여름 삼복더위에도 추위에 떨며 술잔을 기울였다. 또 장인을 시켜 얼음으로 봉황과 여러 동물 형상을 조각한 후 금띠로 장식해놓고 왕공대인들과 여름을 보냈다고 하니 얼음 조각이 천연 에어컨 역할을 한 셈이다.

송나라의 이색 빙과류들

1200년 전, 당나라 말기에 이렇게 얼음을 펑펑 쓸 정도였으니, 한여름 얼음을 이용한 음식 사치 역시 대단했다. 보통 아이스크림은 근대 서양에서 발달했고 빙수는 제빙기가 생긴 현대 아시아에서 유행하기 시작했다고 한다. 하지만 12세기 무렵의 송나라는 이미 빙수와 아이스크림의 천국이었다. 각양각색의 화려하고 다양한 빙과류로 여름을 즐겼다.

옛날 빙과류라고 해서 단순히 겨울에 저장했던 얼음을 여름에 꺼내어 먹는 수준이 아니었다. 11~12세기 여러 시인이 남긴 노래나 문헌 그리고 역사서를 살펴보면, 별별 종류의 빙수와 빙과류가 다 보인다.

예컨대 11세기 북송 때의 시인 매요신(1002~1060)이 남긴 시에는 '빙소氷酥'라는 음식이 나온다. '녹아 흐르는 빙소를 씹어 맛본다'는 구절에 등장하는데, 빙氷은 얼음, 소酥는 지금의 연유 혹은 요구르트와 비슷한 유제품이다. 얼린 연유 혹은 얼린 요구르트니까 지금의 아이스크림 종류나 빙과류와 크게 다를 바 없다. 이로부터 약 100년 후인 12세기 남송 때 시인 양만리 역시 얼린 앵두즙이 자줏빛 액체로 녹아 흐른다고 노래했다. 바로 「앵두전櫻桃煎」이라는 제목의 시로 여기서 전煎은 부침개가 아니라 설탕 등을 졸여서 만든 식품을 뜻한다.

원나라 때 식품서인 『음선정요』에는 앵두전 만드는 방법이 자세히 나오는데 앵두 50근을 짜서 즙을 낸 후 설탕 25근과 함께 졸여서 그릇에 참기름을 두르고 차게 식혀 굳힌다고 설명하고 있다. 『음선정요』에 나오는 제법만 보면 빙과류라고 단정할 수 없지만 기본적으로 사탕은 차게 식히지 않으면 녹는 데다가, 양만리 역시 앵두즙으로 만든 얼음이 자줏빛으로 녹는다染作氷澌紫고 읊었다. 여기서 빙시氷澌는 얼음이 녹아 흐르는 모습을 표현한 한자다. 얼음 상태인 빙과류가 됐든 차갑게 식힌 과즙 사탕이 됐든 앵두전은 냉동 상태가 아니면 먹기 힘든 식품이었다.

양만리의 시에는 지금의 빙수와 비슷한 식품도 나온다. '빙락氷酪'이라는 것인데, 락酪은 진한 유즙이나 액체 치즈로 '기름지지만 상큼하고 얼음 같지만 눈처럼 흩날리는데 구슬 쟁반이 부서지듯 햇빛에 눈 녹듯 사라지는 얼음'이라고 했다. 빙락은 잘게 부순 얼음이나 대패로 깎은 얼음에 설탕을 넣고 진한 유즙을 더해서 먹는다고 했으니 지금 먹는 빙수와 닮은꼴이다.

남송 때의 문헌인 『몽양록』을 보면, '설포매화주雪泡梅花酒'라는 이름이 보이는데, 설포雪泡는 눈 거품을 뜻하고 이어서 매화술이 나오니, 여름에 술에다 얼음을 넣어 시원하게 마신 것으로 짐작된다. 또 '설포두이수雪泡豆爾水'도 있다는데 얼음을 넣은 두유가 아닐까 싶다.

팥빙수도 보인다. 『송사』에는 복날 황제가 조정 대신에게 팥빙수를 하사했다는 기록이 나온다. '밀사빙'이라는 식품인데 꿀 밀蜜, 모래 사沙, 얼음 빙氷 자를 쓴다. 여기서 '사' 자는 진짜 모래가 아니라 팥소豆沙라는 뜻이다. 그러니 꿀로 버무린 팥소를 얼음과 함께 먹는 식품이다. 밀사빙이 지금의 팥빙수와 비슷했을 개연성은 충분히 있다. 중국이 아닌 일본에서 그 흔적을 찾을 수 있는데, 11세기 『마쿠라노소시枕草子』라는 일본 고전에도 빙수가 보인다. 얼음을 칼로 간후 쉽게 녹지 않도록 차갑게 식힌 금속 그릇에 담아 그 위에 칡즙을 뿌려 먹었다. 현대 기준으로 봐도 얼음 가루에 시럽 대신 칡즙을 뿌린 것이니 영락없는 빙수다. 일본 전통 빙수 '카키고리かきごおり'와 그대로 닮았다. 송나라의 밀사빙 역시 얼음을 갈아 꿀과 팥을 얹은 것으로 추정하는 이유다.

문제는 제빙기도 없던 시절에 어떻게 다양한 빙과를 만들 수 있었을까 하는 점이다. 팥빙수인 밀사빙이나 과일 빙수인 설포매화주처럼 겨울에 저장했던 얼음을 꺼내 다양한 재료와 섞어 즉석에서 만드는 빙수도 있었지만, 빙소나 빙락, 앵두전처럼 겨울에 준비했다가 여름에 이용하는 빙과류도 적지 않았다.

13세기 금나라 문헌에서 그 실례를 찾을 수 있다. 원호문의 『속이견지』에 '주자빙珠子氷'이라는 빙과가 나온다. 도성洮城에서는 부자들이 겨울이면 얼음을 연밥 크기로 둥글게 잘라 저장했다가 여름이 되면 꿀을 섞어 먹는데 진주 가루와 비슷하다고 했다. 도성은 지금의 중국 서북부 간쑤성에 있는 도시로 금나라의 중심지였다. 이때 만들었다는 주자빙은 구슬 아이스크림과 모양이 비슷했을 것으로 짐작된다. 요구르트를 비롯해 각종 과일즙을 섞은 빙과도 이런 식으로 만들었을 것이다.

황제부터 서민까지, 얼음에 빠지다

11~12세기 송나라의 여름은 이렇게 다양한 빙과류로 넘쳐났는데, 여름철이면 얼마나 많은 얼음을 먹었는지 송나라 황제들이 얼음 때문에 자주 배탈을 앓았을 정도다.

송나라가 금나라에 쫓겨서 남쪽 저장성 항저우로 천도한 것이 남송이다. 12세기 말, 남송의 전성시대를 이끈 제2대 황제 효종은 어질고 유능한 관리 시사점施師點(1124~1192)을 중용해 많은 대화를 나누었는데, 어느 날 입궐한 시사점에게 "짐이 얼음물을 너무 많이 마셔 배가 아프다"고 말했다. 그러자 시사점이 평소에 조심해야지, 주의를 소홀히 하다 후회하지 않은 사람이 없다고 당부한다. 얼음물로 인한 복통에 대한 당부일 수도 있고 국정에 대한 경계일 수도 있겠는데『송사』「시사점열전」에 이 이야기가 실려 있다.

남송의 효종보다 40년을 앞서 살았던 북송의 황제 휘종도 여름철에 얼음을 지나치게 많이 먹어 배탈이 났다. 궁중 어의가 치료하지 못하자 당시 소문난 명의였던 양개를 불러 진찰토록 했다. 그러자 양개가 "얼음을 너무 많이 드셔서 생긴 질환이니 얼음으로 약을 지어야 병의 근본을 치료할 수 있다"며 얼음덩어리로 만든 약을 지어 바쳤는데 과연 효과가 있었다. 『본초강목』에 나오는 배탈 치료법 중 하나로, 이런 사례를 통해서도 12세기 송나라 때 빙과 음료가 엄청나게 발달했음을 짐작할 수 있다.

흥미로운 것은 송나라 때는 여름철 얼음 음료 혹은 빙수나 빙과류가 황제나 극소수 상류층만의 사치품이 아니었다는 점이다. 9세기 말 당나라 때까지만 해도 여름이면 상인들이 시장에서 얼음을 팔아 막대한 이익을 챙겼을 만큼 상류층의 얼음 소비가 적지 않았다. 당나라 때 문헌으로 알려진 『운선잡기』를 보면, 여름철 수도인 장안의 얼음값은 금값과 맞먹을 정도로 비쌌다. 그렇기에 여름철에 얼음은 왕공 귀족의 독점물이었지만 송나라 때는 얼음값이 큰 폭으로 떨어졌고, 그만큼 일반 시민들도 여름에 얼음을 이용할 수 있게 되었다. 12세기 양만리의 시에는 시장 사람들이 땀을 비 오듯 흘리며 얼음 사라고 외치는 소리가 끊이지 않았다는 구절이 나온다.

북송의 수도 카이펑에는 얼음 장사가 성행했다. 거리 곳곳에 냉수와 빙즙, 빙수 파는 곳이 넘쳤다. 카이펑의 중심가인 주교 시장가에서는 달콤한 사탕 빙수, 녹두 빙수, 감초 냉수 등의 간판을 내걸고 빙과류를 팔았다. 카이펑에는 빙수 점포가 많았지만 특히 성문 밖의 두 점포가 생업이 왕성해 금고에 돈이 가득 찼다고 한다. 모두 얼음 장사를 해서 번 돈이라고 하니 이 무렵 이미 얼음이 산업화됐음을 알 수 있다.

송나라가 남쪽 항저우로 천도한 후에도 여름철 얼음 산업은 활기를 잃지 않았다. 저장성 항저우는 겨울에 춥다고는 해도 기후가 비교적 온난한 지역이지만, 12세기 남송 때는 지금과는 다소 달랐다고 한다. 기상학자들은 당시 중국 기후가 한랭기였기 때문에 항저우의 겨울철 얼음이 어는 결빙기 역시 지금보다 훨씬 길었을 것으로 추정한다.

또한 항저우에서 얼음 장사를 했던 상인들은 모두 북방에서 내려온 사람들이었기에 채빙 및 보관 기술이 뛰어나 자신들이 만든 얼음 동굴을 이용해 여름에 팔 얼음을 저장했던 만큼 항저우에서도 얼음 공급량이 줄어들지 않았다. 양만리의 시 「여지가」에서 당시 상황을 그려볼 수 있다.

"북쪽에서 내려온 사람들 평생 얼음 만드니 동굴 속 얼음 팔아 온 가족이 생활한다. 서울 항저우 6월의 정오, 시장 사람들 불 때듯 비 오듯 땀 흘리며 얼음 사라고 외치는 소리. 지나가는 행인들 눈이 번쩍 뜨인다."

왕공 귀족의 독점물이던 여름철 얼음이 지나가는 행인들도 사먹을 수 있을 정도로 대중화됐기에 12세기 송나라는 지금 못지않게 다양한 빙수를 즐길 수 있는 빙수 천국이었다.

우리나라 옛날 사람들도 여름철에 얼음을 많이 사용했다. 조선만 해도 동빙고, 서빙고, 내빙고까지 공식 얼음 저장고만 세 곳이었는데 저장량이 만만치 않았다. 동빙고가 1만 정「, 서빙고가 13만 정, 내빙고가 4000정으로 얼음 1정의 폭이 1.8미터라니 얼음산에 다름 아니다.

겨울에 얼음을 캐 여름에 꺼내어 쓰면서 얼음 쟁반에 과일도 담고 빙수도 만들어 먹었으며 고기나 생선도 냉동 보관했을 정도다. 물론 일부 부유층과 권력층에 한정된 이야기다. 반대로 일반 백성은 여름에 쓸 얼음을 캐느라 겨우내 한강에서 노역에 시달렸기에 여름에 쓰는 얼음을 누빙涙氷, 즉 눈물의 얼음이라고 불렀다.

동파육을 통해 본
한족과 북방 민족의 갈등

중국에서는 다양한 돼지고기 요리가 발달했다. 그중에서도 중국인의 돼지고기 사랑을 확실하게 보여주는 요리가 우리나라에서도 그 유래가 널리 알려진 동파육이다. 동파육은 저장성 항저우의 전통 요리다. 큼직한 삼겹살 덩어리를 향기 좋은 전통 명주인 소흥주에 통째로 담아 삶은 후 간장 등으로 오랜 시간 조려 만든다. 기름지면서도 느끼하지 않고 입안에서 부드럽게 녹는 맛이 일품이라, 중국은 물론 우리나라와 일본 등지에서도 인기가 높다.

많이 알려져 있듯이 동파육이라는 이름은 당송 팔대가 중 한 명이며 송나라를 대표하는 문장가로 이름을 떨친 소동파, 즉 소식蘇軾 (1036~1101)의 호를 따서 지은 이름이다. 백성을 사랑해 음식을 요리한 소동파를 기려 지은 작명이라고 전해진다. 동파육의 전설은 소동파의 돼지고기 선호와 백성을 아끼는 마음이 담긴 미담으로 알려져 있지만, 내막을 자세히 들여다보면 상당히 정치적이다. 12세기 북방 유목민과 남방의 한족이 대치했던 상황이 동파육 이야기 속에 고스란히 녹아 있기 때문이다.

동파육의 기원

송나라 신종 무렵인 1077년, 소동파가 서주 자사로 부임했을 때 동파육도 이때 처음 등장한다. 서주는 지금의 장쑤성 쉬저우 지역으로, 그해 가을, 홍수로 강둑이 터져 큰 물난리가 났다. 이때 서주의 행정 책임자였던 소동파가 군사와 백성을 지휘해 제방을 쌓아 도시 전체가 물에 잠기는 것을 막았다.

홍수가 지나간 후 백성이 물난리 막은 것을 기뻐하며 돼지와 양을 잡아 술과 함께 소동파에게 바쳤다. 백성을 돌보지는 않고 수탈만 했던 당시 지방 수령들과는 달리 앞장서서 제방을 쌓아 도시를 구한 서주 자사 소동파에 대한 감사의 표시였다.

그러자 소동파는 받은 돼지를 혼자서 먹지 않고 집안에서 전통적으로 전해 내려오는 조리법대로 요리한 후 백성을 모두 불러 모아 나누어 먹었다. 다시 한번 감동한 백성은 소동파가 보낸 돼지고기 요리에 바친 고기를 다시 돌려주었다는 뜻에서 '회증육'이라고 불렀다.

3년이 지난 1080년, 이번에는 소동파가 당파 싸움에 휘말려 황주로 유배를 갔다. 황주는 지금의 후베이성 우한 옆의 작은 도시인 황강이라는 곳이다. 소동파는 이곳에서 귀양살이를 하면서 황무지를 개간하고 스스로 호를 '동파거사'라고 지었는데, 이것이 소식의 호를 '동파'라고 부르게 된 유래다.

5년이 지난 1085년, 신종이 죽고 뒤를 이어 철종이 즉위하면서 소동파는 복권돼 몇몇 지방 관리를 거쳐 다시 조정이 있는 카이펑으로 돌아왔다. 그리고 조정에서 자리를 얻은 지 오래지 않아 1089년 지금의 저장성 성도인 항주(항저우) 자사로 부임했다.

그런데 소동파가 항주에 부임했을 때 역시 홍수로 양쯔강이 넘치면서 강의 수량을 조절하는 역할을 하는 타이후호수太湖가 범람할 위기에 처했다. 서주에서와 마찬가지로 이번에도 소동파는 군대와 백성을 동원해 타이후호수의 물줄기인 서호에 제방을 쌓고 준설해 강이 범람하는 것을 막았다. 소동파 덕분에 홍수 피해를 입지 않은 백성이 이번에도 감사의 표시로 돼지와 술을 가져와 바쳤다. 소동파는 집안사람들을 시켜 돼지고기를 집안에 전해지는 요리법대로 삶아 공사에 참여했던 백성과 함께 나누어 먹었다. 이때부터 사람들이 당대 최고의 문장가이자 항주의 행정 책임자였던 소동파 집안의 비법대로 조리한 돼지고기를 동파육이라고 부르기 시작했다.

여기까지가 동파육의 유래인데 어디까지가 사실이고 어느 부분이 지어낸 이야기인지는 정확히 알 수 없다. 서주와 항주 자사로 근무했던 것은 분명한 역사적 사실이고 황주로 귀양 간 것도 틀림없다. 다만 백성이 호수를 막아준 데 대한 감사의 표시로 돼지를 바쳤다는 부분은 분명치 않다. 실제일 수도 있고 훗날 지어낸 창작일 수도 있다.

하지만 소동파가 돼지고기를 좋아했던 것은 사실인 듯하다. 이는 소동파가 남긴 시에서 확인할 수 있다. 황주에서 귀양살이하던 시절 남긴 한 편의 시가 있는데, 그 제목이 「저육송猪肉頌」, 즉 돼지고기 예찬이다. 제목만 봐도 벌써 소동파가 돼지고기를 좋아했다는 것을 짐작할 수 있는데 내용 일부를 소개하면 이렇다.

"황주의 맛 좋은 돼지고기, 진흙만큼 값이 싸다. 부자들은 먹지 않고 가난한 사람은 먹을 줄 모른다. 아침 일찍 일어나 한 그릇 먹으면 배가 불러 천하가 태평스럽다."

돼지고기가 맛있다는 내용이지만 찬찬히 읽어보면 이상한 부분이 있다. 일반적으로 중국 사람들은 소고기보다 돼지고기를 더 즐겨 먹는다. 소동파 본인도 좋아했기에 돼지고기 예찬이라는 시까지 지었을 것이다. 그럼에도 이 시에는 중국인들이 마치 돼지고기를 잘 먹지 않는 것처럼 써놓았다.

맛이 좋다고 하면서도 값이 무척 싸다면서 원문에서는 아예 똥값과 같다고 표현했다. 부자들은 전혀 먹지 않고 가난한 사람들은 먹을 줄 모른다고 했으니, 한마디로 아무도 먹지 않는다는 소리다. 중국인들이 돼지고기를 좋아하고 많이 먹는다는 지금의 상식과는 전혀 맞지 않는데 소동파는 왜 이렇게 엉뚱한 내용의 시를 썼을까?

부자는 외면하고 서민은 먹을 줄 모른다

〿〿〿〿〿〿〿

실제로 소동파가 살았던 11세기 무렵의 송나라에서는 돼지고기가 그다지 인기가 없었다. 특히 소동파가 시에서 표현한 것처럼, 돈 많은 부자들이나 권력 있는 관리들은 돼지고기를 먹지 않았다. 따지고 보면 돼지고기가 맛있다고 노래하고 심지어 높은 관직에 있으면서 직접 돼지고기로 요리까지 해 먹은 소동파가 당시 기준으로는 오히려 이상한 사람이었다.

동파육의 유래는 얼핏 들으면 흥미로운 음식 이야기에 지나지 않지만 당시 시대 상황을 감안해 음식 문화사라는 관점에서 들여다보면 이야기가 달라진다. 송나라 관리와 부자는 왜 돼지고기를 먹지 않았을까? 이는 시대 상황과 직결되어 있다. 송나라는 당시 이웃 강대국이던 거란의 요, 이어서 여진의 금나라로부터 심한 압박을 받았다. 한족 중심의 역사에서는 송나라가 당시 중국을 대표한다고 하지만, 중국 땅 전체를 놓고 보면 요나라, 그리고 뒤를 이은 금나라가 중국의 중심을 차지하고 있었다. 송나라는 요와 금의 세력에 쫓겨 남쪽으로 밀려난 주변국이었다.

당연히 강대국인 요와 금으로부터 군사적 영향뿐만 아니라 문화적 영향도 적지 않게 받았을 텐데, 음식 문화 역시 예외가 아니었다. 유목민은 일반적으로 돼지고기를 싫어할 뿐만 아니라 아예 먹지도 않고 금기시한다. 유목민인 거란족도 마찬가지여서 돼지고기를 먹지 않고 주로 양고기를 먹었다. 송나라는 거란족의 요나라에 쫓겨 계속 남으로 밀려 내려왔던 만큼 11세기의 중국은 북방의 영향을 많이 받아 한족들 역시 상류층은 돼지고기를 멀리하고 대신 양고기를 즐겨 먹었다. 소동파가 부자들은 돼지고기를 먹지 않고 값이 형편없이 싸다고 노래했던 이유다.

반면 일반 한족 백성은 여전히 돼지고기를 먹었다. 다만 부자들이 먹지 않았기에 요리법이 다양하게 발달하지는 못했다. 소동파가 가난한 사람들은 먹을 줄 모른다고 한 것은 바로 이 때문이다.

동파육의 유래에서 또 하나 주목할 부분은 백성이 소동파에게 돼지고기를 바쳤다는 지역, 즉 동파육이 발달한 지역이다. 소동파가 홍수를 예방해 백성이 바친 돼지고기를 되돌려주었다는 회증육의 고사가 나온 곳은 서주, 장쑤성 쉬저우다. 또 소동파가 돼지고기를 요리해 먹으니 배가 불러 천하가 태평스럽다는 시를 지은 황주는 지금의 후베이성 우한 부근의 도시이고 마침내 동파육의 이름이 퍼졌다는 항주는 지금의 저장성 항저우다. 이들 지역은 마오쩌둥의 고향인 후난성과 함께 중국의 대표적인 농경 지역인 강남 지방이며, 11세기에는 한족의 입장에서 북방 이민족의 나라인 요나라, 금나라와 대치했던 송나라에 속했던 지역들이다. 다시 말해 북방 세력의 영향을 받은 상류층과 달리 일반 백성은 돼지고기에 대해 별다른 거부감이 없었던 곳이다.

동파육의 탄생 배경, 그리고 동파육의 전설이 만들어진 이면에는 이렇게 한족인 농경민족과 한족과 대치했던 북방의 유목민, 그리고 이들의 음식 문화인 돼지고기와 양고기 문화의 대립이 상징적으로 담겨 있다.

뒤집어보면 동파육의 전설은 소동파 당대가 아닌 후대에 만들어진 것이다. 그렇기에 동파육의 유래에는 한족이 이민족에게 밀리고 핍박을 당했을 때 무기력했던 송나라 지배층과는 달리, 돼지고기로 상징되는 한족 백성을 돌보고 사랑했던 소동파에 대한 고마움이 담겨 있는 것이 아닐까 싶다. 이를 승화시켜 그럴듯한 요리로 포장한 왕서방의 변명이라고 생각해볼 수 있을 것이다.

돼지고기 한 점에는 중국을 구성해온 다양한 민족의 투쟁과 갈등의 역사가 고스란히 녹아 있다. 중국인의 돼지고기 사랑에는 식성을 뛰어넘어 정치, 경제, 사회, 문화적 의미와 역사적 상징성까지 깃들어 있는 것이다.

갑자기 사라진
중국 생선회의 미스터리

중국 음식 중에는 익히지 않은 생선을 그대로 먹는 요리를 거의 찾아보기 힘들다. 베이징 같은 내륙 지방이야 그렇다 치더라도 상하이처럼 신선한 생선을 구할 수 있는 바닷가 인근 도시에서도 중국 특유의 생선회 요리를 찾아보기는 쉽지 않다.

물론 중국인이 생선회 요리를 일체 거들떠보지도 않는 것은 아니다. 특히 베이징이나 상하이 같은 대도시 직장인 중에는 생선회를 좋아하는 사람이 적지 않다. 하지만 이들이 먹는 것은 외국 음식인 일본 요리 혹은 한국 요리일 뿐이다. 생선을 익히지 않고 먹기로는 엎어 치나 메치나 똑같아 보이지만 느낌이 살짝 다르다. 어쨌든 외국 음식이 아닌 이상 중국인은 여전히 생선을 날로 먹는 것에 거부감을 느낀다.

중국인이 생선회를 먹지 않은 역사는 꽤 오래됐다. 그렇다고 태생적으로 생선회에 거부감이 있었던 것은 아니다. 고대 중국인들은 생선회를 엄청 좋아했다. 그런데 명나라 이후 돌연 중국인의 식탁에서 생선회가 사라진다.

여기서 '돌연'이라는 표현을 쓴 이유는 원말명초를 기점으로 생선회 관련 기록이 현저한 차이를 보이기 때문이다. 이전까지는 생선회 예찬 글이 숱하게 보이다가 어떤 시점부터 생선회 이야기가 쏙 사라져버렸다. 사라진 중국의 생선회 미스터리, 과연 어떤 일이 있었던 걸까?

알고 보면 뿌리 깊은 생선회의 역사

고대 중국은 오래전부터 생선회를 먹었고 또 즐겼다. 생선회뿐만 아니라 육회도 좋아했다. 네 발 달린 동물의 고기가 됐건 물고기가 됐건 고기를 날로 먹는다는 뜻의 '회膾'라는 한자를 만들어낸 나라가 바로 중국이다.

생선회 역사도 뿌리가 깊다. 기원전 8세기 무렵의 주나라 출토품에도 생선회가 보인다. 당시 무덤에서 '혜갑반'이라는 그릇이 나왔는데, 여기에 윤길보 장군이 전쟁에서 승리해 구운 자라와 생선회로 잔치를 베풀었다는 글자가 새겨져 있다. 윤길보는 주나라 선왕 때의 제후였으니 무려 2700여 년 전의 인물이다. 즉 고대 중국인들이 생선회를 즐겨 먹었다는 소리가 된다.

이후 고대 중국 상류층의 음식에서도 회가 빠지지 않았다. 생선회가 아닌 육회겠지만『논어』에는 장이 없으면 회를 먹지 않는다고 했고,『맹자』에는 인구人口에 회자膾炙된다는 말이 보이니 원뜻은 구운 고기와 날고기처럼 사람 입에 자주 오르내린다는 말이다. 춘추전국시대에도 그만큼 회를 많이 먹었다는 이야기다.

중국인의 생선회 사랑은 기원후에도 여전했다. 3세기의 인물인 광릉태수 진등은 생선회를 너무 많이 먹어 기생충 때문에 사망했다고 기록돼 있다. 앞서 말한 4세기 초의 진나라 관리 장안은 가을이 오자 고향의 농어회가 먹고 싶다는 핑계로 낙향했고 수양제 역시 금제옥회라는 농어회 맛에 빠졌다.

중국에서 생선회가 가장 유행했던 시기는 7세기부터 13세기까지의 당송 시대다. 당송 팔대가를 비롯해 당시 문인들의 시와 문장에는 생선회가 빠지지 않고 등장한다. 이태백은 생선회를 안주 삼아 술 마시고 시를 짓는다며 흥겨워했고, 왕유는 시녀가 들고 있는 금쟁반에 놓인 잉어회를 읊었으며, 백거이는 아침 밥상에 올라온 잉어회를 노래했다. 생선회를 즐겨 먹는 현대의 한국인이나 일본인이 무색할 정도로 아침부터 생선회를 즐겨 먹었던 모양이다.

중국의 대표 미식가로 꼽히는 소동파 역시 목숨과 바꿔도 좋을 맛이라며 복어회를 찬양한 것을 비롯해, 생선회를 소재로 한 시가 여러 편이다. 얼핏 생선회와는 거리가 멀 것 같은 북방 유목민인 여진족의 금나라와 몽골의 원나라에서도 생선회가 인기였다. 금나라 때 의사인 장종정이 쓴 『유문사친』이라는 의학서를 보면, 여진의 귀족들은 치즈인 유락, 양고기나 사슴고기의 육포와 함께 생선회를 좋아한다는 기록이 남아 있다. 역시 몽골 출신으로 원나라 황제의 어의였던 홀사혜忽思慧도 황제의 식이요법 서적인 『음선정요』에 생선회 요리법을 남겼다.

생선회와 전염병의 연결 고리

그런데 일일이 예를 들기가 번거로울 정도로 생선회 찬양이 끊이지 않았던 중국에서 명나라 이후 갑자기 생선회가 사라졌다. 일단 문헌에서 생선회 먹는다는 기록이 보이지 않는다. 심지어 명나라 때는 생선회 먹는 사람을 야만인으로 취급하기도 했는데, 우리나라 기록에서도 이를 확인할 수 있다.

광해군 때 유몽인(1559~1623)의 『어우야담』에는 임진왜란 때 우리나라에 온 명나라 병사들이 조선 사람이 생선회 먹는 모습을 보고 비웃었다는 내용이 보인다. 물고기를 날로 먹는 것은 오랑캐의 습관이라며 더럽다고 흉봤다는 것이다. 역시 광해군 때 이수광 (1563~1628)도 『지봉유설』에서 중국인은 회를 먹지 않는다면서 조선 사람이 생선회 먹는 것을 보고 낯설어한다고 전했다.

원병으로 온 명나라 병사들이 생선회를 안 먹은 이유로는 크게 두 가지를 꼽을 수 있다. 먼저 당시 조선에 온 명나라 군사 대부분은 장군이나 병졸 모두 요동반도 출신이었다. 바다에서 멀리 떨어진 산골 출신이었으니 생선을 날로 먹는 것 자체가 이상했을 수 있다. 또 한 가지 이유는 임진왜란 때인 명나라 말기에 이미 중국에서 생선회 문화가 완전히 사라졌기 때문일 것이다. 문헌상으로도 원말명초부터 생선회에 대한 기록이 보이지 않으니 명나라 말에는 생선회를 낯선 오랑캐의 음식쯤으로 취급하게 됐다.

기원전 8세기 주나라 때부터 당나라를 거쳐 13세기 송나라와 원나라 때까지 그토록 생선회를 좋아했던 중국이었는데, 명나라 이후 돌연 생선회가 사라진 이유는 무엇일까? 여러 원인이 있겠지만 보통 전염병을 가장 큰 이유로 본다. 원나라와 명나라 때 중국에 전염병이 만연하면서 전염병에 대한 두려움 때문에 그토록 즐겨 먹었던 생선회를 먹지 못하게 됐다는 것이다.

생선회가 사라질 수밖에 없었던 14세기 중국의 상황을 이해하려면 같은 시기 유럽의 실상을 먼저 살펴보는 편이 빠를 것 같다. 중국이 원나라 말, 명나라 초기였던 14세기 후반, 유럽은 흑사병의 대재앙을 겪고 있었다.

인류 역사에 기록된 최악의 전염병이라는 흑사병으로 이 무렵 유럽에서는 어마어마한 숫자의 사람이 죽었다. 1346년부터 1353년까지 8년 동안 사망자가 적게는 7500만 명에서 많게는 2억 명에 이르렀던 것으로 추산된다. 흑사병으로 인해 당시 유럽 인구의 30~60퍼센트가 줄었다는 분석이 나올 정도다. 가족이나 직장 동료 세 명 중

한두 명이 어느 날 갑자기 죽었다고 보면 된다. 최근 나돌았던 사스나 메르스를 떠올려보면 당시 사람들이 전염병에 대해 품었을 공포를 어느 정도 짐작할 수 있다.

흔히 흑사병은 한때 광풍처럼 유럽을 휩쓸고 간 것으로 생각하기 쉽지만 실제로는 14세기에 한 차례로 그치지 않았다. 17세기 런던 인구의 20퍼센트를 죽음으로 몰고 간 런던 대역병을 비롯해 18세기까지 수백 년 동안 크고 작은 전염병이 무려 100여 차례 이상 발생했다.

14세기에 시작된 흑사병의 발생 원인과 전파 경로에 대해서는 여러 가설과 이론이 있지만 중앙아시아에서 시작돼 유럽으로 퍼졌다고 보는 것이 일반적이다. 병원균을 옮기는 숙주인 쥐벼룩이 실크로드를 따라 서쪽으로 이동하면서 1343년 우크라이나 남쪽 크림반도에까지 퍼졌고 이곳을 기점으로 유럽 전체가 흑사병에 감염됐다는 것이다. 그리고 일각에서는 몽골 제국이 흑사병을 퍼뜨린 주역이라는 설도 있는데, 실제 어느 정도 관련이 있을 수도 있고 칭기즈칸의 몽골에 대한 유럽인의 공포가 만들어낸 전설일 수도 있다.

몽골군은 실크로드를 따라 중앙아시아 여러 나라와 유럽을 공격했다. 유럽에서 처음 흑사병이 창궐했던 곳이 지금의 우크라이나 크림주에 있는 페오도시야라는 도시였다. 몽골군이 이 도시를 포위해 공격하던 중 전염병에 걸려 죽은 병사의 시체를 투석기에 담아 도시 성벽 너머로 던져 넣었고 이후 도시에 흑사병이 퍼졌다. 원래 이곳은 지중해를 따라 유럽으로 이어지는 해상 운송로의 거점이었기에, 흑사병이 이탈리아의 제노바, 시칠리아 등으로 퍼지면서 유럽 전역으로 확산됐다는 것이다.

흑사병이 퍼진 배경에도 주목해볼 필요가 있다. 직접적인 배경은 흑사병의 원인균인 페스트균을 옮기는 쥐와 쥐벼룩에서 비롯됐지만, 예전과 달리 급속도로 번진 이유에 대해 14세기 중세 유럽의 기후 변화와 대기근의 작용을 이야기하기도 한다. 당시 유럽은 소빙하기에 접어들 때였기에 연평균 기온이 떨어졌고 그로 인해 농작물 피해가 커지면서 연속적으로 흉년이 들었다. 대기근이 몰아닥쳐 수많은 사람이 굶주림에 시달렸고, 영양 부족으로 사람들의 면역 체계가 약화된 것이 흑사병이 크게 번진 원인이라는 것이다. 중세 유럽이 겪었던 전쟁과 기후 변화, 이로 인한 기근과 기아가 전염병의 온상이 됐다는 해석이다.

중국을 휩쓴 죽음의 병

14세기 후반 중국의 상황도 유럽과 크게 다르지 않았다. 이 무렵 중국 역시 전쟁과 기근, 기아에 시달리고 있었다. 원나라의 강압 통치를 떠나서라도 기근으로 인해 곳곳에서 농민 반란이 일어났고 왕조 교체기였던 만큼 전란이 끊이지 않았다. 유럽 못지않게 전쟁과 굶주림으로 고통을 겪었으니 중국 역시 전염병이 나돌 조건을 두루 갖췄던 셈이다.

게다가 흑사병은 중앙아시아에서 페스트균의 숙주인 쥐벼룩이 서쪽으로 이동하면서 퍼진 전염병이다. 균을 옮기는 쥐벼룩이 몽골군을 따라 유럽으로만 옮겨갔을 리는 없다. 당연히 원정을 오가는 군대를 따라, 실크로드를 왕래하는 상인들을 따라 동쪽으로도 이동했고 중국에도 퍼졌을 것이다. 그럼에도 유럽에서는 14세기 후반 이후 흑사병이라는 대재앙이 일어난 반면, 중국을 비롯한 동양에서는 흑사병이 널리 퍼져 엄청난 숫자의 사람이 무더기로 사망했다는 이야기는 별로 들어보지 못했다. 중국에는 왜 흑사병이 퍼지지 않았던 것일까?

하지만 이때 잘못 알려진 사실이 있다. 유럽과 마찬가지로 중국 역시 14세기 중후반 전염병에 시달렸다. 이 무렵의 중국도 전쟁과 기근, 그리고 전염병으로 인해 인구의 약 30퍼센트 이상이 줄어든 것으로 추정된다. 다만 유럽의 흑사병처럼 전염병이 짧은 기간에 집중적으로 전 지역에 널리 퍼진 것이 아니라 시기적으로나 지역적으로 전염병이 산발적으로 발생했기에, 상대적으로 유럽에 비해 덜 알려지고 덜 주목을 받았을 뿐이다.

원나라와 명나라의 정사인 『원사』와 『명사』만 들춰봐도 곳곳에서 전염병인 역병 발생에 관한 기록을 발견할 수 있다. 원나라 때 있었던 천재지변을 기록한 『원사』 「오행지」에는 제3대 황제인 무종이 즉위하던 해인 1308년 봄, 역병이 널리 퍼졌다는 기록이 있다.

"소흥과 경원, 대주에 전염병이 돌았다. 죽은 자가 2만6000여 명에 이른다."

소흥과 경원, 대주는 모두 저장성에 위치한 도시다. 저장의 대표 도시 세 곳에서 동시에 전염병이 발생했으니 저장성 곳곳에 전염병이 퍼졌을 것으로 짐작된다. 사망자 수가 약 3만 명이라고 하니 당시 도시의 인구를 감안하면 결코 적은 숫자가 아니다. 간단하게 한 줄로만 적혀 있지만 당시 저장성의 전염병 피해 상황이 꽤 심각했던 것으로 보인다. 「오행지」에는 4년 후인 1312년 수도에 큰 전염병이 돌았다고 적혀 있다. 역시 간단하게 몇 개의 단어로만 쓰여 있지만 저장성에 이어 멀리 떨어진 베이징에도 전염병이 퍼졌다는 것이니, 이 무렵 중국 곳곳이 전염병에 시달린 것이 아닐까 추정해볼 수 있다.

유럽에서 1346년 흑사병이 대재앙을 일으키기 직전, 중국에서도 전염병이 크게 돌았다. 명나라를 건국한 태조 주원장이 전염병 때문에 부모를 잃고 고아로 지낸 사실은 유명한데, 바로 이때 있었던 전염병이 원인이었다.

『명사』 「태조본기」에는 1344년 주원장의 출생지인 지금의 안후이성 일대에 가뭄과 메뚜기 피해가 극심했고 대기근으로 인해 전염병이 돌았으며, 태조가 17세 때 부모와 형이 전염병으로 사망했는데 너무 가난해서 시신을 땅에 묻을 형편이 아니었다고 나온다.

기록만으로는 이때 돌았다는 전염병이 어떤 종류인지 알 수 없다. 유럽과 같은 흑사병이었는지 아니면 다른 종류였는지 짐작조차 할 수 없다. 다만 유럽과 중국 안후이성이 지리적으로는 멀리 떨어져 있지만 발생 시기가 비슷한 만큼, 혹시 이 무렵 지구촌 전체가 전염병에 시달렸던 것은 아닐까 상상해볼 수 있다.

어쨌든 기록상으로는 중국에서 이때 얼마나 많은 사람이 죽었는지 알 수 없지만, 훗날 태조가 된 주원장이 겪은 고난의 기록을 토대로 봤을 때 정황상 안후이성 일대가 쑥대밭이 됐을 정도로 전염병 피해가 심각했던 듯하다.

주원장이 부모를 잃은 전염병이 일어난 건 원나라 11대 황제인 혜종 때의 일이다. 혜종이 재위했던 1333년부터 1369년까지는 원나라 역사에서 전염병이 극성을 부리던 시기였다. 재위 기간 중 전염병이 돌았다는 기록이 열두 차례나 있으니, 평균적으로 3년에 한 번꼴로 전염병이 유행했던 셈이고, 즉위 20년째 되던 해에는 매장 인원만 20만 명이 넘었다고 할 정도로 피해가 심각했다.

앞서 말한 것처럼 중국의 전염병은 유럽이 흑사병의 대재앙에 시달렸을 때와 시기적으로 일치하는데, 다만 유럽이 집중적으로 그리고 전체적으로 수천만 명에서 억 명 단위로 사상자를 낼 때 중국은 산발적으로 끊임없이, 그때마다 지역별로 수십만 명씩의 사망자가 발생했다는 것이 다를 뿐이다.

유럽의 흑사병이 한 번으로 그치지 않았던 것처럼 중국에서의 전염병의 유행 역시 이후 수백 년 동안 이어졌다. 『명사』의 기록에 따르면 영락제 때도 수차례 전염병이 유행했는데 영락 6년인 1408년에는 장시성과 푸젠성 등지에서 전염병이 돌아 7만8000명이 사망했고 1411년에는 등주와 연해 등에서 6000명의 사망자가 나왔다.

이밖에도 1455년에는 난징 등지에서 전염병으로 죽은 시신이 서로 포개져 길에 널려 있고 살아 있는 사람의 흐느끼는 소리가 도시에 가득하다는 기록, 집과 재산을 모두 버리고 처자식을 팔아 연명하는 집이 도처에 널려 있다는 기록, 명나라 말기인 1643년에는 여름에 전염병이 돌아 베이징 인구의 40퍼센트가 사망했다는 기록 등이 있으니 유럽의 흑사병 못지않게 중국도 전염병에서 자유롭지 못했음을 알 수 있다.

중국 전염병의 역사를 보면, 음식 사학자들이 중국에서 갑자기 생선회가 사라진 첫 번째 원인으로 전염병을 지적하는 이유를 이해할 수 있게 된다. 고대에는 생선회를 그렇게 즐겼던 중국이 원말명초를 전후로 식탁에서 생선회를 없애버린 데에는 이렇듯 전염병에 대한 두려움과 공포가 숨겨져 있었다.

만한전석과
청의 통치술

중국의 마지막 왕조 청나라는 소수민족인 만주족이 다수의 한족을 지배한 나라였다. 청나라가 남긴 역사적 발자취는 여러 가지가 있지만, 그중 제일 두드러진 것 두 가지를 꼽으라면 하나는 14억 인구대국의 기초가 청나라 때 만들어졌다는 것, 다른 하나는 세계에서 네 번째로 땅이 넓은 영토대국 역시 청나라 때 만들어졌다는 것이다. 청나라는 어떻게 인구대국, 영토대국의 기틀을 다질 수 있었을까?

나라를 통치할 때 사람 머릿수가 전부는 아니지만 그렇더라도 청나라 만주족은 어떻게 적은 수의 소수민족으로 다수의 이민족인 한족을 지배할 수 있었을까? 몽골의 원나라처럼 강압적인 공포 정치였을까, 아니면 초기 명나라 장군 오삼계의 협력을 받아 명나라를 무너뜨렸던 것처럼 한족의 협력 때문이었을까?

엉뚱하지만 음식에서 청의 중국 통치의 흔적과 특징을 찾을 수 있다. 한국과 중국을 통틀어도 먹어본 사람은 드물겠지만 누구나 한 번쯤은 들어봤을 법한 잔치인 '만한전석滿漢全席'이 그 예가 아닐까 싶다. 만한전석은 중화요리를 집대성했다는 중국 역사상 최고의 잔칫상이다. 얼마나 화려하고 맛있는 요리들이 나오는지, 지금도 홍콩이나 싱가포르 화교들이 만한전석을 풀코스로 맛보기 위해 계모임까지 만든다는 말이 있을 정도다.

만한전석은 산해진미를 모두 모아놓은 것으로 유명하지만, 화합과 단결의 잔칫상으로도 잘 알려져 있다. 만주족인 청나라 황제가 지배 계층인 만주족과 관리자로 등용한 피지배 계층인 한족 관리의 화합을 위해, 만주족 전통 요리와 한족 전통 요리를 모두 차려놓고 즐겼다는 잔칫상이기 때문이다.

하지만 실제와 달리 만한전석에 대해 잘못 알려진 부분이 적지 않다. 양적으로는 화려하고 풍부했을지 몰라도 질적으로도 최고라고 할 수 있을지 의문이다. 만주족과 한족 화합의 잔치라는 지점은 당시 참석한 만주족과 한족이라면 모두 동의하기 쉽지 않았을 것 같다.

어찌 보면 만한전석은 가면의 잔치다. 그렇기에 만한전석의 전설이 만들어진 과정과 그 실체를 들여다보면 청나라의 한족 지배 실상과 청에 대한 중국인의 의식 구조까지도 엿볼 수 있다.

산해진미의 집대성, 만한전석

𝄙𝄙𝄙𝄙𝄙𝄙

만한전석은 청나라 때 황제가 궁궐인 자금성에서 만인(만주족) 귀빈과 한인(한족) 고위 관리를 모두 초청해 열었다는 잔치다. 보통은 108가지의 산해진미가 나오기 때문에 하루에 도저히 다 먹지 못하고 하루 두 차례씩 요리상을 갈아가며 사흘에 걸쳐서 즐겼다고 한다.

잔칫상의 구성은 만주족의 전통 음식에다 궁중 요리의 바탕이 된 쑤저우 요리, 그리고 저장성 음식과 북방의 베이징, 산둥 요리를 합쳤으니, 모든 중국요리라고 해도 지나친 말은 아니다. 흔히 108가지 요리라고 하지만 최고로 많이 차렸을 때는 전채와 후식으로 먹는 딤섬까지 포함해 무려 300가지가 넘었던 적도 있다.

이렇게 종류가 어마어마하니 어떤 듣도 보도 못한 산해진미가 나올지 궁금해지는데, 사실은 대부분 우리가 알고 있는 음식들이다. 현재는 물론이고 과거의 만한전석에도 주로 제비집 수프, 샥스핀, 전복과 해삼찜, 그리고 상하이 대갑 게와 버섯, 중국인이 좋아하는 보양식 자라탕 등이 올랐다. 개별적으로 이미 널리 알려진 중국 음식들이다.

물론 평소 구경할 수 없는 진귀한 요리도 있었다. 흔히 엽기적인 중국요리를 꼬집을 때 자주 거론하며 비난하는 원숭이 뇌, 코끼리 코 요리 등의 출처도 사실은 만한전석일 가능성이 높다. 하지만 소문과는 달리 만한전석에 진짜 이런 요리가 있었던 것은 아니다. 살아 있는 원숭이의 골을 파먹는다고 알려진 요리는 사실 깊은 산간 지방에서 자란다는 특산품인 원숭이머리버섯이다. 코끼리 코로 알려진 음식은 옛날 만주 지방에 흔했다는 말코손바닥사슴의 고기다. 이외에도 서양에서는 캐비아로 유명한 철갑상어 알, 고대 산해진미로 꼽혔던 곰 발바닥과 사슴꼬리 요리 등이 만주를 대표하는 음식으로 나왔다. 물론 지금은 대부분 보호 재료가 된 데다 구하기도 어렵기 때문에 현대의 만한전석에는 다른 요리로 대체된다.

만한전석이 유명한 이유는 진귀한 음식과 엄청난 가짓수 때문만은 아니다. 만한전석은 미각은 물론이고 시각과 촉각을 포함해 오감을 만족시켜야 하는 것이 특징이다. 그렇기에 요리가 정교하고精, 화려하며繁, 풍성하고豊, 진귀한珍 것이 거의 예술에 가깝다. 실제로 어떤 요리는 너무나 아름답고 예쁘게 장식해놔서 먹기가 아까울 정도인데, 입보다는 눈으로 즐기는 것이 더 맛있게 느껴진다.

이렇게 중국 역사상 최고의 잔칫상이라고 하는 만한전석은 흔히 청나라 강희제 때부터 시작됐다고 한다. 그런데 이는 반은 맞고 반은 틀린 말이다. 엄격하게 말하면 청나라에 만한전석이라는 이름의 궁중 잔치는 존재하지 않았다. 자금성에서 열린 잔치 중에 만한전석이라는 이름은 정통 역사책인 정사에서는 한 번도 쓰인 적이 없다. 다만 개인 문집이나 문헌을 살펴보면, 민간이나 궁궐이 아닌 정부 관청에서 주최한 연회에 만주 요리와 한족 요리를 합친 만한석滿漢席이라는 잔칫상이 있었다는 기록이 남아 있다.

그렇다면 자금성에서 황제가 만주족 귀빈과 한족 관리를 모두 초대해 서로의 음식을 함께 먹었다는 이야기는 지어낸 것일까? 그건 또 아니다. 청나라 궁궐에서는 잔치가 자주 열렸다. 황실 사돈인 몽골 친족을 초대할 때 열었던 친번연蒙古親藩宴, 매해 정월 16일에 문무 고위 대신이 참석하는 신년 하례 잔치廷臣宴, 황비와 왕자를 비롯해 황제 친족의 회갑잔치인 만수연萬壽宴, 몽골 사신들이 조공을 왔을 때 베풀었던 구백연九百宴, 주요 명절 때마다 열렸던 절령연節令宴, 강희제와 건륭제 때 단 네 차례 열렸지만 청나라 최대의 궁중 잔치로 손꼽히는 천수연千叟宴 등이 있었다.

이런 잔치에는 만주 귀족들과 한족 관리들이 모두 참석했고 당연히 만주 음식과 한족 음식이 동시에 차려졌다. 연회의 종류와 성격에 따라 차리는 음식 가짓수가 달랐는데 대체적으로 만주 음식은 모두 6등급, 한족 음식은 5등급으로 구분해 따로따로 준비했다. 연회 때마다 만주 귀족과 한족 관리가 참석해 함께 음식을 먹었으니 만한전석이라는 명칭만 쓰지 않았을 뿐 일종의 만한전석이었던 것은 분명하다.

태평성대를 과시했던 천수연

만한전석을 대표하는 사례로 가장 잘 알려진 것이 강희제와 건륭제 때 열었던 천수연이다. 강희제 때 시작해 건륭제 때 성행한 청나라 궁중 최대 잔치로, 청나라 때 고작 네 차례 열렸는데도 유명세를 탔다.

천수연은 일종의 노인 우대 잔치다. 강희 52년(1713)에 강희제가 환갑을 맞아 황실 정원인 창춘원에서 1000명을 초대해 환갑잔치를 열었는데, 일천 천千, 노인 수叟 자를 쓰는 천수연千叟宴이라는 잔치 이름이 이때 생겼다. 청나라의 역사를 서술한 정사인 『청사고淸史稿』 에는 이때 65세 이상의 만주족 문무 대신 680명과 한족 관리 340명 등 1000명을 초대했다고 나온다.

이어 강희 61년(1722), 69세 생일을 맞아 다가올 70세 생일을 미리 자축하면서 제2차 천수연을 열었고, 건륭제 때는 건륭 50년(1785)에 재위 50주년을 기념해 세상이 평온하고 천하가 부유하다며 자금성 내 건청궁에 노인들을 초청해 잔치를 베풀었다. 이때는 황제의 친척 이나 전·현직 원로대신뿐만 아니라 민간의 노인들도 초대를 받았는 데 그 수가 3000명이었다.

마지막으로 가경 원년(1796), 황제 자리에서 물러나 태상황이 된 건륭제가 영수궁에서 제4차 천수연을 열었는데, 이 잔치가 청나라 역사상 최고의 잔치로 꼽힌다. 이때 건륭제는 이미 86세의 노인이 었다. 환갑노인도 자신과 26세나 차이가 나는 '어린애'였기에 초청 노인의 나이를 70세로 올렸는데, 자금성에 황실 일족과 1, 2품 대신, 그리고 조선을 비롯한 각국 사신들의 자리가 마련되어 그 모습이 장엄했다고 전해진다.

천수연은 기본적으로 황제의 환갑과 칠순을 기념해 열었던 노인 들의 잔치였을 뿐 만주족과 한족의 화합을 위한 것은 아니었다. 하 지만 굳이 정치적 의미를 부여한다면 한족과의 화합을 시도한 것이라기보다는 오히려 만주족의 세력을 과시하기 위한 것으로 볼 수 있다.

청나라의 전성기를 이룩한 건륭제 재위 50주년 기념 천수연을 봐도 그렇다. 앞서 말한 것처럼 청나라 조정에서는 이때 사해가 평온하고 천하가 부유해졌다며 만주족과 한족의 노인은 물론 조선을 비롯해 베트남과 청나라 주변국 노인들까지 모두 3000명을 초대했다. 『정조실록』에도 이때 청나라 황실의 초대를 받아 축하 사절단을 보내면서, 모두 65세 이상의 연령층으로 사신을 구성했다는 기록이 보인다.

그렇다고 이제 청이 부유해지고 강성해졌으니 조선과 베트남을 비롯한 주변국과 화합하자는 의미에서 주변국 노인들을 초청한 거라고 해석할 수는 없을 것 같다. 전성기를 맞은 청나라의 입장에서 피지배 계층인 한족의 협조를 구한 것이 아니라, 한족은 물론이고 주변국에까지 자신들이 이룬 업적을 과시하고 자랑하려고 했다는 게 더 타당하지 않을까 싶다.

정말 만주족과 한족의 화합 잔치였을까?

이는 이후 청나라가 한족에 대해 실시한 정책을 보면 한층 분명해진다. 청나라는 만리장성을 넘어 베이징을 점령한 직후 명나라 그리고 한족에 대해 회유책을 썼다. 베이징에 입성한 청나라는 이민족인 만주족이 한족의 나라인 명나라를 침략해 무너뜨리고 정복한 정복자가 아니라는 점을 강조했다. 오히려 부패한 명나라 관리로부터 고통받고 있던 백성을 압제자로부터 구해냈다는 명분을 내세웠다. 그 때문에 자살한 명의 마지막 황제 숭정제를 예우해 장사 또한 지냈고 실력 있는 명나라 관리를 등용하는 정책을 폈다.

또한 청에 협조한 명나라 군대까지 받아들였다. 만리장성을 넘는 데 절대적으로 기여한 오삼계는 윈난성을 다스리는 번왕인 평서왕, 청나라에 투항해 조선과 요서 지방 공략에 종군한 상가희는 광둥을 다스리는 번왕인 평남왕, 그리고 청에 항복해 명과 조선과의 전쟁에 종군한 경중명은 푸젠을 다스리는 번왕인 정남왕으로 봉했다. 하지만 초기와 달리 강희제 때 청의 중국 지배 체제가 확립되고, 세 명의 번왕이 일종의 독립 정권과 같은 세력으로 청나라와 대립하자 번을 철폐해버렸다. 이에 반발한 삼번은 반란을 일으켰다 진압됐다. 초기 청나라의 안정을 위해 명의 잔존 세력을 활용했다가 청의 지배 체제가 확실하게 다져지자 위협이 될 수 있는 한족 세력을 내친 것이다.

이후 청의 전성기인 17세기 후반부터 18세기까지의 강희, 옹정, 건륭 시대에 반청적인 한족 지식인에 대해서는 '문자의 옥文字之獄'이라고 하는 대대적인 숙청 작업이 진행됐다. 중화사상이 깃든 서적을 폐기하는 사상 통제와 반청 태도를 보이는 한족을 본인은 물론 가족과 제자까지 철저하게 숙청하는 탄압 정책이었다.

후대에 만한전석이 주로 열렸던 시기 역시 강희제부터 옹정제를 거쳐 건륭제에 이르는 18세기로, 이 시기는 청나라 최고의 전성기였으며 한편으로는 강대해진 힘을 바탕으로 청나라 초기와 달리 한족을 힘으로 억누르던 시기였다.

이게 바로 만한전석이 만주족과 한족의 화합과 단결을 위한 잔치가 될 수 없는 이유다. 굳이 정치적 의미를 부여하자면 한족 관리에게 청나라 그리고 만주 지배 세력의 힘이 이렇게 강성하니 반발할 생각은 꿈에도 하지 말라는 세력 과시의 잔치였다고 할 수 있다.

왜 그리고 언제부터 만한전석이 만주족과 한족의 화합 잔치로 둔갑하게 됐을까? 만한전석이라는 이름이 널리 퍼진 것은 1970년대 이후로 추정된다. 만한전석이 엄청난 가짓수의 호화로운 잔칫상으로 알려지기 시작한 것은 1960~1970년대 홍콩 텔레비전에서 소개되면서부터인 듯하다. 이후 1990년대 홍콩 영화 「금옥만당」을 비롯해 다양한 매체에서 만한전석이 만주족 요리와 한족의 요리가 망라된 청나라 황실 잔치로 포장되면서, 만주족과 한족의 화합을 위한 잔치라는 전설이 만들어진 것으로 파악된다.

이런 전설이 만들어진 배경에 중국인, 특히 한족 특유의 자기변명과 합리화가 작용했다는 해석도 있다. 한족이 만주족에 정복당한 만주족의 식민지가 아니라 만주족의 요청을 받아 한족이 협조해 만든 나라라는 합리화, 만주족에 지배당했던 것이 아니라 만주족을 흡수해 중화민족이 함께 건설한 것이 청나라라는 변명이 만한전석의 전설로 나타난 것이다.

근대 중국의 문호 루쉰(1881~1936)이 소설 『아큐정전』을 통해 비판한 것처럼, 패배와 굴욕을 독특한 변명으로 합리화하면서 사실은 졌지만 정신적으로는 이긴 것이라고 둔갑시키는 중국의 빗나간 자존심이 만한전석의 전설일 수도 있다. 만한전석 이야기, 어쩌면 중국의 민낯일지도 모르겠다.

음식으로 읽는 중국사

초판 1쇄 발행 2019년 5월 14일
초판 6쇄 발행 2024년 1월 2일

지은이 윤덕노
펴낸이 신경렬

상무 강용구
기획편집부 최장욱 송규인
마케팅 박진경
디자인 박현경
경영지원 김정숙 김윤하
제작 유수경

펴낸곳 ㈜더난콘텐츠그룹
출판등록 2011년 6월 2일 제2011-000158호
주소 04043 서울시 마포구 양화로12길 16, 7층(서교동, 더난빌딩)
전화 (02)325-2525 | 팩스 (02)325-9007
이메일 book@thenanbiz.com | 홈페이지 www.thenanbiz.com

ⓒ 윤덕노, 2019. Printed in Seoul, Korea
ISBN 978-89-8405-960-3 03910